数智化时代会计专业
—— 融合创新系列教材 ——

U0720190

智慧化税费申报与管理

微课版

胡 涛 杨 军◎主 编
李菊杰 肖绍萍◎副主编
北京首冠教育科技集团有限公司◎组 编

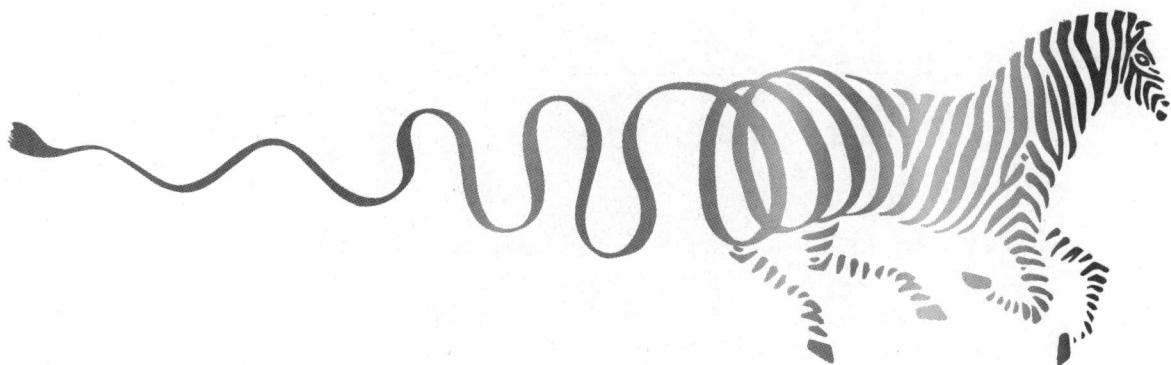

人民邮电出版社
北京

图书在版编目（CIP）数据

智慧化税费申报与管理 ：微课版 / 胡涛，杨军主编.
北京 ：人民邮电出版社，2025. --（数智化时代会计专
业融合创新系列教材）. -- ISBN 978-7-115-66499-0

Ⅰ. F810.423；F812.42

中国国家版本馆 CIP 数据核字第 2025E0B432 号

内 容 提 要

　　本书以培养具有数智思维、能够胜任财税岗位群智能化转型的财税人员为目标，围绕财税岗位群应用
场景，按照理论知识准备—案例任务实施的教学路径，介绍了增值税、消费税、企业所得税、个人所得税、
城市维护建设税、城镇土地使用税、房产税等 17 个税种和 2 个附加税费的智慧化申报与管理的相关内容。
本书通过丰富翔实的企业财税案例，将智慧化税费申报与管理的理论知识与技能应用紧密结合，并结合历
史课堂和风险案例，旨在帮助学生了解各个税种的历史演进，全面了解智慧化税费申报与管理的各个环节，
熟悉常见的税务风险点，掌握全国统一规范电子税务局纳税申报操作。

　　本书体系结构完整，内容讲解循序渐进，难度适宜，案例资源丰富，并融入素质教育元素。本书适合
作为高等职业院校和本科院校财税大数据应用、大数据与会计、大数据与财务管理等专业相关课程的教材，
也适合相关从业人员学习参考。

◆ 主　　编　胡　涛　杨　军
　　副主编　李菊杰　肖绍萍
　　责任编辑　王　振
　　责任印制　王　郁　彭志环

◆ 人民邮电出版社出版发行　　北京市丰台区成寿寺路 11 号
　　邮编　100164　　电子邮件　315@ptpress.com.cn
　　网址　https://www.ptpress.com.cn
　　北京天宇星印刷厂印刷

◆ 开本：787×1092　1/16
　　印张：17　　　　　　　　　　2025 年 2 月第 1 版
　　字数：425 千字　　　　　　　2025 年 2 月北京第 1 次印刷

定价：54.00 元

读者服务热线：**(010)81055256**　印装质量热线：**(010)81055316**
反盗版热线：**(010)81055315**

前言
FOREWORD

在当今数字化与智能化浪潮席卷全球的时代背景下，财税领域正经历着深刻变革。随着信息技术日新月异的发展，税务征管体系逐步迈向智慧化，这对高等职业院校培养适应新时代需求的财税专业人才提出了全新的挑战与更高的要求。为契合这一发展趋势，编者精心编写本书，旨在为广大学子提供一本理论与实践紧密结合、紧跟行业前沿动态的学习指南。

本书紧扣智慧化时代脉搏，涵盖我国现行主要税（费）种的申报流程与管理要点，包括增值税、消费税等流转税，企业所得税、个人所得税等所得税，印花税、房产税等财产和行为税，等等。本书摒弃了传统财税教材纯理论灌输的模式，将智慧化税务系统的实际操作贯穿始终。本书通过真实案例、业务场景以及实操任务，引导学生亲身体验在智慧化平台上如何精准完成税费申报、高效实施税费管理，使学生仿佛置身于真实的财税工作环境之中，极大提升他们的实际动手能力与问题解决能力，为毕业后顺利走上工作岗位、无缝对接企业财税实务筑牢根基。本书为确保任务能够全面覆盖所需的知识点和技能，方便学生对任务最终完成的结果进行全面评估，判断是否达到预期，特在【任务实施】后设置【任务评价】，具体的任务评价过程可扫描二维码进行查看。

本书全面贯彻党的二十大精神，以落实立德树人目标为根本任务，强化素质教育，职业特色鲜明。本书紧跟国家税收政策法规的更新步伐，及时融入新的税收优惠政策、征管制度改革成果。这不仅保证了学生所学知识的时效性，让他们能够时刻站在行业前沿洞察财税变化，还培养了学生持续学习、关注政策动态的良好习惯，为其职业生涯的长远发展注入源源不断的动力。

本书由广西交通职业技术学院大数据与会计的教研团队编写，胡涛、杨军担任主编，李菊杰、肖绍萍担任副主编，李璐莹、刘鸿雁、唐纯、唐妹参编。同时，在编写

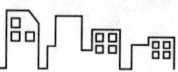

本书的过程中，信永中和会计师事务所（特殊普通合伙）南宁分所的原艺铭参编，该所为本书提供了丰富的案例资源，在此表示衷心感谢。

　　本书无论是在内容上还是在体例上都做了新的尝试，但由于编者水平有限，加之财税理论与实务均处于不断发展中，书中难免存在不足之处，恳请广大专家和读者批评指正。

编者

2025 年 1 月

目录
CONTENTS

认知税收

🛒 学习目标

知识目标

理解税收的概念和特征；掌握税收要素；理解金税四期的概念和建设意义；熟悉新电子税务局的操作；了解内资企业开办流程。

技能目标

能够在新电子税务局上完成注册并登录；能够熟练完成对企业名称的申请；能够熟练完成内资企业设立登记。

素养目标

了解我国税务信息化的发展历程，树立制度自信；深刻认识中国特色社会主义税收的优越性和先进性；树立依法纳税意识，增强税收法制观念；通过学习新电子税务局的主要功能和应用，提升数字素养。

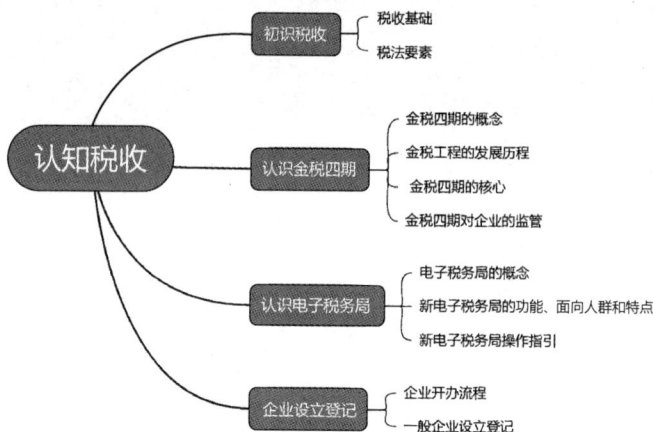

导　图

```
                                    初识税收 ─┬─ 税收基础
                                             └─ 税法要素

                                             ┌─ 金税四期的概念
                                             ├─ 金税工程的发展历程
                       认知税收 ─── 认识金税四期 ─┤
                                             ├─ 金税四期的核心
                                             └─ 金税四期对企业的监管

                                             ┌─ 电子税务局的概念
                                   认识电子税务局 ─┼─ 新电子税务局的功能、面向人群和特点
                                             └─ 新电子税务局操作指引

                                   企业设立登记 ─┬─ 企业开办流程
                                             └─ 一般企业设立登记
```

历史课堂

　　税收随国家的发展而产生，早在夏朝时期，就已经出现了国家凭借其政治权力进行强制性课征的形式——贡。夏商周三代，先后出现的贡、助、彻，都是对土地收获原始的强制课征形式，类似于现在的地租或者赋税，已经具备税收的雏形。春秋时期，鲁国适应土地私有制而实行的"初税亩"，标志着我国税收从雏形期步入成熟期。我国自古以来就是农业国家，古代的农业税收尤为重要，商业和手工业在商朝时期已经有所发展，只是当时还没有强制征收赋税，即所谓的"市廛而不税，关讥而不征"。周朝时期，商业和手工业发展迅速，为了适应商业和手工业的发展，政府开始对经过关卡的物品征收"关市之赋"，对伐木、采矿、狩猎、捕鱼、煮盐等征收"山泽之赋"。这是我国最早的工商税收形式。

　　那么，什么是税收呢？简而言之，税收就是国家为满足社会公共需要，凭借政治权力，运用法律手段强制、无偿、固定地参与社会产品分配，以取得财政收入的一种特定分配方式。税收取之于民，用之于民。我纳税，我光荣，每个纳税人都在为美好的生活贡献力量。

任务一　初识税收

❋ 一、税收基础

（一）税收的概念

　　税收是指国家为了向社会提供公共产品、满足社会共同需要，按照法律的规定，参与社会产品的分配，强制、无偿取得的财政收入。税收是国家公共财政最主要的收入形式和来源，征税的主要目的是满足政府为实现国家职能的支出需要。

　　可以从以下方面理解税收的概念。①国家征税的目的是实现其职能，满足社会公共需要。

国家在履行社会公共职能、满足社会公共需要的过程中，必然要有相应的财力、物力支撑。国家征税就是为了保证这种财力、物力有基本来源。②税收分配的主体是国家，依据的是国家政治权力。国家承担着维护社会秩序、保障国家安全、提供公共服务等诸多职能，而这些职能的履行需要大量的资金支持。税收作为国家财政收入的主要来源，能够稳定、可靠地为国家职能的实现提供物质基础，因此，国家必然成为税收分配活动的主导者。国家进行税收分配所依据的政治权力，是一种凌驾于社会之上的公共权力，这种权力由国家的法律赋予。③税收分配的对象是社会剩余产品。社会剩余产品的产生、存在且私有化是国家产生和存在的经济条件。国家行使职能的物质需要只能在社会产品能够维持社会成员的个人生存需要且有了富余之后才能得到满足，社会共同需要也只能在社会成员的个人生存需要、单个群体的生存需要得到满足且有富余之后才能考虑。④税收的本质是一种分配关系。国家通过税收将一部分社会剩余产品强制地由社会成员所有转变为国家所有，改变了各社会成员之间占有和使用社会剩余产品的比例，形成了国家和社会成员之间、社会成员和社会成员之间的物质利益分配关系。

国家征税需遵循的基本原则如下。①公平税负原则。以公正、平等为目标，通过税收调节，实现合理税负，鼓励平等竞争。②税收效率原则。以增进资源有效配置、提高经济效率为目标，体现国家产业政策，充分发挥税收对经济增长的激励作用。③适度原则。税收制度设计中，确定社会整体税负，要充分考虑国民经济发展状况和纳税人的负担能力，既要能基本满足国家的财政需要，又不能使税负太重影响经济发展与人民生活。④法制原则。国家税收要通过税法来规范，做到有法可依、有法必依、依法办事、依率计税、依法纳税。

> 📖 **AI 小课堂 1**
>
> 利用文心一言、DeepSeek、豆包、讯飞星火等 AI 工具，探索"税收与经济之间存在怎样的相互影响""税收政策如何促进经济增长和维持经济稳定"的答案。
>
> 扫二维码查看使用豆包进行搜索的结果。
>
> AI 小课堂 1

（二）税收的特征

国家财政收入的主要来源有税收收入、国有资产收益、国债收入和收费收入以及其他收入等。与其他财政收入相比，税收具有无偿性、强制性和固定性三种特征。

1．无偿性

税收的无偿性是指国家征税以后对具体纳税人既不需要直接偿还，也不需要付出任何直接形式的报酬，纳税人从政府支出中获得的利益通常与其支付的税款不完全成一一对应的关系。税收的无偿性是税收的本质体现，它反映的是一种社会产品所有权、支配权的单方面转移关系，而不是等价交换关系。税收的无偿性是区分税收收入和其他财政收入的重要特征。

2．强制性

税收的强制性是指税收是国家凭借政治权力，通过法律形式对社会产品进行的强制性分配，而非纳税人自愿交纳。纳税人必须依法纳税，否则会受到法律的制裁。强制性是国家的权力在税收上的法律体现，是国家取得税收收入的根本前提。税收的强制性是与税收的无偿性相对应的一个特征。正因为税收具有无偿性，才需要通过法律的形式规范征纳双方的权利和义务。

3．固定性

税收的固定性是指国家征税必须通过法律的形式，预先规定征税对象、纳税人和征税标准等征税规范，按照预定的标准征税。税收的固定性对国家和纳税人都具有十分重要的意义。对国家来说，税收的固定性可以保证财政收入及时、稳定和可靠，可以防止国家不顾客观经济条件和纳税人的负担能力，滥用征税权力；对纳税人来说，税收的固定性有利于保护其合法权益不受侵犯，增强其依法纳税的法律意识，同时也有利于纳税人通过税收筹划选择合理的经营规模、经营方式和经营结构等，降低经营成本。

税收与经济关系密切，是经济运行的晴雨表。经济决定税收，税收反映经济、反作用于经济，从税收数据中可以看出经济运行的情况等。

> **知识拓展**
>
> **我国税收收入情况**
>
> 1．2024 年全国一般公共预算收入中，全国税收收入为 174 972 亿元，占比 79.64%。主要税收收入项目情况如下。
>
> 国内增值税 66 672 亿元，国内消费税 16 532 亿元，企业所得税 40 887 亿元，个人所得税 14 522 亿元，进口货物增值税、消费税 19 177 亿元，关税 2 443 亿元，出口退税 19 281 亿元，城市维护建设税 5 026 亿元，车辆购置税 2 430 亿元，印花税 3 427 亿元（其中，证券交易印花税 1 276 亿元），资源税 2 964 亿元，土地和房地产相关税收中，契税 5 170 亿元，房产税 4 705 亿元，城镇土地使用税 2 425 亿元，土地增值税 4 869 亿元，耕地占用税 1 368 亿元。环境保护税 246 亿元，车船税、船舶吨税、烟叶税等其他各项税收收入合计 1 390 亿元。
>
> 2．2025 年一季度，全国一般公共预算收入中，全国税收收入为 47 450 亿元。

（三）我国税收实体法的 18 个税种

税收实体法是规定税收法律关系主体的实体权利、义务的法律规范的总称。目前我国税收实体法涉及 18 个税种，具体如下。

1．流转税

流转税主要包括增值税、消费税、关税等。流转税与商品的流通有关，以纳税人商品生产、流通环节的流转额或数量为征税对象。

2．所得税

所得税包括企业所得税和个人所得税。所得税是以纳税人的所得额为征税对象的一类税，其中所得额是指纳税人在一定时期内，由于生产、经营等取得的可用货币计量的收入，扣除为取得这些收入所需各种耗费后的净额。

3．财产税

财产税涉及房产税、契税、车船税、车辆购置税等。财产税是以法人和自然人拥有和归其支配的财产为对象所征收的一类税。

4．行为税

行为税包括印花税、土地增值税、耕地占用税、船舶吨税、城市维护建设税等。行为税是以纳税人的某种行为为对象而征收的一类税。

5. 资源税类

资源税类包含资源税、环境保护税、城镇土地使用税、烟叶税等。资源税类是对开发和利用自然资源的单位和个人征收的一类税。

（四）税收征收管理范围的划分

目前，我国的税收分别由税务机关、海关等负责征收管理。具体如表 1-1 所示。

表 1-1　我国税收征收管理范围

征收管理主体	负责征收管理的税种
税务机关	增值税；消费税；车辆购置税；城市维护建设税；企业所得税；个人所得税；资源税；城镇土地使用税；耕地占用税；土地增值税；房产税；车船税；印花税；契税；烟叶税；环境保护税
海关	关税；船舶吨税；代征进口环节的增值税、消费税

（五）税收收入划分

根据实行分税制财政管理体制的规定，我国的税收收入分为中央固定收入、地方固定收入和中央与地方共享收入。

1. 税收收入划分

税收收入划分如表 1-2 所示。

表 1-2　我国税收收入划分

收入划分	税种
中央固定收入	消费税（含税务机关征收及进口环节海关代征的全部消费税）；车辆购置税；关税；船舶吨税；海关代征的进口环节增值税；铁路建设基金"营改增"
地方固定收入	房产税；城镇土地使用税；耕地占用税；土地增值税；车船税；契税；烟叶税；环境保护税
中央与地方共享收入	增值税；企业所得税；个人所得税；城市维护建设税；印花税；资源税

2. 中央与地方共享收入的方式和比例

中央与地方共享收入的方式和比例如表 1-3 所示。

表 1-3　中央与地方共享收入的方式和比例

税种	中央收入	地方收入
增值税	海关代征的部分；铁路建设基金"营改增"的部分；其余部分的 50%	税务机关征收部分扣除"营改增"固定给中央项目之后的 50%
企业所得税	中国国家铁路集团、海洋石油企业、各银行总行的企业所得税；除上述企业之外的企业的企业所得税的 60%	除已列举归属中央之外的企业所得税的 40%
个人所得税	60%	40%
城市维护建设税	中国国家铁路集团、各银行总行、各保险总公司集中缴纳的部分	其他城市维护建设税
印花税	证券交易印花税	其他印花税
资源税	海洋石油企业缴纳的资源税 100%归中央、水资源税的 10%归中央	非海洋石油企业缴纳的资源税 100%归地方、水资源税的 90%归地方

📖 **AI 小课堂 2**

利用文心一言、DeepSeek、豆包、讯飞星火等 AI 工具，探索"当税收政策与税收法定原则产生冲突时，应该如何平衡财政收入需求和纳税人合法权益"的答案。

扫二维码查看使用文心一言进行搜索的结果。

AI 小课堂 2

✤ 二、税法要素

税法要素是指构成税法的基本因素，包括纳税人、征税对象和税率等。这些要素共同构成税收法律关系的基础，规定纳税人的权利和义务，明确征税的标准和方式。

（一）纳税人

纳税人是"纳税义务人"的简称，亦称"纳税主体"，是指税法中规定的直接负有纳税义务的单位或个人。每种税收都有各自的纳税人，纳税人究竟是谁，一般随征税对象的确定而确定。例如工资、薪金所得的纳税人是有工资、薪金所得的个人，房产税的纳税人是产权所有人或者使用人。

纳税人不同于扣缴义务人、负税人。扣缴义务人是指法律、行政法规规定负有代扣代缴、代收代缴税款义务的单位和个人。比如个人所得税以支付所得的单位或者个人为扣缴义务人。

负税人是最终承担税款的单位和个人。纳税人与负税人可能一致，也可能不一致。如个人所得税等，税款由纳税人自己负担，纳税人就是负税人；而白酒的消费税，税款由白酒的生产企业缴纳，即生产企业为纳税人，但负税人是消费者。

（二）征税对象

征税对象又叫课税对象、征税客体，是征纳税双方权利与义务共同指向的客体或标的。征税对象是区别一种税与另一种税的重要标志。例如，消费税的征税对象是应税消费品，房产税的征税对象是房屋等。

与征税对象相关的其他几个概念有征税范围、税目、计税依据。

征税范围是指税法规定的征税对象的具体内容，凡列入征税范围的都要征税，有时也指开征的区域。

税目是征税对象的具体项目，是征税对象的具体化。税目体现征税的广度，反映各税种具体的征税范围，如消费税将应税消费品分为 15 个税目，除此之外的其他消费品无须缴纳消费税。

计税依据是据以计算征税对象应纳税款的直接数量依据，它解决对征税对象课税的计算问题，是对征税对象的量的规定。

（三）税率

税率是对征税对象的征收比例或征收额度。它是计算应纳税额的尺度，体现征税的深度，是税收制度的中心环节、核心要素。税率的形式包括以下三种。

1．比例税率

比例税率是指不论征税对象数量或金额的多少，统一按一个百分比征税的税率，如销售计算机的增值税税率为13%。设置比例税率的税种的计税公式为：

$$税额＝计税依据×比例税率$$

2．定额税率

定额税率是按征税对象的数量单位，直接规定的征税数额，如甲类啤酒的消费税税率为每吨250元。设置定额税率的税种的计税公式为：

$$税额＝计税依据×定额税率$$

3．累进税率

累进税率是根据征税对象数量或金额的多少，按规定递增的多级税率，应税数量越多或金额越大，适用税率就越高。累进税率能体现量能负担原则，使纳税人的负担水平与负税能力相适应，但税额的计算较复杂。我国现行税制中只存在超额累进税率（如个人所得税）和超率累进税率（如土地增值税）。设置累进税率的税种的计税公式为：

$$税额＝计税依据全额×适用税率－速算扣除数$$

（四）纳税环节

纳税环节是指在商品流转过程中某税种应该缴纳税款的环节。有的税种纳税环节单一，凡在一个环节纳税的称为"一次课征制"；凡在两个或两个以上环节征税的称为"多次课征制"。我国增值税在商品流通的每一个环节都要纳税。

（五）纳税期限

纳税期限是指纳税人发生纳税义务后，依法纳税的时间界限。各种税收都需要明确规定缴纳税款的期限。这是税收的固定性决定的，也是国家及时取得税收收入的保证。纳税期限分为计算期、入库期。计算期分为按期（年、季、月、天）、按次。

（六）纳税地点

纳税地点是纳税人依法向征税机关申报纳税的具体地点。我国税法规定的纳税地点主要有纳税人机构所在地、经营活动发生地、财产所在地、报关地等。

（七）减免税

减税、免税，也称税收优惠，是对某些纳税人或征税对象的鼓励或照顾措施。减税是从应征税款中减征部分税款；免税是免征全部税款。减税、免税的基本形式有以下三种。

（1）税基式减免。税基式减免是指通过缩小计税依据的方式实现的减税、免税，缩小计税依据的方式具体包括起征点、免征额、项目扣除、跨期结转等。

（2）税率式减免。税率式减免是指通过降低税率的方式实现的减税、免税，降低税率的方式具体包括重新确定税率、选用其他税率、零税率等。

（3）税额式减免。税额式减免是指通过减少应纳税额的方式实现的减税、免税，减少应纳税额的方式具体包括全部免征、减半征收、抵免税额、核定减征率等。

（八）法律责任

税收法律责任，是指税收法律关系的主体因违反税收法律制度的行为所引起的不利于法律的后果，分为行政责任和刑事责任两种。明确规定税收法律责任，不仅有利于维护正常的税收征纳秩序，确保国家的税收收入及时足额入库，而且有利于增强税法的威慑力，为预防和打击税收违法犯罪行为提供有力的法律武器，也有利于维护纳税人的合法权益。

任务二 认识金税四期

✳ 一、金税四期的概念

微课视频

税法要素

金税四期是指国家税务总局推出的全国一体化税务管理平台，是实现国家税务总局决策指挥端的指挥台以及相关配套功能系统的总称。金税四期主要部署于税务局的内网，实现对业务更全面的监控，同时搭建了各部委、人民银行以及银行等参与机构之间信息共享和核查的通道。

✳ 二、金税工程的发展历程

在中国财税史上，1994 年是一个具有里程碑意义的年份。分税制改革和增值税的全面开征，标志着中国税制现代化的开始。而金税系统的诞生和发展，正是这一改革浪潮中的重要组成部分。金税工程是经国务院批准的国家级电子政务工程，是税收管理信息系统工程的总称。1994 年，我国开始"金税工程"建设。

金税一期，启动于 1994 年，主要集中于增值税专用发票的管理和防伪，通过电子化手段初步建立了发票开具和认证系统；但其功能较为基础，技术相对落后，主要目的是引入计算机技术提高发票管理效率。由于技术限制和数据量庞大，手工采集错误率高，于 1996 年底停用部分功能。

随后，金税二期在 2001 年开始运作，其在金税一期的基础上进行了较大升级，增加了增值税防伪税控开票子系统、防伪税控认证子系统、增值税稽核子系统、发票协查信息管理子系统等，强化了对增值税发票的监控，通过电子底账和交叉稽核等手段防止出现虚假发票，提高了税务管理的自动化水平。

2008 年，金税三期工程启动，2013 年试点，2016 年全面推广，实现了税务系统与国地税及其他政府部门的网络互联；实现了更大范围的集成和数据共享，构建了"一个平台，两级处理，三个覆盖，四个系统"的框架；基于统一的应用系统平台，实现了总局和省局的两级集中处理，覆盖所有税种和税务工作环节，设置了征管业务、行政管理、外部信息、决策支持四大系统。金税三期进一步增强了税务数据的整合能力，提高了税务处理的效率和准确性，以及增强了税务风险管理能力。

随着数字经济的发展，2021 年 3 月，中共中央办公厅、国务院办公厅印发《关于进一步深化税收征管改革的意见》，将"智慧税务"作为新发展阶段进一步深化税收征管改革的主要着力点。以金税四期建设为主要内容的智慧税务建设正式启航，推动税收征管方式从"收税"到"报税"再到"算税"，税收征管流程从"上机"到"上网"再到"上云"，税收征管效能从"经验管税"到"以票控税"再到"以数治税"。

金税四期是金税三期的升级版，继续深化税务信息化建设，并着重进行智慧税务的构建，以数电发票为突破口，推动智慧税务的发展。金税四期被称为"以数治税"，利用大数据和人工智能技术进行税收管理，实现税务信息的透明化和智能化。

✲ 三、金税四期的核心

金税三期的核心是以票控税，而金税四期的核心则是以数据控税，即使用全面数字化的电子发票。

（一）全面数字化的电子发票的概念

全面数字化的电子发票（以下简称"数电发票"）是与纸质发票具有同等法律效力的全新发票，不以纸质形式存在、不用介质支撑、无须申请领用、无须进行发票验旧及无须申请增版增量，实现将纸质发票的票面信息全面数字化，将多个票种集成归并为电子发票单一票种，实现全国统一赋码、开具金额总额度管理、自动流转交付。数电发票无须申领，不用税控盘、UKey等常用介质，既能有效防范发票造假，也能极大提高发票的便利性。

数电发票为单一联次，以数字化形态存在，类别包括电子发票（增值税专用发票）、电子发票（普通发票）、电子发票（航空运输电子客票行程单）、电子发票（铁路电子客票）、电子发票（机动车销售统一发票）、电子发票（二手车销售统一发票）等。

（二）数电发票与纸质发票的区别

相较于传统的纸质发票，数电发票在形式、使用方式和数据保护等方面有明显的区别。数电发票不再以纸质形式存在，发票数据通过加密通道传输并进行安全防护，具有更高的安全性。另外，在发票使用上，数电发票可以通过电子发票服务平台开具，无须申请领用，同时可以选择多种接收方式，如短信、邮箱、自助打印等，更加便捷灵活。

（三）数电发票的票面信息

数电发票的票面信息包括基本内容和特定内容两部分。基本内容主要包括发票号码、开票日期、购买方信息、销售方信息、项目名称、规格型号、数量、单价、金额、税率、税额等，而特定内容则根据不同的特定业务进行展示，以满足纳税人在特定业务中开具发票的需求。电子发票（增值税专用发票）票样如图1-1所示。

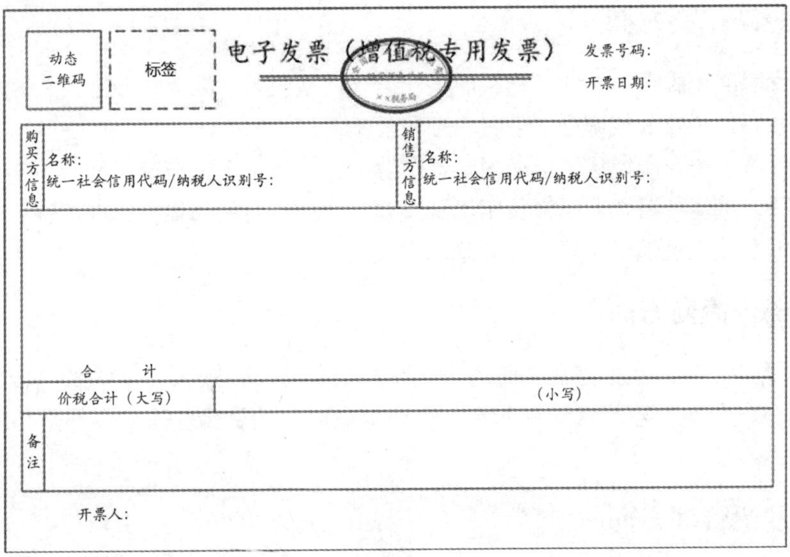

图 1-1

（四）数电发票的两种接入方式

对于数电发票，目前税务局提供了两种接入方式。

第一种方式适用于中小企业，开通数电发票试点的企业可以通过登录电子税务局-电子发票服务平台实现数电发票的手工开票、导入开票等操作。

第二种方式适用于大型企业，通过税务局指定或企业自行申请的方式接入乐企服务平台。

❋ 四、金税四期对企业的监管

金税四期实现了税收征管的全流程智能化以及具备强大的风险监管的能力。从纳税人登记、申报纳税到税务稽查等各个环节，都运用了大数据、人工智能等先进技术，提高了办税效率和准确性。金税四期主要从以下多个方面监管企业。

（一）收入方面

（1）对比利润与收入。通过成本和费用数据来分析企业利润是否合理。如果企业成本和费用高，但利润长期为负数或与同行业相比利润明显偏低且不合理，企业可能存在隐瞒收入或虚报成本和费用的问题，会引起税务机关的关注。

（2）与同行业收入对比。参照同行业、同地区企业的收入水平，稽查企业经营是否存在异常。如果企业的收入明显低于或高于行业平均水平，且无法提供合理的解释，其可能存在少计收入或虚构业务增加收入的嫌疑。

（二）成本方面

（1）监管暂估入库问题。若企业长期在购进原材料或商品时采用暂估入库，却迟迟没有取得正式的费用发票，则其可能存在虚构采购成本或延迟确认成本的问题。

（2）监管费用异常情况。差旅费、加油费、会议费等费用项目如果出现金额异常偏高、报销凭证不完整或与企业实际经营情况不相符等问题，会被视为费用异常情况，容易引起税务机关的怀疑。

（三）应纳税额方面

（1）比对增值税收入与企业所得税收入。若增值税收入长期大于企业所得税收入，可能存在少计企业所得税收入或虚增增值税进项税额的问题。

（2）监管员工个人所得税申报情况。若企业申报的员工工资与员工个人所得税申报表中的工资不一致，可能存在企业少报员工工资、漏缴个人所得税的风险，或者存在企业通过其他方式为员工发放工资但未正确申报纳税的情况。

（四）资金流向方面

金税四期加强了对企业资金流向的监控，如企业公户转账和大额的私户转账、企业的资金流向是否与企业的经营活动相匹配、是否存在异常的资金往来等，都是税务机关关注的重点。

（五）发票管理方面

发票是企业交易的重要凭据，税务机关会严格审查企业的发票开具、取得和使用情况，包括审查发票的真实性、合法性、关联性等。

（六）库存管理方面

税务机关会利用大数据对企业的进销存情况进行监管，包括监管库存商品的数量、金额、进出库记录等。

如果企业的库存账实不符，例如存在库存积压、库存短缺或库存商品的进出库记录与实际情况不符等问题，则企业可能存在隐瞒收入、虚报成本或其他税务违规行为。

任务三　认识电子税务局

❋ 一、电子税务局的概念

（一）电子税务局

电子税务局是由国家税务总局设立的网上办税服务厅，是以服务纳税人为中心，以提升纳税服务效率和办税质量为目的，集网上办税、在线查询、涉税咨询等业务于一体的综合性电子办税平台。

（二）新电子税务局

新电子税务局是全国统一规范电子税务局的简称，其目的是要打造一个全国统一的、规范的、智能的电子税务局，实现全国一个标准、一个规则、一个平台业务通办。

2024 年 3 月，国家税务总局在《国家税务总局关于开展 2024 年"便民办税春风行动"的意见》（税总纳服发〔2024〕19 号）中提出，优化税费业务办理渠道。全面推广上线全国统一规范电子税务局，实现税费服务智能化升级；开发电子税务局手机端，拓展"掌上办"服务，提升精准推送、智能算税、预填申报的便利化水平，更好满足办税缴费个性化需求。

新电子税务局网页端和手机端均已上线，大大提高了纳税人办税的便利性。截至 2024 年 10 月 7 日，除陕西省以外，我国其他省、自治区、直辖市均已上线统一的电子税务局 App，各地区自行开发的电子税务局 App 将逐步退出历史舞台。

❋ 二、新电子税务局的功能、面向人群和特点

新电子税务局的功能、面向人群和特点如下。

1. 功能

新电子税务局主要包括"我的信息""我要办税""我要查询""互动中心""公众服务"等五类功能。

2. 面向人群

新电子税务局面向全体纳税人、缴费人、代扣代缴义务人、第三方涉税中介。

3. 特点

新电子税务局具有易用性和场景化的特征，通过预填办、确认办、智能办等功能提升办

税效率。

（1）预填办。①充分发挥数据优势，按业务事项实现预填，减少用户输入次数、降低办税时长与操作难度。②通过用户的历史申报数据进行预填，用户一键导入历史信息实现预填，减少填写次数，减轻记忆负担。③通过模板导入进行预填，用户导入文件，系统解析数据，在申报界面一键导入数据，完成办理。

（2）确认办。推行确认式办税，系统需用户确认数据，用户只需单击"一步确认"即可完成全流程操作，实现由"人找数填报"向"数找人确认"转变。

（3）智能办。①智能关联业务事项，一次性办理。②一件事一次性办好，一次性进行完整性校验，防止用户出错，避免等到用户把所有步骤都操作完了才提醒出错。③在业务校验不通过时，给出具体的出错位置及快速定位，让用户对问题不迷茫。④智能审核、自动审批，辅以辅助审、批量审等功能，减小税务人员的工作负荷。

❈ 三、新电子税务局操作指引

以广西新电子税务局的操作为例进行说明。

第一步：登录新电子税务局。纳税人进入新电子税务局首页，如图1-2所示。

图 1-2

单击"登录"按钮跳转至登录界面。可选择使用电子税务局App、个人所得税App、数字证书等方式进行登录。登录后新电子税务局界面如图1-3所示。

第二步：办理相关税费申报。登录新电子税务局后，应申报信息可在首页"我的待办"的"本期应申报"中查看。单击"申报"按钮即可跳转至各税（费）种的申报界面。

也可选择"我要办税"—"税费申报及缴纳"，可以看到增值税及附加费、企业所得税、财产和行为税的申报路径，除个人所得税的申报通过自然人电子税务局等办理外，其他税费申报均可通过此路径自行查找申报。

图 1-3

任务四　企业设立登记

【任务导入】

广西南宁市自然人甲想设立一家内资有限责任公司，拟以货币形式出资 5 万元，从事教育咨询服务行业，不设董事会，设监事一名，甲为法定代表人、唯一股东、总经理，自然人乙为公司监事，自然人丙为财务负责人。该公司拟租赁南宁市青秀区星园路 12 号 1 号铺面为注册地址和实际办公地点。

任务要求：完成该公司营业执照办理工作。

【知识准备】

一、企业开办流程

设立登记是指设立人按法定程序向登记机关申请，经登记机关审核并记录在案，以供公众查阅的行为。企业开办流程如图 1-4 所示。

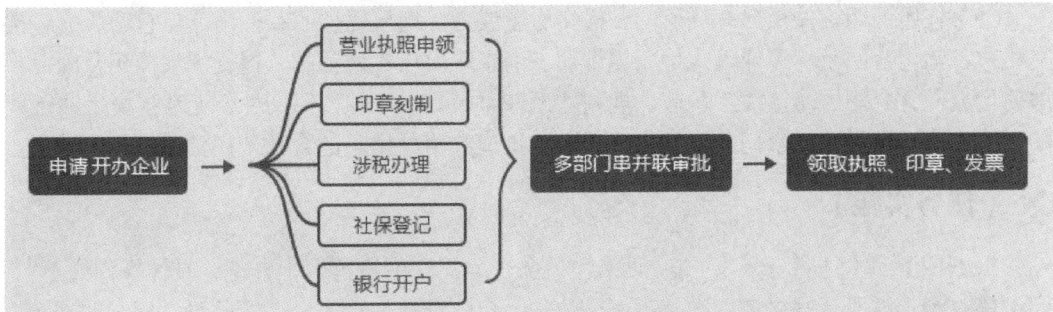

图 1-4

企业设立登记可以在各地区市场监督管理局登记窗口现场办理，也可以通过各地区的政务数字一体化平台进行网上办理。

✱ 二、一般企业设立登记

（一）企业类型

企业类型包括内资企业、外商投资企业、港澳台投资企业、农民专业合作社及个体工商户，具体如图 1-5 所示。

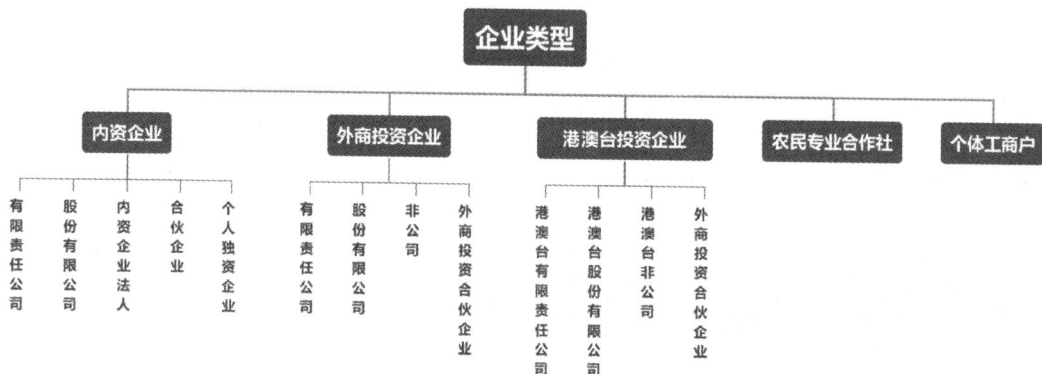

图 1-5

一般企业指的是按规范完成一般常规性设立登记的内资有限责任公司（含股份有限公司）。

（二）一般企业设立登记材料清单

一般企业设立登记材料清单中应包括下列材料。

（1）《一般企业开办申请书》。

（2）公司章程。

（3）法定代表人、董事、监事和高级管理人员的任职文件及身份证件复印件。根据《中华人民共和国公司法》和公司章程的规定，有限责任公司提交股东决定或股东会决议，发起设立的股份有限公司提交股东大会会议记录（募集设立的股份有限公司提交创立大会会议记录）。

（4）股东、发起人的主体资格文件或自然人身份证明（包括股东、联络员、指定代表或委托代理人等自然人的身份证明、法人股东的营业执照）。

（5）住所证明。使用自有场所的，提交房屋或者土地权属证明；使用非自有场所的，提交租赁、借用合同及房屋或者土地权属证明。尚未取得权属证明的，提交房屋购买合同、土地使用权受让合同、房屋竣工验收、规划建设许可等其中一种证明文件；无法提交上述证明的，提交土地房屋管理部门、乡镇人民政府或街道办事处出具的合法使用证明。

◎【任务实施】

根据任务四【任务导入】，在广西数字政务一体化平台进行网上办理，具体操作如下。

第一步：注册、登录广西数字政务一体化平台，选择"各类经营主体设立登记"选项，如图 1-6、图 1-7 所示。

图 1-6

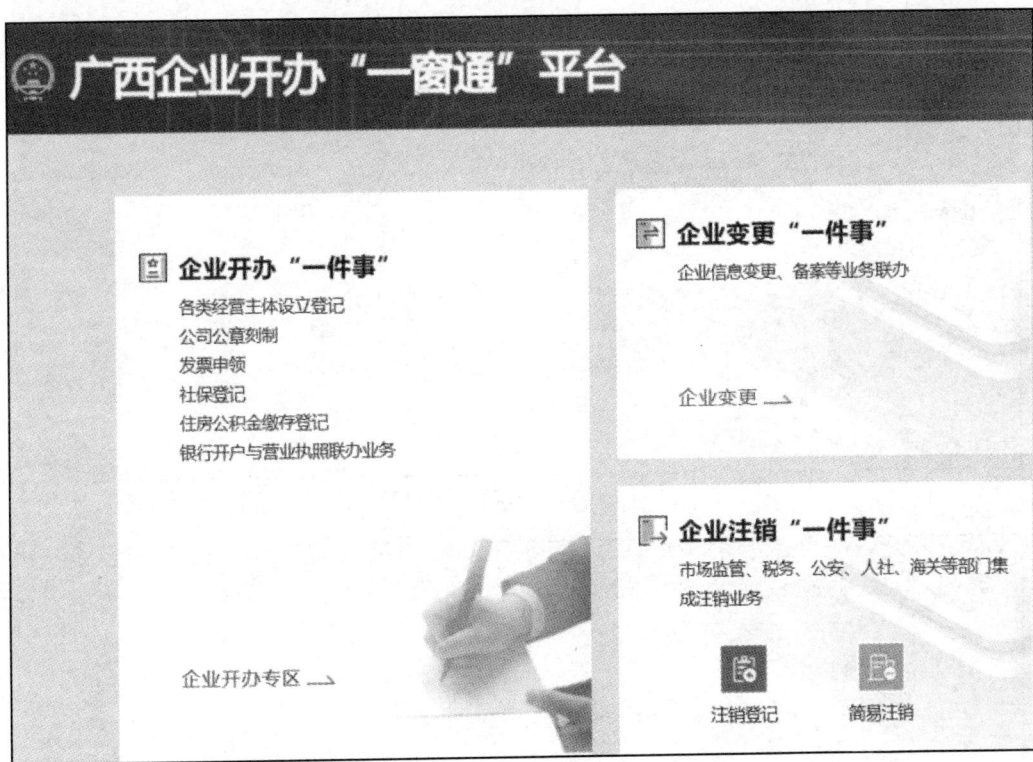

图 1-7

　　第二步：申请企业名称，即进行自主核名登记。根据行政区划、字号、行业、组织形式，合成拟申请的企业名称，并检查是否可用，若可用，单击"保存并下一步"按钮，补充注册资金、登记机关等信息，单击"完成并提交"按钮，如图 1-8、图 1-9 所示。

　　第三步：完善设立登记资料。按系统要求，分别填报基本信息（包括企业名称、企业住所、核算方式、从业人数等）、人员信息（包括股东、董事、经理、法定代表人、监事、联络员、财务负责人等信息）、一照多址、补充信息、章程、多证合一、证照分离、刻章信息、社保登记、公积金信息、银行开户、办税信息等，如图 1-10 至图 1-23 所示。

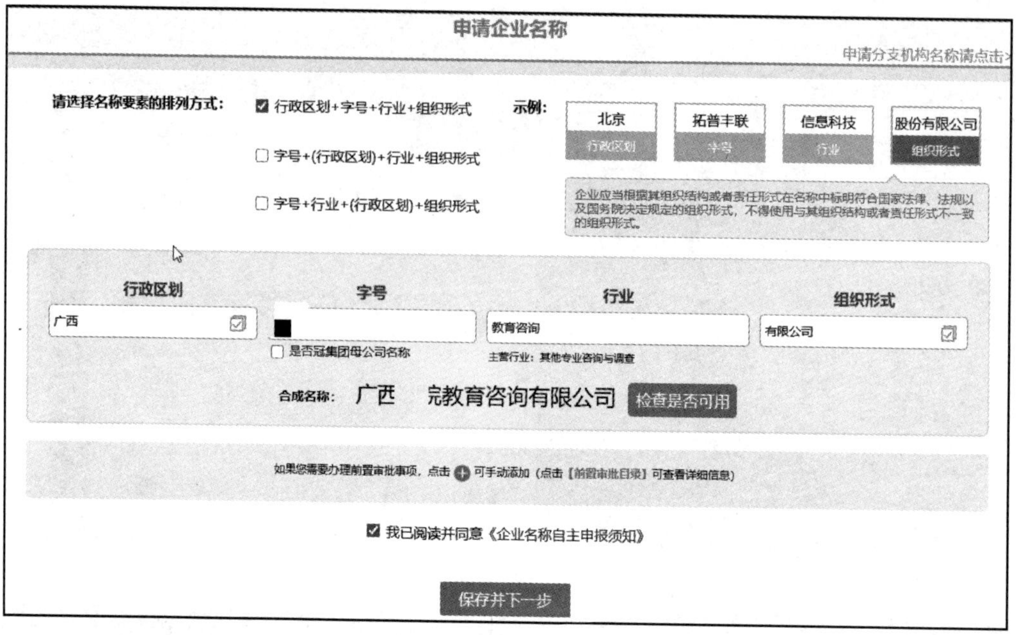

图 1-8

图 1-9

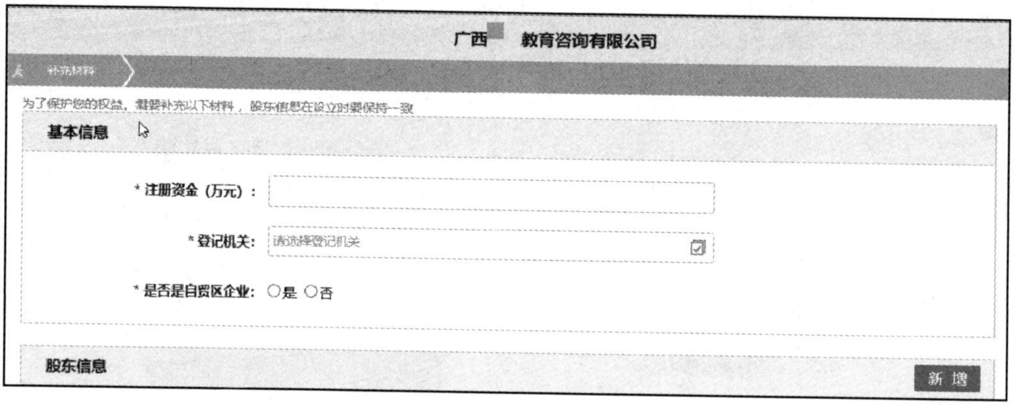

图 1-10

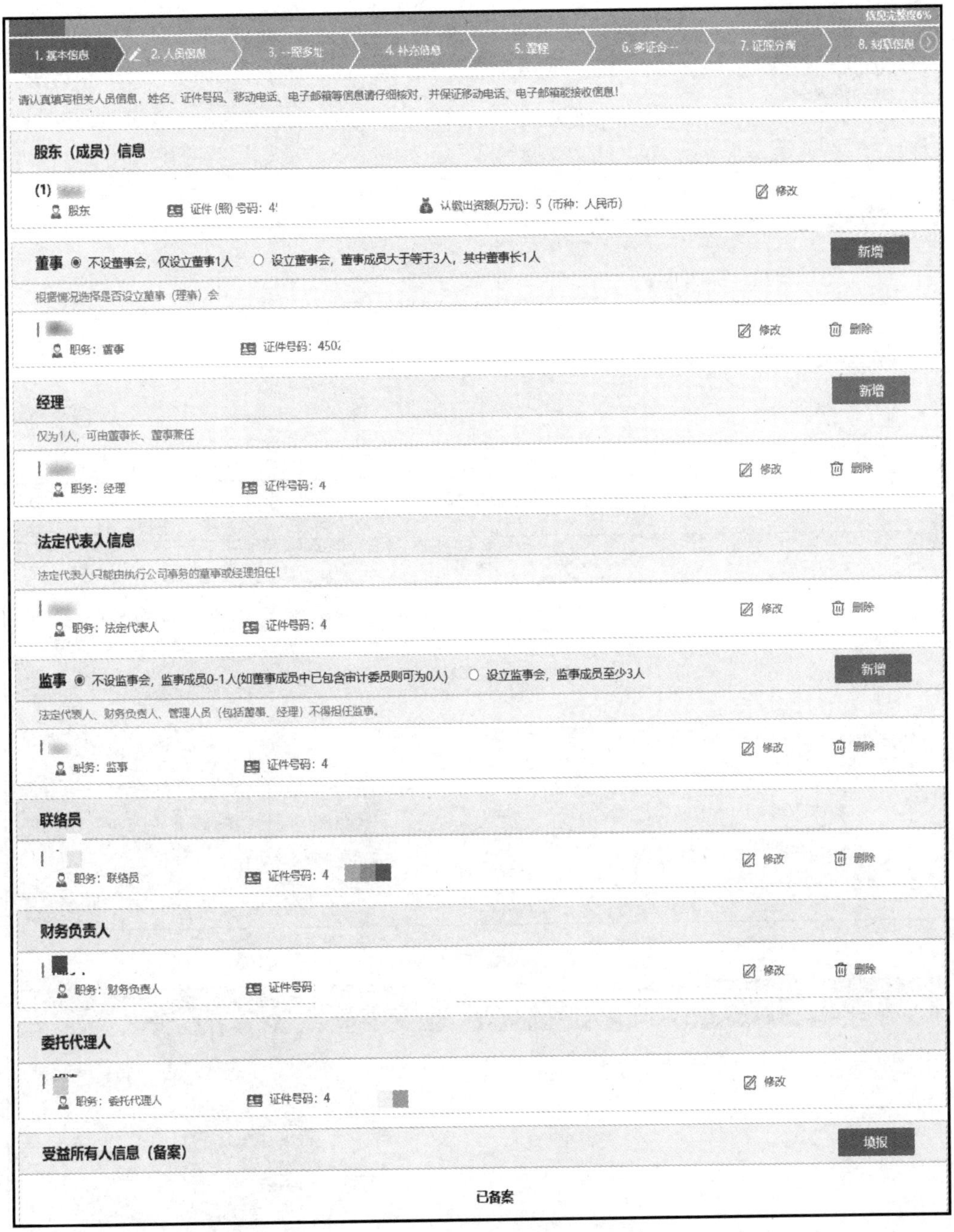

依良完整度6%

| 1.基本信息 | 2.人员信息 | 3.一照多址 | 4.补充信息 | 5.章程 | 6.多证合一 | 7.证照分离 | 8.刻章信息 |

请认真填写相关人员信息，姓名、证件号码、移动电话、电子邮箱等信息请仔细核对，并保证移动电话、电子邮箱能接收信息！

股东（成员）信息

(1) ▨▨▨
　　 股东　　　证件（照）号码：4▨　　　　认缴出资额(万元)：5 (币种：人民币)　　　　　修改

董事 ◉ 不设董事会，仅设立董事1人　　○ 设立董事会，董事成员大于等于3人，其中董事长1人　　　　　**新增**

根据情况选择是否设立董事（理事）会

| ▨▨▨
　　 职务：董事　　　证件号码：450▨　　　　　　　　　　　　　　　修改　　　删除

经理　　　　　　　　　　　　　　　　　　　　　　　　　　　　　　　　**新增**

仅为1人，可由董事长、董事兼任

| ▨▨▨
　　 职务：经理　　　证件号码：4▨　　　　　　　　　　　　　　　　　修改　　　删除

法定代表人信息

法定代表人只能由执行公司事务的董事或经理担任！

| ▨▨▨
　　 职务：法定代表人　　证件号码：4▨　　　　　　　　　　　　　　修改　　　删除

监事 ◉ 不设监事会，监事成员0-1人(如董事成员中已包含审计委员则可为0人)　　○ 设立监事会，监事成员至少3人　　　　**新增**

法定代表人、财务负责人、管理人员（包括董事、经理）不得担任监事。

| ▨▨▨
　　 职务：监事　　　证件号码：4▨　　　　　　　　　　　　　　　　修改　　　删除

联络员

| ▨▨▨
　　 职务：联络员　　　证件号码：4▨▨▨▨　　　　　　　　　　　　修改　　　删除

财务负责人

| ▨▨▨
　　 职务：财务负责人　　证件号码▨▨　　　　　　　　　　　　　　修改　　　删除

委托代理人

| ▨▨▨
　　 职务：委托代理人　　证件号码：4▨　　▨▨　　　　　　　　　　修改

受益所有人信息（备案）　　　　　　　　　　　　　　　　　　　　　　　**填报**

已备案

图 1-11

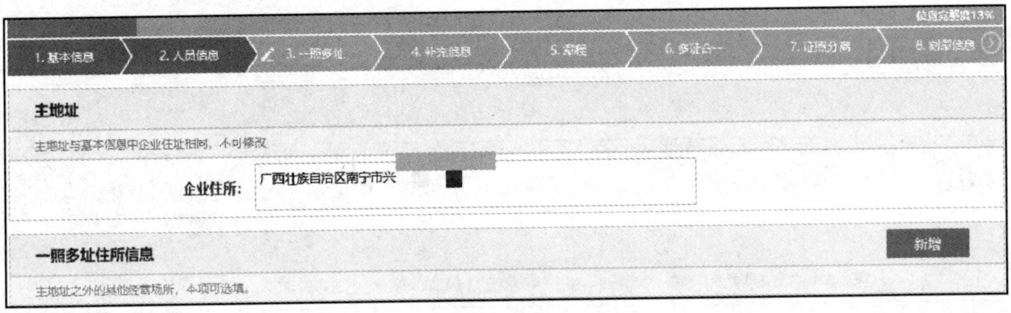

依良完整度13%

| 1.基本信息 | 2.人员信息 | 3.一照多址 | 4.补充信息 | 5.章程 | 6.多证合一 | 7.证照分离 | 8.刻章信息 |

主地址

主地址与基本信息中企业住址相同时，不可修改

　　企业住所：　┌─────────────────────────────┐
　　　　　　　　│ 广西壮族自治区南宁市兴▨▨▨　▨　　　　　　　　　　　│
　　　　　　　　└─────────────────────────────┘

一照多址住所信息　　　　　　　　　　　　　　　　　　　　　　　　　**新增**

主地址之外的其他经营场所，4项可选填。

图 1-12

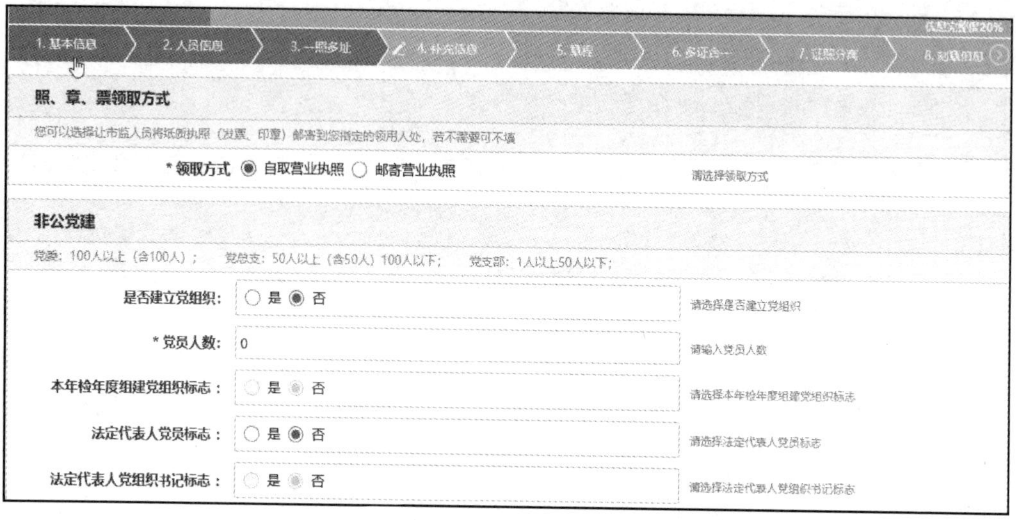

图 1-13

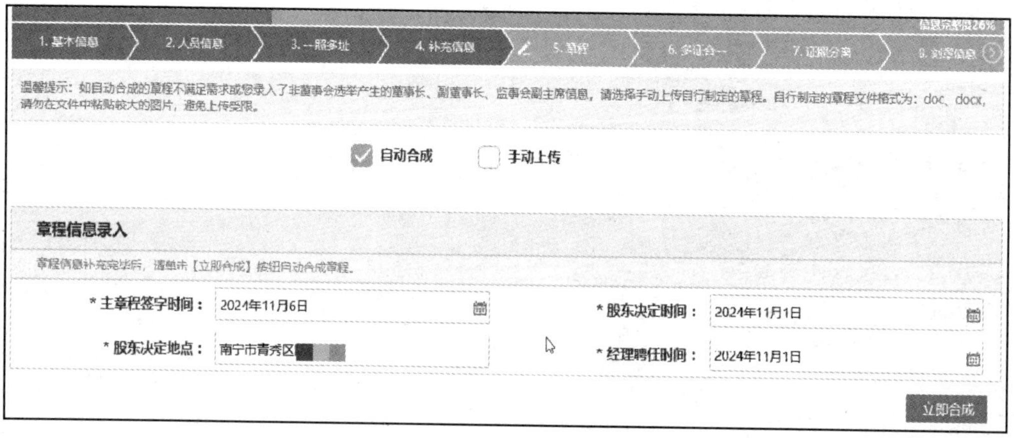

图 1-14

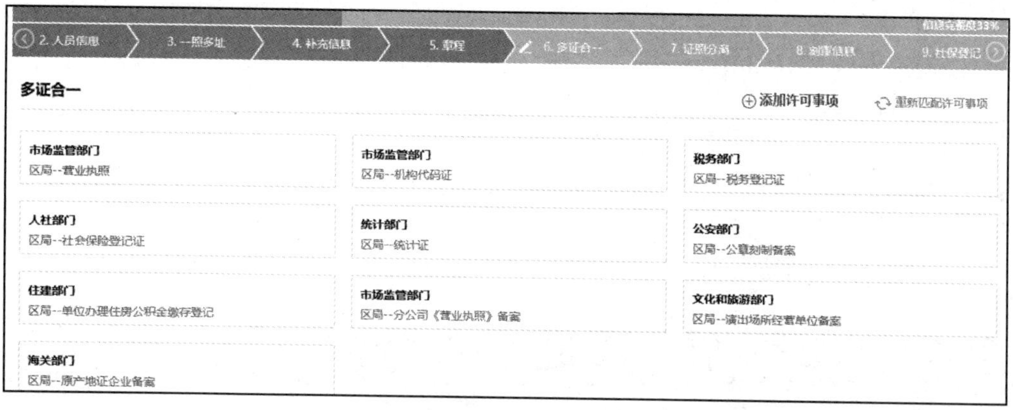

图 1-15

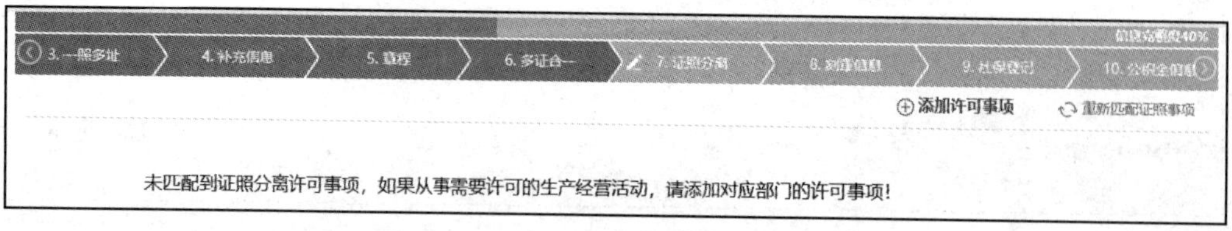

图 1-16

信息完整度46%

| ‹ 4. 补充信息 | 5. 章程 | 6. 多证合一 | 7. 证照分离 | 8. 刻章信息 | 9. 社保登记 | 10. 公积金信息 | 11. 银行开户 › |

○ 政府免费印章　　☑ 自行刻制印章

图 1-17

信息完整度53%

| ‹ 5. 章程 | 6. 多证合一 | 7. 证照分离 | 8. 刻章信息 | 9. 社保登记 | 10. 公积金信息 | 11. 银行开户 | 12. 办税信息 › |

社保信息

* 中央驻桂或自治区直属国有企业:	否 ˅
* 企业划型:	中小微企业 ˅
* 申请险种:	☑ 企业职工基本养老保险　　☑ 失业保险　　☑ 工伤保险
	导入人员信息: 胡■　陆■
* 单位专管联络员:	胡■
* 单位专管联络员移动电话:	173■

医保信息

* 中央驻桂或自治区直属国有企业:	否 ˅
* 企业划型:	中小微企业 ˅
* 行政区划:	广西壮族自治区南宁市兴宁区
* 参保分中心:	兴宁区 ˅
* 单位名称:	广西■教育科技有限公司
* 单位通讯地址:	广西壮族自治区南宁市兴■■
* 申请险种:	☑ 城镇职工医疗　　☑ 生育保险　　☑ 大额医疗
* 专管员姓名:	胡■
* 专管员移动电话:	173■

参保人员　　新增

图 1-18

信息完整度60%

| ‹ 6. 多证合一 | 7. 证照分离 | 8. 刻章信息 | 9. 社保登记 | 10. 公积金信息 | 11. 银行开户 | 12. 办税信息 | 13. 上传材料 › |

导入人员信息: 胡■　宣■　陆■

* 单位发薪日:	请填写单位发薪日
* 单位缴存比例:	请填写单位缴存比例
* 经办人姓名:	请填写经办人姓名
* 经办人证件类型:	中华人民共和国居民身份证 ˅
* 经办人证件号码:	请填写经办人证件号码
* 经办人手机号码:	请填写经办人手机号码

公积金人员信息　　新增

图 1-19

图 1-20

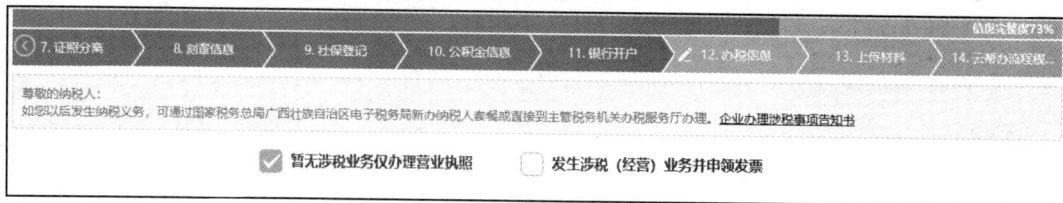

图 1-21

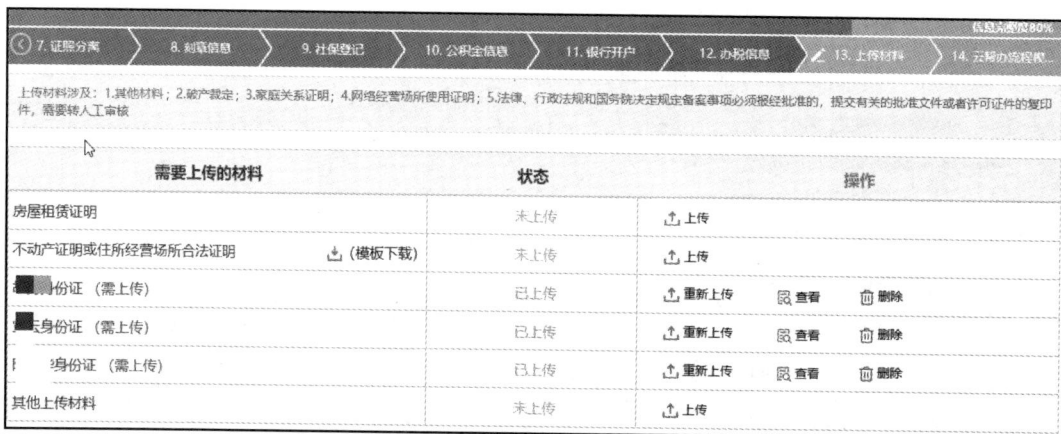

图 1-22

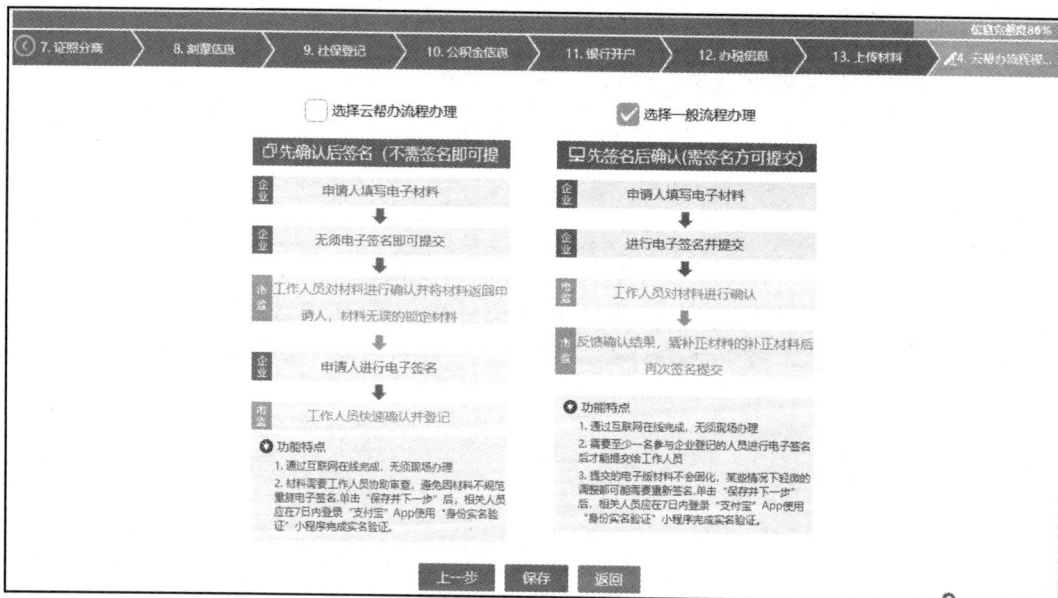

图 1-23

第四步：企业所有相关人员进行电子签名、身份实名核验。

（1）电子签名。企业所有相关人员使用微信签名方式，扫描微信签名二维码进行电子签名，如图 1-24 所示。

图 1-24

（2）身份实名核验。登录支付宝 App，搜索"登记注册身份验证小程序"，并进入该小程序，按照提示完成身份实名核验。

相关操作如图 1-25 所示。

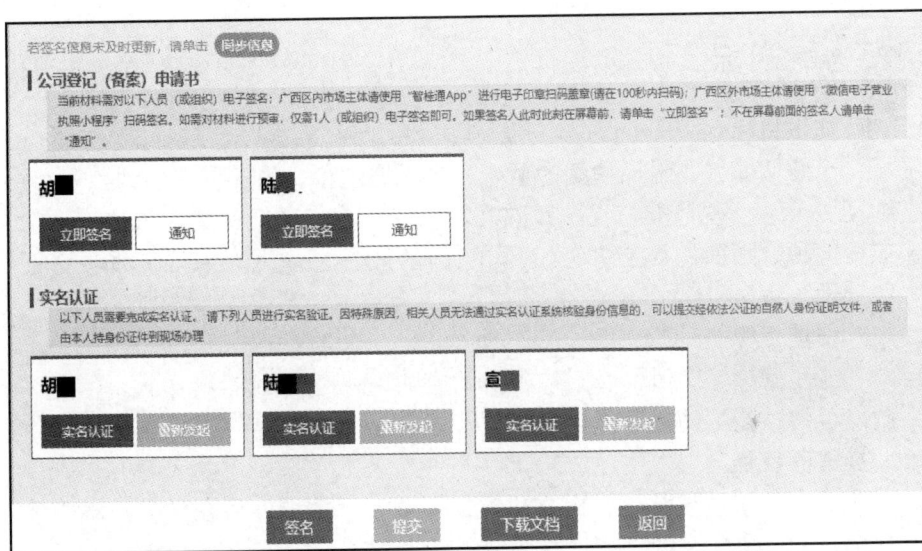

图 1-25

第五步：提交审核，待市场监督管理局审核通过，即可领取营业执照。

巩固练习

本部分内容为即测即评，请扫描下方二维码进行答题。

即测即评

项目二

增值税与附加税费
智慧化申报与管理

🛒 学习目标

知识目标

了解增值税、附加税费的概念；熟悉增值税、附加税费的纳税人/缴纳义务人、征税范围与税率；熟悉增值税、附加税费减免优惠政策；掌握增值税、附加税费应纳税/费额的计算方法；熟悉增值税、附加税费征收管理政策。

技能目标

能正确计算增值税、附加税费的应纳税/费额；能准确申报增值税、附加税费；能帮助企业优化增值税管理。

素养目标

具有依法纳税意识；树立科学发展观，了解增值税在社会经济中的作用；结合风险案例了解金税四期下增值税的风险点。

导　图

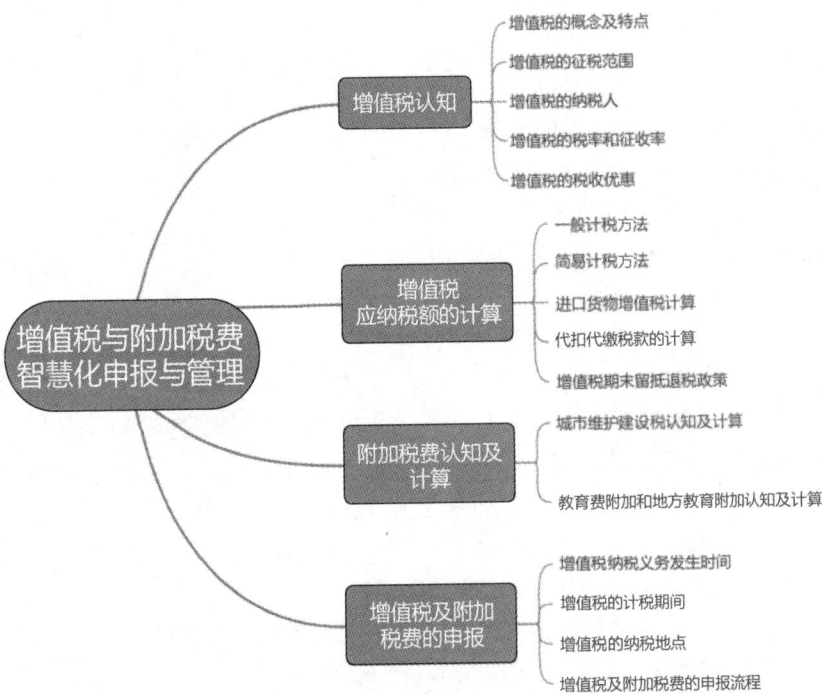

增值税认知
- 增值税的概念及特点
- 增值税的征税范围
- 增值税的纳税人
- 增值税的税率和征收率
- 增值税的税收优惠

增值税应纳税额的计算
- 一般计税方法
- 简易计税方法
- 进口货物增值税计算
- 代扣代缴税款的计算
- 增值税期末留抵退税政策

附加税费认知及计算
- 城市维护建设税认知及计算
- 教育费附加和地方教育附加认知及计算

增值税及附加税费的申报
- 增值税纳税义务发生时间
- 增值税的计税期间
- 增值税的纳税地点
- 增值税及附加税费的申报流程

增值税与附加税费智慧化申报与管理

历史课堂

　　增值税这个税种最早是 1954 年在法国正式开征的。1946 年法国财政官员莫里斯·劳莱提出用增值税代替营业税的设想。

　　在我国，增值税是伴随改革开放政策的逐步实施和计划经济向市场经济转轨的进程而逐步发展的，增值税在我国的大致发展历程如下。

　　1984 年 9 月 18 日，国务院发布《中华人民共和国增值税条例（草案）》（国发〔1984〕125 号），标志着增值税正式成为我国的一个税种。

　　1994 年 1 月 1 日，《中华人民共和国增值税暂行条例》开始实施，扩大了增值税征税范围。增值税税制也得到了进一步完善。

　　2004 年 7 月 1 日起，东北三省开展了增值税转型改革试点，增值税一般纳税人允许抵扣固定资产及相关进项税额，并采用增量抵扣的办法。2009 年 1 月 1 日起，允许全国范围内的所有增值税一般纳税人抵扣其新购进设备所含进项税额，未抵扣完的进项税额可结转下期继续抵扣，增值税由生产型向消费型转变。

　　2012 年 1 月 1 日，上海率先在交通运输业和部分现代服务业进行"营改增"试点。2016 年 5 月 1 日，"营改增"试点全面推开，标志着规范化、国际化的现代增值税制度基本建立。

　　2022 年 12 月、2023 年 8 月、2024 年 12 月，对《中华人民共和国增值税法（草案）》进行审议，2024 年 12 月 25 日十四届全国人大常委会第十三次会议表决通过了《中华人民共和国增值税法》，该法自 2026 年 1 月 1 日起施行。

任务一　增值税认知

【任务导入】

甲汽车股份有限公司研究、开发、生产汽车，生产、加工各类汽车零部件、配件等，设计、生产、安装汽车工装、模具、夹具和设备；销售上述产品并提供售后服务，并向其他企业提供相关的技术咨询及技术服务。

截至 2024 年 12 月 31 日，甲汽车股份有限公司年平均从业人数 18 000 人，年平均总资产为 600 亿元，年应纳税所得额 1 亿元。

其他信息：甲汽车股份有限公司于 2001 年成立，为增值税一般纳税人，2012 年被认定为高新技术企业。

任务要求：根据甲汽车股份有限公司的相关信息完成下列工作任务。

（1）判定甲汽车股份有限公司是否属于增值税纳税人？

（2）确定甲汽车股份有限公司的各经营业务所属增值税征税范围。

（3）确定甲汽车股份有限公司的各经营业务所适用的增值税税率。

（4）简述甲汽车股份有限公司的增值税纳税期限。

注：由于《中华人民共和国增值税法》还没有正式实施，本项目的【任务导入】及【任务实施】均为实际业务发生时间，下同。

【知识准备】

❋ 一、增值税的概念及特点

增值税是对在中国境内销售货物、服务、无形资产、不动产（以下称"应税交易"），以及进口货物的单位和个人，就其取得的法定增值额征收的一种税。

在境内发生应税交易，是指下列情形：

（1）销售货物的，货物的起运地或者所在地在境内；

（2）销售或者租赁不动产、转让自然资源使用权的，不动产、自然资源所在地在境内；

（3）销售金融商品的，金融商品在境内发行，或者销售方为境内单位和个人；

（4）除上述第（2）项、第（3）项规定外，销售服务、无形资产的，服务、无形资产在境内消费，或者销售方为境内单位和个人。

增值税具有以下特点：

（1）保持税收中性，不重复征税；

（2）普遍征收，体现在多环节征税，税基广泛；

（3）税负转嫁，税收负担由最终消费者承担；

（4）实行税款抵扣制度，对纳税人投入的原材料等所包含的税款进行抵扣；

（5）实行价外税制度，以不含增值税的价格或销售额为计税依据。

❋ 二、增值税的征税范围

增值税征税范围包括在中国境内销售货物、服务、无形资产、不动产，以及进口货物。

（一）征税范围的一般规定

1．销售货物

销售货物是指有偿转让货物的所有权。货物是指有形动产，包括电力、热力、气体等。有偿是指从购买方取得货币、货物或者其他经济利益。

2．销售服务

销售服务是指有偿提供加工修理修配服务、交通运输服务、邮政服务、电信服务、建筑服务、金融服务、现代服务和生活服务。

（1）加工修理修配服务。加工服务是指受托加工货物，即委托方提供原料及主要材料，受托方按照委托方的要求，制造货物并收取加工费的业务。修理修配服务是指受托对损伤和丧失功能的货物进行修复，使其恢复原状和功能的业务。

（2）交通运输服务。交通运输服务是指利用运输工具将货物或者旅客送达目的地，使其空间位置得到转移的业务活动，包括陆路运输服务、水路运输服务、航空运输服务和管道运输服务。

陆路运输服务是指通过陆路（地上或者地下）运送货物或者旅客的运输业务活动，包括铁路运输、公路运输、缆车运输、索道运输、地铁运输、城市轻轨运输等。出租车公司向使用本公司自有出租车的出租车司机收取的管理费用，按照陆路运输服务缴纳增值税。

水路运输服务是指通过江、河、湖、川等天然、人工水道或者海洋航道运送货物或者旅客的运输业务活动。水路运输的程租、期租业务属于水路运输服务。

航空运输服务是指通过空中航线运送货物或者旅客的运输业务活动。航空运输的湿租业务，属于航空运输服务。航天运输服务按照航空运输服务缴纳增值税。

管道运输服务是指通过管道设施输送气体、液体、固体物质的运输业务活动。无运输工具承运业务按照交通运输服务缴纳增值税。

（3）邮政服务。邮政服务是指中国邮政集团公司及其所属邮政企业提供邮件寄递、邮政汇兑和机要通信等业务活动。邮政服务包括邮政普遍服务、邮政特殊服务和其他邮政服务。

邮政普遍服务是指函件、包裹等邮件寄递，以及邮票发行、报刊发行和邮政汇兑等业务活动。

邮政特殊服务是指义务兵平常信函、机要通信、盲人读物和革命烈士遗物的寄递等业务活动。

其他邮政服务是指邮册等邮品销售、邮政代理等业务活动。

（4）电信服务。电信服务是指利用有线、无线的电磁系统或者光电系统等各种通信网络资源，提供语音通话服务，传送、发射、接收或者应用图像、短信等电子数据和信息的业务活动。电信服务包括基础电信服务和增值电信服务。

基础电信服务是指利用固网、移动网、卫星、互联网，提供语音通话服务的业务活动，以及出租或者出售带宽、波长等网络元素的业务活动。增值电信服务是指利用固网、移动网、卫星、互联网、有线电视网络，提供短信和彩信服务、电子数据和信息的传输及应用服务、互联网接入服务等业务活动。卫星电视信号落地转接服务按照增值电信服务缴纳增值税。

（5）建筑服务。建筑服务是指各类建筑物、构筑物及其附属设施的建造、修缮、装饰，线路、管道、设备、设施等的安装以及其他工程作业的业务活动。建筑服务包括工程服务、安装服务、修缮服务、装饰服务和其他建筑服务。

　　工程服务是指新建、改建各种建筑物、构筑物的工程作业，包括与建筑物相连的各种设备或者支柱、操作平台的安装或者装设工程作业，以及各种窑炉和金属结构工程作业。

　　安装服务是指生产设备、动力设备、起重设备、运输设备、传动设备、医疗实验设备以及其他各种设备、设施的装配、安置工程作业，包括与被安装设备相连的工作台、梯子、栏杆的装设工程作业，以及被安装设备的绝缘、防腐、保温、油漆等工程作业。固定电话、有线电视、宽带、水、电、燃气、暖气等经营者向用户收取的安装费、初装费、开户费、扩容费以及类似收费，按照安装服务缴纳增值税。

　　修缮服务是指对建筑物、构筑物进行修补、加固、养护、改善，使之恢复原来的使用价值或者延长其使用期限的工程作业。

　　装饰服务是指对建筑物、构筑物进行修饰装修，使之美观或者具有特定用途的工程作业。

　　其他建筑服务是指上述工程作业之外的各种工程作业服务，如钻井（打井）、拆除建筑物或者构筑物、平整土地、园林绿化、疏浚（不包括航道疏浚）、建筑物平移、搭脚手架、爆破、矿山穿孔、表面附着物（包括岩层、土层、沙层等）剥离和清理等工程作业。

　　（6）金融服务。金融服务是指经营金融保险的业务活动，包括贷款服务、直接收费金融服务、保险服务和金融商品转让。

　　贷款服务是指将资金贷与他人使用而取得利息收入的业务活动。各种占用、拆借资金取得的收入，包括金融商品持有期间（含到期）利息（保本收益、报酬、资金占用费、补偿金等）收入、信用卡透支利息收入、买入返售金融商品利息收入、融资融券收取的利息收入，以及融资性售后回租、押汇、罚息、票据贴现、转贷等业务取得的利息及利息性质的收入，以货币资金投资收取的固定利润或者保底利润，按照贷款服务缴纳增值税。

　　直接收费金融服务是指为货币资金融通及其他金融业务提供相关服务并且收取费用的业务活动。直接收费金融服务包括提供货币兑换、账户管理、电子银行、信用卡、信用证、财务担保、资产管理、信托管理、基金管理、金融交易场所（平台）管理、资金结算、资金清算、金融支付等服务。

　　保险服务是指投保人根据合同约定，向保险人支付保险费，保险人对合同约定的可能发生的事故因其发生所造成的财产损失承担赔偿保险金责任，或者当被保险人死亡、伤残、疾病或者达到合同约定的年龄、期限等条件时承担给付保险金责任的商业保险行为。保险服务包括人身保险服务和财产保险服务。

　　金融商品转让是指转让外汇、有价证券、非货物期货和其他金融商品所有权的业务活动。其他金融商品转让包括基金、信托、理财产品等各类资产管理产品和各种金融衍生品的转让。

　　（7）现代服务。现代服务是指围绕制造业、文化产业、现代物流产业等提供技术性、知识性服务的业务活动。现代服务包括研发和技术服务、信息技术服务、文化创意服务、物流辅助服务、租赁服务、鉴证咨询服务、广播影视服务、商务辅助服务和其他现代服务。

　　研发和技术服务，包括研发服务、合同能源管理服务、工程勘察勘探服务、专业技术服务。

　　信息技术服务，包括软件服务、电路设计及测试服务、信息系统服务、业务流程管理服务、信息系统增值服务。

　　文化创意服务，包括设计服务、知识产权服务、广告服务、会议展览服务。

　　物流辅助服务，包括航空服务、港口码头服务、货运客运场站服务、打捞救助服务、装卸搬运服务、仓储服务和收派服务。

　　租赁服务，包括融资租赁服务和经营租赁服务。

　　鉴证咨询服务，包括认证服务、鉴证服务和咨询服务。

广播影视服务，包括广播影视节目（作品）制作服务、发行服务和播映（含放映）服务。

商务辅助服务，包括企业管理服务、经纪代理服务、人力资源服务、安全保护服务。

（8）生活服务。生活服务是指为满足城乡居民日常生活需求提供的各类服务活动。生活服务包括文化体育服务、教育医疗服务、旅游娱乐服务、餐饮住宿服务、居民日常服务和其他生活服务。

3．销售无形资产

销售无形资产是指有偿转让无形资产所有权或者使用权的业务。无形资产是指不具实物形态，但能带来经济利益的资产，包括技术、商标、著作权、商誉、自然资源使用权和其他权益性无形资产。

4．销售不动产

销售不动产是指有偿转让不动产所有权的业务活动。不动产是指不能移动或者移动后会引起性质、形状改变的财产，包括土地和土地上的定着物，如建筑物、构筑物、桥梁、电视塔、地下排水设施等。

5．进口货物

进口货物是指报关进口有形动产。

微课视频

增值税的征税范围

（二）征税范围的特殊规定

1．视同应税交易

有下列情形之一的，视同应税交易，应当依照规定缴纳增值税：

（1）单位和个体工商户将自产或者委托加工的货物用于集体福利或者个人消费；

（2）单位和个体工商户无偿转让货物；

（3）单位和个人无偿转让无形资产、不动产或者金融商品。

有下列情形之一的，不属于应税交易，不征收增值税：

（1）员工为受雇单位或者雇主提供取得工资、薪金的服务；

（2）收取行政事业性收费、政府性基金；

（3）依照法律规定被征收、征用而取得补偿；

（4）取得存款利息收入。

2．混合销售

纳税人发生一项应税交易涉及两个以上税率、征收率的，按照应税交易的主要业务适用税率、征收率。

> **知识拓展**
>
> ### 混合销售的特殊情况
>
> 纳税人销售活动板房、机器设备、钢结构件等自产货物的同时提供建筑、安装服务，不属于混合销售，应分别核算货物和建筑服务的销售额，分别适用不同的税率或者征收率。
>
> 一般纳税人销售自产机器设备的同时提供安装服务，应分别核算机器设备和安装服务的销售额，安装服务可以按照甲供工程选择适用简易计税方法计税。
>
> 一般纳税人销售外购机器设备的同时提供安装服务，如果已经按照兼营的有关规定，分别核算机器设备和安装服务的销售额，安装服务可以按照甲供工程选择适用简易计税方法计税。

3．兼营

纳税人发生两项以上应税交易涉及不同税率、征收率的，应当分别核算适用不同税率、征收率的销售额；未分别核算的，从高适用税率。

❋ 三、增值税的纳税人

在境内发生应税交易和进口货物的单位和个人为增值税的纳税人。单位是指企业、行政单位、事业单位、军事单位、社会团体及其他单位。个人是指个体工商户和其他个人。境外单位和个人在境内发生应税交易，以购买方为扣缴义务人；按照国务院的规定委托境内代理人申报缴纳税款的除外。

我国按经营规模和会计核算健全程度，将增值税纳税人划分为小规模纳税人和一般纳税人。

（一）小规模纳税人

小规模纳税人，是指年应征增值税销售额未超过 500 万元的纳税人。

小规模纳税人会计核算健全，能够提供准确税务资料的，可以向主管税务机关办理登记，按照规定的一般计税方法计算缴纳增值税。

根据国民经济和社会发展的需要，国务院可以对小规模纳税人的标准作出调整，报全国人民代表大会常务委员会备案。

小规模纳税人不能抵扣增值税进项税额，按简易计税方法计算缴纳增值税；发生增值税应税交易，需要开具增值税专用发票的，可以自愿使用增值税发票管理系统自行开具。其他个人转让、出租不动产可由税务机关代开增值税专用发票。

（二）一般纳税人

微课视频

增值税纳税人的划分

一般纳税人是指年应征增值税销售额在 500 万元以上、会计核算健全、能够准确提供税务资料的企业和企业性单位。

年应征增值税销售额超过规定标准的其他个人不属于一般纳税人，不得办理一般纳税人登记；年应征增值税销售额超过规定标准但不经常发生应税行为的单位和个体工商户可选择按小规模纳税人纳税。

除财政部、国家税务总局另有规定外，一经登记为一般纳税人后，不得转为小规模纳税人。

📖 **AI 小课堂 3**

利用文心一言、DeepSeek、豆包、讯飞星火等 AI 工具，探索"增值税小规模纳税人与一般纳税人的划分是否合理，存在哪些优点和不足"的答案。

扫二维码查看使用文心一言进行搜索的结果。

AI 小课堂 3

❋ 四、增值税的税率和征收率

（一）税率

《中华人民共和国增值税法》规定了 4 档增值税税率，分别为 13%、9%、6%、0。

1．13%

一般纳税人的下列业务，适用该档税率：①销售货物；②销售加工修理修配服务；③销售有形动产租赁服务；④进口货物，除下列第2点、第4点规定外，税率为13%。

2．9%

纳税人销售交通运输、邮政、基础电信、建筑、不动产租赁服务，销售不动产，转让土地使用权，销售或者进口下列货物，除第4点（1）规定外，税率为9%：

① 农产品、食用植物油、食用盐；

② 自来水、暖气、冷气、热水、煤气、石油液化气、天然气、二甲醚、沼气、居民用煤炭制品；

③ 图书、报纸、杂志、音像制品、电子出版物；

④ 饲料、化肥、农药、农机、农膜。

3．6%

纳税人销售服务、无形资产，除第1点、第2点、第4点（2）规定外，税率为6%。

4．零税率

（1）纳税人出口货物，税率为零；国务院另有规定的除外。

（2）境内单位和个人跨境销售国务院规定范围内的服务、无形资产，税率为零。

一般纳税人发生应税行为按规定可以选择简易办法适用3%征收率的情形

（二）征收率

适用简易计税方法计算缴纳增值税的征收率为3%。

📌 注意

征收率5%

根据财税〔2016〕36号等文件，部分行为实行增值税征收率5%。

（1）下列行为适用征收率5%。

①单位和个体工商户出租不动产（不含个体工商户出租住房）；②其他个人出租其取得的不动产。

（2）下列应税行为可选择按征收率5%计征。

一般纳税人提供劳务派遣服务、人力资源外包服务，并选择简易计税方法差额计税的，按照5%征收率计算应纳税额（特殊规定除外）。

（3）下列行为按照5%的征收率减按1.5%计征。

住房租赁企业中的增值税一般纳税人向个人出租住房取得的全部出租收入，可以选择适用简易计税方法，按照5%的征收率减按1.5%计算缴纳增值税，或适用一般计税方法计算缴纳增值税。

住房租赁企业中的增值税小规模纳税人向个人出租住房，按照5%的征收率减按1.5%计算缴纳增值税。

个人出租住房，应按照5%征收率减按1.5%计算缴纳增值税。

> **知识拓展**
>
> ### 增值税预征率
>
> 增值税预征率是指企业在提供不动产和建筑服务时，为了保障税款按期均衡入库，按照规定在发生地或机构所在地预缴税款时所适用的税率。预征增值税是一种预交方法，需要在规定时间内按照规定税率或征收率重新进行计算和申报。增值税预征率有2%、3%、5%三档，具体情形包括：
>
> （1）跨县（市）提供建筑服务；
>
> （2）房地产开发企业销售自行开发的房地产项目；
>
> （3）提供不动产经营租赁服务；
>
> （4）转让不动产。

✳ 五、增值税的税收优惠

目前，增值税的税收优惠主要有以下情形。

（一）起征点

小规模纳税人发生应税交易，销售额未达到起征点的，免征增值税；达到起征点的，依照规定全额计算缴纳增值税。

起征点标准由国务院规定，报全国人民代表大会常务委员会备案。

目前执行的增值税起征点如下。

（1）按期纳税的，起征点为月销售额 5 000～20 000 元（含）。

（2）按次纳税的，起征点为每次（日）销售额 300～500 元（含）。

（二）免征项目

下列项目免征增值税：

（1）农业生产者销售的自产农产品，农业机耕、排灌、病虫害防治、植物保护、农牧保险以及相关技术培训业务，家禽、牲畜、水生动物的配种和疾病防治；

（2）医疗机构提供的医疗服务；

（3）古旧图书，自然人销售的自己使用过的物品；

（4）直接用于科学研究、科学试验和教学的进口仪器、设备；

（5）外国政府、国际组织无偿援助的进口物资和设备；

（6）由残疾人的组织直接进口供残疾人专用的物品，残疾人个人提供的服务；

（7）托儿所、幼儿园、养老机构、残疾人服务机构提供的育养服务，婚姻介绍服务，殡葬服务；

（8）学校提供的学历教育服务，学生勤工俭学提供的服务；

（9）纪念馆、博物馆、文化馆、文物保护单位管理机构、美术馆、展览馆、书画院、图书馆举办文化活动的门票收入，宗教场所举办文化、宗教活动的门票收入。

（三）其他免税项目

（1）家政服务企业由员工制家政服务员提供家政服务取得的收入。

（2）提供社区养老、托育、家政服务取得的收入。

（3）政府举办的从事学历教育的高等、中等和初等学校（不含下属单位），举办进修班、培训班取得的全部归该学校所有的收入。

（4）将土地使用权转让给农业生产者用于农业生产。

（5）土地所有者出让土地使用权和土地使用者将土地使用权归还给土地所有者。

（6）福利彩票、体育彩票的发行收入。

（7）金融同业往来利息收入。

（8）行政单位之外的其他单位收取的符合规定的政府性基金和行政事业性收费。

（9）个人转让著作权。

（10）纳税人提供技术转让、技术开发和与之有关的技术咨询、技术服务。

（11）涉及家庭财产分割的个人无偿转让不动产、土地使用权，免征增值税。家庭财产分割，包括下列情形：无偿赠与配偶、父母、子女、祖父母、外祖父母、孙子女、外孙子女、兄弟姐妹；无偿赠与对其承担直接抚养或者赡养义务的抚养人或者赡养人；房屋产权所有人死亡，法定继承人、遗嘱继承人或者受遗赠人依法取得房屋产权。

（12）个人销售自建自用住房。

（13）自 2024 年 12 月 1 日起，北京市、上海市、广州市和深圳市，凡取消普通住宅和非普通住宅标准的，取消普通住宅和非普通住宅标准后，与全国其他地区适用统一的个人销售住房增值税政策，对该城市个人将购买 2 年以上（含 2 年）的住房对外销售的，免征增值税。

（14）2019 年 1 月 1 日至 2025 年 12 月 31 日，对单位或者个体工商户将自产、委托加工或购买的货物通过公益性社会组织、县级及以上人民政府及其组成部门和直属机构，或直接无偿捐赠给目标脱贫地区的单位和个人，免征增值税。

（四）增值税即征即退项目

1．限额退

安置残疾人：安置残疾人的单位和个体工商户，按照纳税人安置残疾人的人数，限额即征即退增值税；安置每位残疾人每月可退还的增值税具体限额按月最低工资标准的 4 倍确定。

2．按比例退

（1）新型墙体材料：对纳税人销售自产的列入《享受增值税即征即退政策的新型墙体材料目录》的新型墙体材料，实行增值税即征即退 50% 的政策。

（2）风力发电：对纳税人销售自产的利用风力生产的电力产品，实行增值税即征即退 50% 的政策。

（3）资源综合利用产品和服务：增值税一般纳税人销售自产的资源综合利用产品和提供资源综合利用劳务，可享受增值税即征即退政策，退税比例有 30%、50%、70%、90% 和 100% 等档次。

3．超税负退

（1）飞机修理修配服务：对飞机维修劳务增值税实际税负超过 6% 的部分实行由税务机关即征即退的政策。

（2）软件产品：增值税一般纳税人销售其自行开发生产的软件产品，按 13% 税率征收增值税后，对其增值税实际税负超过 3%的部分实行即征即退政策。

（3）管道运输服务：一般纳税人提供管道运输服务，对其增值税实际税负超过 3%的部分实行增值税即征即退政策。

4．全额退

（1）黄金期货交易：上海期货交易所会员和客户通过上海期货交易所销售标准黄金（持上海期货交易所开具的《黄金结算专用发票》），发生实物交割但未出库的，免征增值税；发生实物交割并已出库的，由税务机关按照实际交割价格代开增值税专用发票，并实行增值税即征即退政策，同时免征城市维护建设税和教育费附加。

（2）铂金交易：①对进口铂金免征进口环节增值税；②对中博世金科贸有限责任公司通过上海黄金交易所销售的进口铂金，以上海黄金交易所开具的《上海黄金交易所发票》（结算联）为依据，实行增值税即征即退政策；③中博世金科贸有限责任公司进口的铂金没有通过上海黄金交易所销售的，不得享受增值税即征即退政策；④国内铂金生产企业自产自销的铂金也实行增值税即征即退政策。

（3）研发机构采购国产设备：符合条件的研发机构采购国产设备，全额退还增值税。

纳税人兼营增值税优惠项目的，应当单独核算增值税优惠项目的销售额；未单独核算的项目，不得享受税收优惠。

纳税人可以放弃增值税优惠；放弃优惠的，在三十六个月内不得享受该项税收优惠，小规模纳税人除外。

📖 **AI 小课堂 4**

利用文心一言、DeepSeek、豆包、讯飞星火等 AI 工具，探索"高新技术企业、小微企业的增值税税收优惠政策对产业结构调整和创新驱动发展战略有哪些促进作用，是否存在需要改进或完善的地方"的答案。

扫二维码查看使用豆包进行搜索的结果。

AI 小课堂 4

👷 **知识拓展**

增值税小规模纳税人免征规定

自 2023 年 1 月 1 日至 2027 年 12 月 31 日，小规模纳税人发生增值税应税销售行为，合计月销售额未超过 10 万元时（以 1 个季度为 1 个纳税期的，季度销售额未超过 30 万元），免征增值税。如果月销售额超过 10 万元，但扣除本期发生的销售不动产的销售额后未超过 10 万元的，其销售货物、劳务、服务、无形资产取得的销售额免征增值税。其他个人采取一次性收取租金形式出租不动产取得的租金收入，可在对应的租赁期内平均分摊，分摊后的月租金收入未超过 10 万元的，免征增值税。

增值税小规模纳税人适用 3%征收率的应税销售收入，减按 1%征收率征收增值税；适用 3%预征率的预缴增值税项目，减按 1%预征率预缴增值税。

小规模纳税人取得应税销售收入，适用上述免征增值税政策的，纳税人可就该笔销售收入选择放弃免税并开具增值税专用发票。

增值税零税率、免税、不征税的区别

【任务实施】

针对【任务导入】中关于甲汽车股份有限公司的工作任务，完成情况如下。

（1）甲汽车股份有限公司的经营范围包括研究、开发、生产汽车，生产、加工各类汽车零部件、配件等，设计、生产、安装汽车工装、模具、夹具和设备；销售上述产品并提供售后服务，并向其他企业提供相关的技术咨询及技术服务等。甲汽车股份有限公司属于境内销售应税货物、销售服务、销售无形资产，因此属于增值税纳税人。

（2）甲汽车股份有限公司研究、开发、生产汽车，生产、加工各类汽车零部件、配件等，设计、生产、安装汽车工装、模具、夹具和设备，销售上述产品并提供售后服务，属于境内销售应税货物；向其他企业提供相关的技术咨询及技术服务等，属于境内销售现代服务；提供售后服务属于境内销售现代服务。

（3）甲汽车股份有限公司境内销售应税货物适用的增值税税率为13%、销售现代服务适用的增值税税率为6%。

（4）甲汽车股份有限公司为增值税一般纳税人，纳税期限一般为一个月，缴纳税款期限为自期满之日起15日内。

风险案例

利用小规模纳税人减免增值税政策虚开发票

国家税务总局惠州市税务局稽查局联合公安经侦部门依法查处一起利用小规模纳税人减免增值税政策虚开发票案件。

该案件团伙成立多家空壳企业，利用小规模纳税人减免增值税政策，将单户空壳企业的开票金额控制在增值税免征额以内，在没有真实业务交易的情况下，通过收取开票费的方式，对外虚开增值税普通发票6 834份，价税合计金额1亿元。税务稽查部门根据精准分析线索，迅速锁定违法企业，开展调查取证。该团伙主要犯罪分子卢某某因犯虚开发票罪被判处有期徒刑2年8个月，并处罚金人民币6万元。

政策解析：纳税人的销售额未达到起征点的，免税；达到起征点的，全额计税。该犯罪团伙成立的多家企业通过不认定为一般纳税人，以小规模纳税人身份纳税，每期或每次开具的增值税发票未超过起征点金额，以此偷税漏税。

任务二　增值税应纳税额的计算

【任务导入】

甲汽车股份有限公司2024年9月发生如下业务。

（1）9月1日，采购部采购钢材400吨，每吨（不含税）3 400元，取得增值税专用发票，发票上注明金额1 360 000元，税额176 800元。

（2）9月2日，销售部销售A款汽车15辆，每辆（不含税）120 000元，开具增值税专用发票，发票上注明价款1 800 000元，税额234 000元。

任务要求：完成甲汽车股份有限公司采购部与销售部当月增值税应纳税额的计算。

【知识准备】

纳税人发生应税交易，应当按照一般计税方法，通过销项税额抵扣进项税额计算应纳税额的方式，计算缴纳增值税；另有规定的除外。

小规模纳税人可以按照销售额和征收率计算应纳税额的简易计税方法，计算缴纳增值税。

中外合作开采海洋石油、天然气增值税的计税方法等，按照国务院的有关规定执行。

一、一般计税方法

一般计税方法下应纳税额的计算公式为：

$$应纳税额＝当期销项税额－当期进项税额$$

若当期销项税额小于当期进项税额，其不足部分可结转至下期继续抵扣。

（一）销项税额的确定

销项税额，是指纳税人发生应税交易，按照销售额乘以规定的税率计算的增值税税额。

增值税为价外税，应税交易的销售额不包括增值税税额。增值税税额，应当按照国务院的规定在交易凭证上单独列明。

销项税额的计算公式为：

$$销项税额＝销售额×税率$$

销售额，是指纳税人发生应税交易取得的与之相关的价款，包括货币和非货币形式的经济利益对应的全部价款，不包括按照一般计税方法计算的销项税额和按照简易计税方法计算的应纳税额。

销售额以人民币计算。纳税人以人民币以外的货币结算销售额的，应当折合成人民币计算。

发生视同应税交易以及销售额为非货币形式的，纳税人应当按照市场价格确定销售额。

销售额明显偏低或者偏高且无正当理由的，税务机关可以依照《中华人民共和国税收征收管理法》和有关行政法规的规定核定销售额。

销售额的确定是计算销项税额的关键环节，其确定方法如下。

1. 一般销售方式下销售额的确定

销售额包含价外费用。价外费用包括价外向购买方收取的手续费、补贴、基金、集资费、返还利润、奖励费、违约金、滞纳金、延期付款利息、赔偿金、代收款项、代垫款项、包装费、包装物租金、储备费、优质费、运输装卸费以及其他各种性质的价外收费，但下列项目不包括在内。

（1）受托加工应征消费税的消费品所代收代缴的消费税。

（2）符合条件的代为收取的政府性基金或者行政事业性收费。

（3）同时符合以下条件的代垫运输费用：①承运部门的运输费用发票开具给购买方的；②纳税人将该项发票转交给购买方的。

（4）销售货物的同时代办保险等而向购买方收取的保险费，以及向购买方收取的代购买方缴纳的车辆购置税、车辆牌照费。

价外费用应视为含税收入，需换算成不含税收入后再计入销售额。其换算公式为：

$$销售额＝含税销售额÷（1+税率）$$

【例 2-1】（多选题）根据增值税法律制度的规定，下列各项中，一般纳税人在计算增值税销项税额时，应并入销售额的有（   ）。

A. 销售货物价外向购买方收取的手续费

B. 销售货物价外向购买方收取的违约金

C. 销售货物的同时代办保险而向购买方收取的保险费

D. 受托加工应征消费税的消费品所代收代缴的消费税

2. 特殊销售方式下销售额的确定

（1）折扣销售、销售折扣与销售折让方式下销售额的确定。折扣销售是指销售方在销售应税业务时，因购买方购买数量较大等原因而给予的价格优惠，也称商业折扣。纳税人采取折扣销售方式销售应税业务的，如果销售额和折扣额在同一张发票上分别注明，可以按折扣后的销售额征收增值税；如果将折扣额另开发票，不论其在财务上如何处理，均不得从销售额中减除折扣额。销售折扣也称现金折扣，是企业为鼓励客户在规定的期限内付款而向客户提供的债务扣除。例如，现金折扣条件为"2/10，1/20，n/30"，表示客户在 10 天内付款，可享受 2% 的现金折扣；在 20 天内付款，可享受 1% 的现金折扣；超过 20 天付款，则需全额支付货款。现金折扣属于融资性质的理财费用，现金折扣方式下应按照销售额全额计算缴纳增值税。销售折让是指企业因售出商品的质量不合格等原因而在售价上给予的减让。一般纳税人发生销售折让后应按规定开具红字增值税专用发票，从发生销售折让当期的销项税额中扣减，一并退还给购买方。

【例 2-2】甲公司为增值税一般纳税人，2024 年 10 月销售户外便携燃气灶一批，不含增值税售价为 4 520 000 元，因购买方购货数量较大，给予购买方 45 200 元的折扣，并将销售额和折扣额在同一张发票中分别注明。已知，增值税税率为 13%。计算甲公司当月该笔业务增值税销项税额，下列算式正确的是（   ）。

A. （4 520 000-45 200）÷（1+13%）×13%=514 800（元）

B. 4 520 000×13%=587 600（元）

C. 4 520 000÷（1+13%）×13%=520 000（元）

D. （4 520 000-45 200）×13%=581 724（元）

【例 2-3】甲公司为增值税一般纳税人，2024 年 10 月 15 日销售货物一批，含增值税销售额为 113 万元，现金折扣条件为"2/10，1/20，n/30"，客户于 10 月 20 日付款。已知增值税税率为 13%。甲公司当月该笔业务的增值税销项税额是（   ）。

A. 14.69 万元   B. 13.22 万元   C. 13 万元   D. 11.7 万元

（2）以旧换新方式下销售额的确定。以旧换新是指纳税人在销售货物时，折价收回同类旧货物，并以折价款冲减新货物价款的一种销售方式。采取以旧换新方式销售货物的，应按新货物的同期销售价格确定销售额，不得扣减旧货物的收购价格。但对金银首饰的以旧换新业务，以销售方实际收取的不含增值税的价款和价外费用为销售额。

【例 2-4】甲公司为增值税一般纳税人，2024 年 10 月采用以旧换新方式销售手机。新手机含增值税售价为 395.5 万元，回收的旧手机的折价为 56.5 万元。实际收取含增值税价款 339 万元。已知增值税税率为 13%。计算甲公司当月上述业务增值税销项税额的下列算式中，正确的是（   ）。

A. 395.5÷（1+13%）×13%=45.5（万元）

B. 339÷（1+13%）×13%=39（万元）

C. 395.5×13%=51.415（万元）

D. 339×13%=44.07（万元）

【例2-5】甲首饰店是增值税一般纳税人，2024年11月采取以旧换新方式销售一批金项链。该批金项链含增值税售价为135 600元，换回的旧项链作价124 300元，甲首饰店实际收取差价11 300元。已知增值税税率为13%。计算甲首饰店当月该笔业务增值税销项税额的下列算式中，正确的是（　　）。

A. 135 600÷（1+13%）×13%=15 600（元）

B. 124 300÷（1+13%）×13%=14 300（元）

C. 135 600×13%=17 628（元）

D. 11 300÷（1+13%）×13%=1 300（元）

（3）还本销售方式下销售额的确定。还本销售是指纳税人在销售货物后，到一定时期将货款一次或分次全部或部分退还给购货方的一种销售方式。由于其实质属于筹资，其销售额就是交付货物时实际取得的不含税销售额，还本支出不得扣除。

（4）以物易物方式下销售额的确定。以物易物是指购销双方不是以货币结算，而是以同等价款的货物相互结算实现货物购销。购销双方均做购销处理，以各自发出货物确认销售额，以各自收到货物确认购进。双方应分别开具合法的票据，如果收到货物不能取得相应的扣税凭证，进项税额不得抵扣。

（5）直接销售方式下销售额的确定。直接销售是指生产商（直销企业）招募直销员，不经过中间商（经销商）环节，而是在固定营业场所之外，由直销员把商品直接销售到消费者手中的一种销售模式。如果生产商先将货物销售给直销员，再由直销员将货物销售给消费者，生产商的销售额为向直销员收取的全部价款和价外费用；如果生产商通过直销员向消费者销售货物，直接向消费者收取货款，生产商的销售额为向消费者收取的全部价款和价外费用。

认识直销企业

（6）有包装物押金时销售额的确定。纳税人销售货物时，包装物会随之销售、出租或出借，由此会产生包装费、包装物租金、包装物押金。包装费、包装物租金属于价外费用，包装物押金销售额的确定分两种情形。

① 一般货物：如果包装物押金单独记账核算，在一年以内且未逾期，则不并入销售额征税；如果包装物押金逾期未收回，或者超过一年未退还，则需将押金并入所包装货物的销售额中，按照所包装货物适用的税率征税。

② 除啤酒、黄酒以外的其他酒类产品，无论包装物押金是否返还以及会计上如何核算，都应并入当期销售额征税。

【例2-6】甲公司为增值税一般纳税人，2024年6月销售啤酒取得含增值税销售额678 000元，另收取包装物押金60 000元，且单独记账核算。已知增值税税率为13%，计算甲公司当月该笔业务销售啤酒增值税销项税额的下列算式中，正确的是（　　）。

A. 678 000÷（1+13%）×13%=78 000（元）

B. 678 000÷（1+13%）×13%+60 000×13%=85 800（元）

C.（678 000+60 000）×13%=95 940（元）

D. 678 000×13%=88 140（元）

【例2-7】甲酒厂为增值税一般纳税人，2024年10月销售自产白酒取得不含增值税价款100 000元，同时收取包装物押金12 430元。已知增值税税率为13%。计算甲酒厂当月销售自产白酒增值税销项税额的下列算式中，正确的是（　　）。

A. [100 000+12 430÷（1+13%）]×13%=14 430（元）

B. （100 000+12 430）÷（1+13%）×13%=12 934.42（元）

C. （100 000+12 430）×13%=14 615.9（元）

D. 100 000×13%=13 000（元）

（7）视同销售行为和售价明显偏低或偏高时销售额的确定。纳税人有视同销售业务或发生应税行为但价格明显偏低或者偏高且不具有合理商业目的的，主管税务机关有权按下列顺序确定销售额：①按纳税人最近时期同类业务的平均销售价格确定。②按其他纳税人最近时期同类业务的平均销售价格确定。③按组成计税价格确定。组成计税价格的计算公式为：

$$组成计税价格=成本 ×（1+成本利润率）$$

或

$$=成本 ×（1+成本利润率）+ 消费税$$

其中：成本是指实际生产成本或实际采购成本；成本利润率由国家税务总局确定。若货物属于应征消费税的货物，其组成计税价格中应加计消费税。

【例 2-8】甲服装厂为增值税一般纳税人，2024 年 11 月将自产的 100 件新型羽绒服作为福利发给本厂职工，该新型羽绒服生产成本为单件 1 130 元，增值税税率为 13%，成本利润率为 10%。根据增值税法律制度的规定，计算甲服装厂当月该笔业务增值税销项税额的下列算式中，正确的是（　　　）。

A. 100×1 130×13%=14 690（元）

B. 100×1 130×（1+10%）×13%=16 159（元）

C. 100×1 130×（1+10%）÷（1+13%）×13%=14 300（元）

D. 100×1 130÷（1+13%）×13%=13 000（元）

（8）贷款服务销售额的确定。贷款服务，以提供贷款服务取得的全部利息及利息性质的收入为销售额。

（9）直接收费金融服务销售额的确定。直接收费金融服务，以提供直接收费金融服务收取的手续费、佣金、酬金、管理费、服务费、经手费、开户费、过户费、结算费等各类费用为销售额。

3．差额计税销售额的确定

（1）金融商品转让销售额的确定。金融商品转让，按照卖出价扣除买入价后的余额为销售额。转让金融商品出现的正负差，按盈亏相抵后的余额为销售额。若相抵后出现负差，结转下一纳税期与下期转让金融商品销售额相抵，但年末仍出现负差的，不得转入下一会计年度。销售额的计算公式为：

$$销售额=（卖出价-买入价-上期交易负差）÷（1+6%）$$

【例 2-9】甲银行为增值税一般纳税人，2024 年第三季度转让金融商品卖出价为 1 060 万元，所转让金融商品买入价为 901 万元，上一纳税期转让金融商品出现负差 63.6 万元。已知，增值税税率为 6%。计算甲银行金融商品转让增值税销项税额的下列算式中，正确的是（　　　）。

A. 1 060÷（1+6%）×6%=60（万元）

B. （1 060-901-63.6）÷（1+6%）×6%=5.4（万元）

C. （1 060-901）×6%=9.54（万元）

D. 1 060×6%=63.6（万元）

（2）经纪代理服务销售额的确定。经纪代理服务，以取得的全部价款和价外费用，扣除向委托方收取并代为支付的政府性基金、行政事业性收费后的余额为销售额。

（3）融资租赁和融资性售后回租业务销售额的确定。经中国人民银行、银监会（现为国家金融监督管理总局）或者商务部批准提供融资租赁业务，以取得的全部价款和价外费用，扣除支付的借款利息（包括外汇借款和人民币借款利息）、发行债券利息和车辆购置税后的余额为销售额；提供融资性售后回租服务，以取得的全部价款和价外费用（不含本金），扣除对外支付的借款利息（包括外汇借款和人民币借款利息）、发行债券利息后的余额作为销售额。

（4）航空运输服务销售额的确定。航空运输服务，以取得的全部价款和价外费用，扣除代收的机场建设费、代售其他航空运输企业客票而代收转付的价款后的余额为销售额。

（5）一般纳税人客运场站服务销售额的确定。客运场站服务，以取得的全部价款和价外费用，扣除支付给承运方运费后的余额为销售额。

（6）一般纳税人旅游服务销售额的确定。旅游服务，以取得的全部价款和价外费用，扣除向旅游服务购买方收取并支付给其他单位或个人的住宿费、餐饮费、交通费、签证费、门票费和支付给其他接团旅游企业的旅游费用后的余额为销售额。销售额的计算公式为：

$$销售额=（全部价款+价外费用-住宿费、餐饮费、交通费、签证费、门票费和支付给其他接团旅游企业的旅游费用）÷（1+6\%）$$

（7）一般纳税人提供劳务派遣服务销售额的确定。一般纳税人提供劳务派遣服务，可以以取得的全部价款和价外费用为销售额，按照一般计税方法（增值税税率为6%）计算缴纳增值税；也可以选择差额纳税，以取得的全部价款和价外费用，扣除代用工单位支付给劳务派遣员工的工资、福利和为其办理社会保险及住房公积金后的余额为销售额，按照简易计税方法依5%的征收率计算缴纳增值税。

选择差额纳税的纳税人，向用工单位收取用于支付给劳务派遣员工工资、福利和为其办理社会保险及住房公积金的费用，不得开具增值税专用发票，可以开具增值税普通发票。

劳务派遣服务，是指劳务派遣公司为了满足用工单位对各类灵活用工的需求，将员工派遣至用工单位，接受用工单位管理并为其工作的服务。

（8）一般纳税人提供建筑服务适用简易计税方法的销售额的确定。一般纳税人提供建筑服务适用简易计税方法的，以取得的全部价款和价外费用扣除支付的分包款后的余额为销售额。

（9）房地产开发企业中的一般纳税人销售其开发的房地产（选择简易计税方法的房地产老项目除外）的销售额的确定。以取得的全部价款和价外费用，扣除受让土地时向政府部门支付的土地价款后的余额为销售额。销售额的计算公式为：

$$销售额=（全部价款+价外费用-当期允许扣除的土地价款）÷（1+9\%）$$

微课视频

一般计税方法下增值税销项税额的计算

（二）进项税额的确定

进项税额，是指纳税人购进货物、服务、无形资产、不动产支付或者负担的增值税税额。

纳税人应当凭法律、行政法规或者国务院规定的增值税扣税凭证从销项税额中抵扣进项税额。

进项税额与销项税额是一个相对应的概念。一般纳税人在同一笔业务中，销售方收取的销项税额就是购买方支付的进项税额。

当期进项税额大于当期销项税额的部分，纳税人可以按照国务院的规定选择结转下期继续抵扣或者申请退还。

1．准予抵扣的进项税额

（1）增值税专用发票。从一般纳税人处购买产品取得的增值税专用发票，按发票上注明的税额抵扣。若为从小规模纳税人处购买农产品而取得的按3%征收率计算增值税的增值税专用发票，则以票面金额和9%的扣除率计算允许抵扣的进项税额，计算公式为：

$$可抵扣进项税额=票面金额×9\%$$

（2）海关进口增值税专用缴款书。按海关进口增值税专用缴款书注明的增值税税额抵扣。

（3）税控机动车销售统一发票。按机动车销售统一发票注明的增值税税额抵扣。

（4）通行费发票。通行费，是指有关单位依法或者依规设立并收取的过路、过桥和过闸费用。可以抵扣进项税额的通行费发票包括桥、闸通行费发票，收费公路通行费增值税电子普通发票。增值税一般纳税人支付的道路、桥、闸通行费，暂凭取得的通行费发票（不含财政票据）上注明的收费金额按照下列公式计算可抵扣的进项税额。

$$高速公路通行费可抵扣进项税额=高速公路通行费发票上注明的金额÷（1+3\%）×3\%$$

$$一级公路、二级公路、桥、闸通行费可抵扣进项税额=一级公路、二级公路、桥、闸通行费$$
$$发票上注明的金额÷（1+5\%）×5\%$$

（5）农产品销售发票或收购发票。从按照简易计税方法依照3%征收率计算缴纳增值税的小规模纳税人处取得增值税专用发票的，以增值税专用发票上注明的金额和9%的扣除率计算进项税额。计算公式为：

$$可抵扣进项税额=买价×9\%$$

纳税人如果将购入的农产品用于生产销售或委托加工13%税率货物，无论取得的是增值税专用发票、增值税专用缴款书、销售发票或收购发票，按10%的扣除率计算进项税额，即：

$$可抵扣进项税额=买价×10\%$$

纳税人购进农产品既用于生产销售或委托受托加工13%税率货物又用于生产销售其他货物服务的，未分别核算的，统一以增值税专用发票或海关进口增值税专用缴款书上注明的增值税税额为进项税额，或以农产品收购发票或销售发票上注明的农产品买价和9%的扣除率计算进项税额。

【例2-10】甲公司为增值税一般纳税人，2024年7月从小规模纳税人乙公司购进一批农产品用于生产食用植物油，取得增值税专用发票注明金额10 000元、税额300元。甲公司购进的该批农产品当月申报抵扣进项税额。已知农产品扣除率为9%。甲公司当月购进该批农产品准予抵扣的进项税额为（   ）。

A. 300元　　　　B. 927元　　　　C. 900元　　　　D. 873元

（6）旅客运输凭证。纳税人购进国内旅客运输服务，可以增值税专用发票作为扣税凭证，还可以增值税电子普通发票、注明旅客身份信息的航空运输电子客票行程单、铁路车票以及公路、水路等其他客票作为扣税凭证。

① 取得增值税电子普通发票的，为发票注明的税额。

② 取得注明旅客身份信息的航空运输电子客票行程单的，按照下列公式计算进项税额。

$$进项税额=（票价+燃油附加费）÷（1+9\%）×9\%$$

注意：不包括民航发展基金。

③ 取得注明旅客身份信息的铁路车票的，为按照下列公式计算的进项税额。

$$进项税额=票面金额÷（1+9\%）×9\%$$

④ 取得注明旅客身份信息的公路、水路等其他客票的，按照下列公式计算进项税额。

$$进项税额=票面金额÷（1+3\%）×3\%$$

【例2-11】甲公司销售部李某2024年10月在国内出差，取得注明李某身份信息的航空运输电子客票行程单，记载往返票价和燃油附加费合计3 270元、机场建设费（民航发展基金）100元。计算甲公司当月取得航空运输电子客票行程单准予抵扣进项税额的下列算式中，正确的是（　　　）。

  A．3 270÷（1+9%）×9%=270（元）

  B．3 270÷（1+9%）×9%+100×9%=279（元）

  C．3 270×9%=294.3（元）

  D．（3 270+100）×9%=303.3（元）

  （7）完税凭证。完税凭证是指一般纳税人从境外单位或者个人购进劳务、服务、无形资产或者境内的不动产，从税务机关或者扣缴义务人处取得的解缴税款的完税凭证。纳税人凭完税凭证抵扣进项税额的，应当具备书面合同、付款证明和境外单位的对账单或者发票，资料不全的，相应的进项税额不得抵扣。

  2．不得抵扣的进项税额

  纳税人的下列进项税额不得从其销项税额中抵扣：

  （1）适用简易计税方法计税项目对应的进项税额；

  （2）免征增值税项目对应的进项税额；

  （3）非正常损失项目对应的进项税额；

  （4）购进并用于集体福利或者个人消费的货物、服务、无形资产、不动产对应的进项税额；

  （5）购进并直接用于消费的餐饮服务、居民日常服务和娱乐服务对应的进项税额；

  （6）国务院规定的其他进项税额。

  【例2-12】甲公司为增值税一般纳税人，2024年8月购进生产设备租赁服务取得的增值税专用发票注明税额900元，购进餐饮服务取得的增值税普通发票注明税额60元，购进娱乐服务取得的增值税普通发票注明税额为720元。甲公司进项税额当月已申报抵扣。甲公司当月上述业务准予抵扣的进项税额为（　　　）。

  A．1 620元   B．1 680元   C．780元   D．900元

  📖 **AI小课堂5**

    利用文心一言、DeepSeek、豆包、讯飞星火等AI工具，探索"增值税的抵扣机制是其核心内容，在哪些情况下可能会出现增值税抵扣链条的中断，这种中断会对企业税负和经济活动产生怎样的影响"的答案。

    扫二维码查看使用豆包进行搜索的结果。

    AI小课堂5

  3．进项税额转出

  已抵扣进项税额的购进货物（不含固定资产）、劳务、服务，如事后改变用途，用于简易计税项目、免税项目、集体福利、个人消费或发生非正常损失，应当将该进项税额从当期进项税额中扣减；无法确定该进项税额的，按照当期实际成本计算应扣减的进项税额。

  【例2-13】甲企业是增值税一般纳税人，主要从事家用烤箱的生产和销售。2024年10月初采购一批发热线圈，取得的销售方开具的增值税专用发票注明金额为20万元；委托运输企业将该批发热线圈运回，取得的运输企业开具的增值税专用发票注明税额为0.09万元。该批发热线圈入库不久，仓库遭遇强台风，30%发热线圈丢失。已知，增值税税率为13%。根据增值税法律制度的规定，计算甲企业上述业务可以抵扣进项税额的下列算式中，正确的是（　　　）

  A．20×13%=2.6（万元）

    B．20×13%+0.09=2.69（万元）

    C．20×13%×（1-30%）=1.82（万元）

    D．（20×13%+0.09）×（1-30%）=1.883（万元）

4．增值税加计抵减政策

（1）自2023年1月1日至2027年12月31日，对生产销售先进工业母机主机、关键功能部件、数控系统的增值税一般纳税人，允许按当期可抵扣进项税额加计15%抵减企业应纳增值税税额。

（2）自2023年1月1日至2027年12月31日，允许先进制造业企业按照当期可抵扣进项税额加计5%抵减应纳增值税税额。

（3）自2023年1月1日至2027年12月31日，允许集成电路设计、生产、封测、装备、材料企业，按照当期可抵扣进项税额加计15%抵减应纳增值税税额。

❈ 二、简易计税方法

按照简易计税方法计算缴纳增值税的，应纳税额为当期销售额乘以征收率。

微课视频

一般计税方法下增值税进项税额的确定

（一）小规模纳税人发生应税交易应纳税额的计算

1．一般应税交易

小规模纳税人适用简易计税方法计税，不得抵扣进项税额，其计算公式为：

$$应纳税额=不含税销售额×征收率$$

其中，销售额的确定基本与一般计税方法中销售额的确定方法相同。

【例2-14】某公司为增值税小规模纳税人，2024年4—6月销售货物取得含税收入38万元，购进货物取得增值税发票，发票上注明的税额为1.32万元。该公司增值税按季缴纳，未选择放弃税收优惠，计算该公司上述业务当季应缴纳增值税。

2．特殊交易

（1）小规模纳税人销售不动产（不含个体工商户销售购买的住房和其他个人销售不动产）或出租其取得的不动产（不含个人出租住房）、房地产开发企业中的小规模纳税人销售自行开发的房地产项目，按照5%征收率计算应纳税额（特殊规定除外）。

$$应纳税额=含税销售额÷（1+5\%）×5\%$$

（2）住房租赁企业中的增值税小规模纳税人向个人出租住房，按照5%的征收率减按1.5%计算缴纳增值税。

$$应纳税额=含税销售额÷（1+5\%）×1.5\%$$

（3）个人出租住房，应按照5%征收率减按1.5%计算缴纳增值税。

$$应纳税额=含税销售额÷（1+5\%）×1.5\%$$

（4）小规模纳税人（除其他个人外）销售自己使用过的固定资产，按照3%征收率减按2%计算缴纳增值税。

$$应纳税额=含税销售额÷（1+3\%）×2\%$$

【例2-15】A公司为小规模纳税人，2024年5月销售自己使用过的一台设备，金额为82 400元，假设不适用1%征收率，开具增值税普通发票，计算应纳税额。

（二）一般纳税人采用简易计税方法计税应纳税额的计算

一般纳税人按规定适用或选择适用简易计税方法计税，不得抵扣进项税额。

（1）一般纳税人选择简易计税方法依照3%征收率，可减按2%征收增值税，包括以下情形。

① 销售自己使用过的固定资产（2009年1月1日以前购入的生产用固定资产，或按规定不得抵扣且未抵扣进项税额的固定资产）。

② 销售旧货（经营进入二次流通的具有部分使用价值的货物）。

$$应纳税额=含税销售额÷（1+3\%）×2\%$$

（2）一般纳税人转让或出租其2016年4月30日前取得的不动产并选择简易计税方法计税的、房地产开发企业（一般纳税人）销售自行开发的2016年4月30日前开工建设的房地产老项目（下同）并选择简易计税方法计税的、一般纳税人提供劳务派遣劳务并选择简易计税方法差额计税的，按照5%征收率计算应纳税额（特殊规定除外）。

$$应纳税额=含税销售额÷（1+5\%）×5\%$$

（3）住房租赁企业中的增值税一般纳税人向个人出租住房，选择简易计税方法，按照5%的征收率减按1.5%计算缴纳增值税。

$$应纳税额=含税销售额÷（1+5\%）×1.5\%$$

（4）自2020年5月1日至2027年12月31日，对二手车经销企业销售其收购的二手车减按0.5%征收增值税。

$$应纳税额=含税销售额÷（1+0.5\%）×0.5\%$$

（5）从事二手车经销业务的纳税人销售其收购的二手车，减按0.5%征收率征收增值税。

$$应纳税额=含税销售额÷（1+0.5\%）×0.5\%$$

【例2-16】某二手车经销公司为增值税一般纳税人，2024年2月销售其收购的二手车25辆，取得含税销售额320万元。该公司当月销售二手车应缴纳增值税约（　　　）万元。

　A. 1.59　　　　　　B. 1.55　　　　　　C. 3.17　　　　　　D. 6.21

三、进口货物增值税计算

进口货物，按照规定的组成计税价格乘以适用税率计算缴纳增值税。组成计税价格，为关税计税价格加上关税和消费税；国务院另有规定的，从其规定。计算公式为：

$$组成计税价格=关税计税价格+关税$$

$$应纳税额=组成计税价格×税率$$

（1）一般货物组成计税价格。

$$组成计税价格=关税计税价格×（1+关税税率）$$

（2）如果进口的货物属于消费税应税消费品，在组成计税价格中还应加入消费税。

$$组成计税价格=（关税计税价格+关税）÷（1-消费税税率）$$

$$=关税计税价格×（1+关税税率）÷（1-消费税税率）$$

【例2-17】甲公司为增值税一般纳税人，将于2026年8月进口一批运动鞋，假定海关审定的关税计税价格为226万元，缴纳关税22.6万元。已知增值税税率为13%。计算甲公司当月进口运动鞋应缴纳增值税税额的下列算式中，正确的是（　　　）。

　A.（226+22.6）×13%=32.318（万元）

B. 226÷（1+13%）×13%=26（万元）

C. （226-22.6）×13%=26.442（万元）

D. 226×13%=29.38（万元）

【例 2-18】甲外贸公司为增值税一般纳税人，将于 2026 年 9 月进口一批高档手表，假定海关审定的关税计税价格为 100 万元，已缴纳关税 10 万元。已知，增值税税率为 13%，消费税税率为 20%。计算甲外贸公司当月该笔业务应缴纳增值税税额的下列算式中，正确的是（　　）。

A. （100+10）÷（1-20%）×13%=17.875（万元）

B. 100÷（1-20%）×13%=16.25（万元）

C. 100×13%=13（万元）

D. （100+10）×13%=14.3（万元）

❋ 四、代扣代缴税款的计算

境外单位和个人在境内发生应税交易，以购买方为扣缴义务人；按照国务院的规定委托境内代理人申报缴纳税款的除外。

扣缴义务人依照规定代扣代缴税款的，按照销售额乘以税率计算应扣缴税额。计算公式为：

$$应扣缴税额=销售额×税率$$

❋ 五、增值税期末留抵退税政策

对符合留抵退税条件的制造业等行业纳税人，按月退还增量留抵税额并一次性退还存量留抵税额。

（1）办理增值税期末留抵税额退税需要符合的条件如下。

财税关〔2022〕14 号、21 号公告规定，同时符合以下条件的纳税人，可以按 14 号公告和 21 号公告规定向主管税务机关申请退还增量留抵税额和申请一次性退还存量留抵税额：

① 纳税信用等级为 A 级或者 B 级；

② 申请退税前 36 个月未发生骗取留抵退税、骗取出口退税或虚开增值税专用发票情形；

③ 申请退税前 36 个月未因偷税被税务机关处罚两次及以上；

④ 自 2019 年 4 月 1 日起未享受即征即退、先征后返（退）政策。

（2）享受主体包括符合条件的制造业、科学研究和技术服务业、电力、热力、燃气及水生产和供应业、软件和信息技术服务业、生态保护和环境治理业和交通运输、仓储和邮政业企业（含个体工商户）及批发和零售业、农、林、牧、渔业、住宿和餐饮业、居民服务、修理和其他服务业、教育、卫生和社会工作和文化、体育和娱乐业企业（含个体工商户）。

（3）纳税人当期允许退还的增量留抵税额，按照以下公式计算。

$$允许退还的增量留抵税额=增量留抵税额×进项构成比例×60\%$$

进项构成比例，为 2019 年 4 月至申请退税前一税款所属期内已抵扣的增值税专用发票（含税控机动车销售统一发票）、海关进口增值税专用缴款书、解缴税款完税凭证注明的增值税税额占同期全部已抵扣进项税额的比重。

（4）纳税人申请办理留抵退税，应于符合留抵退税条件的次月起，在增值税纳税申报期内，完成本期增值税纳税申报后，申请留抵退税。

📖 **政策案例**

　　某企业从事照明灯具制造，2019 年 3 月（税款所属期）期末留抵税额为 10 万元，2022 年 10 月（税款所属期）期末留抵税额为 100 万元，此前未办理过存量退税，企业符合条件，2021 年 11 月—2022 年 10 月增值税销售额中自产灯具销售占比 95%，属于从事"制造业"纳税人，进项构成比例为 100%。该企业可以在 2022 年 11 月申报期内同时申请全额退还增量留抵税额和一次性退还存量留抵税额。可退增量留抵税额为（100-10）×100%×100%=90（万元），可退存量留抵税额为 10×100%×100%=10（万元），合计退还留抵税额 100 万元。

　　该企业 2023 年 8 月（税款所属期）期末留抵税额为 50 万元，符合退税条件，进项构成比例为 100%。可以在 2023 年 9 月申报期内申请全额退还增量留抵税额 50×100%×100%=50 万元（纳税人获得一次性存量留抵退税后，增量留抵税额为当期期末留抵税额）。

📎 **【任务实施】**

　　针对【任务导入】中关于计算甲汽车股份有限公司 2024 年 9 月应纳增值税的工作任务，完成情况如下。

　　进项税额=400×3 400×13%=176 800（元）

　　销项税额=15×120 000×13%=234 000（元）

　　应纳增值税=234 000-176 800=57 200（元）

任务评价 1

任务三　附加税费认知及计算

🔖 **【任务导入】**

　　承接任务一和任务二，甲汽车股份有限公司注册地在 q 市区，任务要求：

　　（1）判定甲汽车股份有限公司是否属于城市维护建设税的纳税人及教育费附加和地方教育附加的缴纳义务人。

　　（2）确定甲汽车股份有限公司的城市维护建设税所适用的税率和教育费附加和地方教育附加所适用的费率。

　　（3）若甲汽车股份有限公司 2024 年 6 月实际缴纳增值税 120 万元，消费税 80 万元，计算应纳附加税费额。

📖 **【知识准备】**

　　附加税费包括城市维护建设税、教育费附加和地方教育附加。

✦ 一、城市维护建设税认知及计算

　　《中华人民共和国城市维护建设税暂行条例》是国务院于 1985 年 2 月 8 日发布，并于同年 1 月 1 日起实施的。2021 年 9 月 1 日，《中华人民共和国城市维护建设税法》施行，《中华人民共和国城市维护建设税暂行条例》同时废止。

　　《中华人民共和国城市维护建设税法》的实施有助于保障城市基础设施的建设和维护，促进城市的可持续发展。同时，对不同地区的纳税人实行不同的税率，有助于体现税收的公平性和合理性。

（一）城市维护建设税的纳税人

在中国境内缴纳增值税、消费税的单位和个人，为城市维护建设税的纳税人，应当依照规定缴纳城市维护建设税。

（二）城市维护建设税的计税依据

城市维护建设税以纳税人依法实际缴纳的增值税、消费税税额为计税依据。同时，城市维护建设税的计税依据应当按照规定扣除期末留抵退税退还的增值税税额。

对进口货物或者境外单位和个人向境内销售劳务、服务、无形资产缴纳的增值税、消费税税额，不征收城市维护建设税。

依法实际缴纳的增值税、消费税（合称"两税"）税额，是指纳税人依照两税相关法律法规和税收政策规定计算的应当缴纳的两税税额（不含因进口货物或境外单位和个人向境内销售劳务、服务、无形资产缴纳的两税税额），加上增值税免抵税额，扣除直接减免的两税税额和期末留抵退税退还的增值税税额后的金额。

直接减免的两税税额，是指依照两税相关法律法规和税收政策规定，直接减征或免征的两税税额，不包括实行先征后返、先征后退、即征即退办法退还的两税税额。

（三）城市维护建设税的税率

根据纳税人所在地的不同，城市维护建设税税率也有所差异。纳税人所在地在市区的，税率为7%；纳税人所在地在县城、镇的，税率为5%；纳税人所在地不在市区、县城或者镇的，税率为1%。

（四）城市维护建设税的计算公式

城市维护建设税应纳税额=（实际缴纳的增值税、消费税税额之和）×税率

（五）城市维护建设税的扣缴义务人

城市维护建设税的扣缴义务人为负有增值税、消费税扣缴义务的单位和个人，在扣缴增值税、消费税的同时扣缴城市维护建设税。

（六）城市维护建设税的纳税义务发生时间

城市维护建设税的纳税义务发生时间与两税的纳税义务发生时间一致，分别与两税同时缴纳。同时缴纳是指在缴纳两税时，应当在两税同一缴纳地点、同一缴纳期限内，一并缴纳对应的城市维护建设税。

（七）城市维护建设税的减免

（1）对进口货物或者境外单位和个人向境内销售劳务、服务、无形资产缴纳的增值税、消费税税额，不征收城市维护建设税。

（2）海关对进口产品征收的消费税、增值税，不征收城市维护建设税。

（3）对黄金交易所会员单位通过黄金交易所销售且发生实物交割的标准黄金，免征城市维护建设税。

（4）对上海期货交易所会员和客户通过上海期货交易所销售且发生实物交割并已出库的标准黄金，免征城市维护建设税。

（5）自 2010 年 5 月 25 日起，对国家重大水利工程建设基金免征城市维护建设税。

（6）自 2023 年 1 月 1 日至 2027 年 12 月 31 日，对增值税小规模纳税人、小型微利企业和个体工商户减半征收城市维护建设税。

✳ 二、教育费附加和地方教育附加认知及计算

教育费附加是为加快发展地方教育事业，扩大地方教育经费的资金来源，对缴纳增值税、消费税的单位和个人征收的政府性基金。

地方教育附加是指省、自治区、直辖市人民政府根据《中华人民共和国教育法》和国务院的有关规定，开征的用于教育的政府性基金。

（一）教育费附加和地方教育附加的缴纳义务人

在中国境内缴纳增值税、消费税的单位和个人，为教育费附加和地方教育附加的缴纳义务人，应当依照规定缴纳教育费附加和地方教育附加。

（二）教育费附加和地方教育附加的计费依据和费率

教育费附加和地方教育附加以纳税人实际缴纳的增值税、消费税的税额之和为计费依据。教育费附加费率为 3%，地方教育附加费率为 2%。

（三）教育费附加和地方教育附加的计算公式

应纳教育费附加=（实际缴纳的增值税、消费税税额之和）×3%

应纳地方教育附加=（实际缴纳的增值税、消费税税额之和）×2%

（四）教育费附加和地方教育附加的减免

（1）按月纳税的月销售额不超过 10 万元，以及按季度纳税的季度销售额不超过 30 万元的缴纳义务人免征教育费附加、地方教育附加。

（2）自 2023 年 1 月 1 日至 2027 年 12 月 31 日，对增值税小规模纳税人、小型微利企业和个体工商户减半征收教育费附加和地方教育附加。

微课视频

附加税费认知及应纳税额的计算

◎【任务实施】

针对【任务导入】中关于甲汽车股份有限公司的工作任务，完成情况如下。

（1）甲汽车股份有限公司属于城市维护建设税的纳税人及教育费附加和地方教育附加的缴纳义务人。

（2）甲汽车股份有限公司的城市维护建设税税率为 7%、教育费附加费率为 3%、地方教育附加费率为 2%。

（3）城市维护建设税应纳税额=（120+80）×7%=14（万元）

应纳教育费附加=（120+80）×3%=6（万元）

应纳地方教育附加=（120+80）×2%=4（万元）

任务评价 2

任务四　增值税及附加税费的申报

【任务导入】

承接任务一至任务三，完成甲汽车股份有限公司 2024 年 9 月增值税的网上申报工作。

【知识准备】

一、增值税纳税义务发生时间

增值税纳税义务发生时间，按照下列规定确定。

（1）发生应税交易，纳税义务发生时间为收讫销售款项或者取得销售款项索取凭据的当日；先开具发票的，为开具发票的当日。

（2）发生视同应税交易，纳税义务发生时间为完成视同应税交易的当日。

（3）进口货物，纳税义务发生时间为货物报关进口的当日。

增值税扣缴义务发生时间为纳税人增值税纳税义务发生的当日。

二、增值税的计税期间

增值税的计税期间分别为十日、十五日、一个月或者一个季度。纳税人的具体计税期间，由主管税务机关根据纳税人应纳税额的大小分别核定。不经常发生应税交易的纳税人，可以按次纳税。

纳税人以一个月或者一个季度为一个计税期间的，自期满之日起十五日内申报纳税；以十日或者十五日为一个计税期间的，自次月一日起十五日内申报纳税。

扣缴义务人解缴税款的计税期间和申报纳税期限，依照前两款规定执行。

纳税人进口货物，应当按照海关规定的期限申报并缴纳税款。

纳税人以十日或者十五日为一个计税期间的，应当自期满之日起五日内预缴税款。法律、行政法规对纳税人预缴税款另有规定的，从其规定。

三、增值税的纳税地点

增值税的纳税地点，按照下列规定确定。

（1）有固定生产经营场所的纳税人，应当向其机构所在地或者居住地主管税务机关申报纳税。总机构和分支机构不在同一县（市）的，应当分别向各自所在地的主管税务机关申报纳税；经省级以上财政、税务主管部门批准，可以由总机构汇总向总机构所在地的主管税务机关申报纳税。

（2）无固定生产经营场所的纳税人，应当向其应税交易发生地主管税务机关申报纳税；未申报纳税的，由其机构所在地或者居住地主管税务机关补征税款。

（3）自然人销售或者租赁不动产，转让自然资源使用权，提供建筑服务，应当向不动产所在地、自然资源所在地、建筑服务发生地主管税务机关申报纳税。

（4）进口货物的纳税人，应当按照海关规定的地点申报纳税。

（5）扣缴义务人，应当向其机构所在地或者居住地主管税务机关申报缴纳扣缴的税款；机构所在地或者居住地在境外的，应当向应税交易发生地主管税务机关申报缴纳扣缴的税款。

其他规定如下。

增值税由税务机关征收，进口货物的增值税由海关代征。

海关应当将代征增值税和货物出口报关的信息提供给税务机关。

个人携带或者寄递进境物品增值税的计征办法由国务院制定，报全国人民代表大会常务委员会备案。

纳税人出口货物或者跨境销售服务、无形资产，适用零税率的，应当向主管税务机关申报办理退（免）税。出口退（免）税的具体办法，由国务院制定。

纳税人应当依法开具和使用增值税发票。增值税发票包括纸质发票和电子发票。电子发票与纸质发票具有同等法律效力。

税务机关与工业和信息化、公安、海关、市场监督管理、人民银行、金融监督管理等部门建立增值税涉税信息共享机制和工作配合机制。有关部门应当依照法律、行政法规，在各自职责范围内，支持、协助税务机关开展增值税征收管理。

❋ 四、增值税及附加税费的申报流程

（一）金税盘抄报税（税控设备未注销）

抄税，就是将上一纳税周期内的开票数据汇总上传，操作步骤如下。

第一步： 登录开票软件。

将金税盘、税控盘或 UKey 插入计算机，输入密码登录开票软件。

第二步： 发票汇总上传。

选择"汇总上传"模块，进行发票信息的汇总上传，如图 2-1 所示。

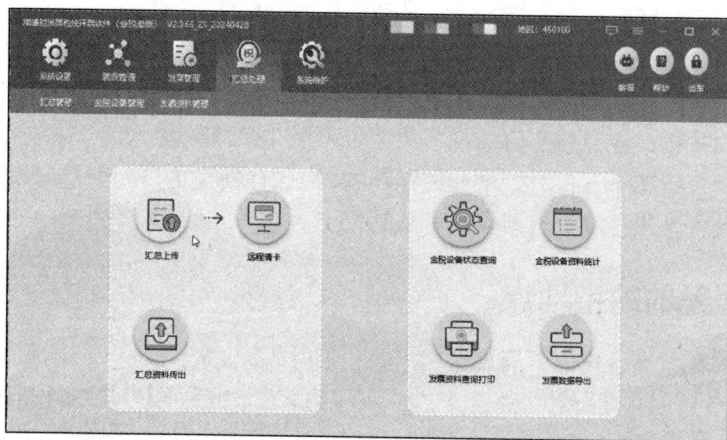

图 2-1

注：若税控设备已注销，则无需进行抄报工作。

（二）发票勾选确认

发票勾选确认是指纳税人在增值税发票综合服务平台中勾选需要认证的发票，用于进项税额申报抵扣的行为，操作步骤如下。

第一步： 进入发票勾选确认模块。

进入发票勾选确认模块的方式如下。①登录新电子税务局后，选择"我要办税"—"税务数字账户"—"发票业务"，在打开的界面选择"发票勾选确认"模块，如图 2-2、图 2-3所示。②登录增值税发票综合服务平台进入发票勾选确认模块。

图 2-2

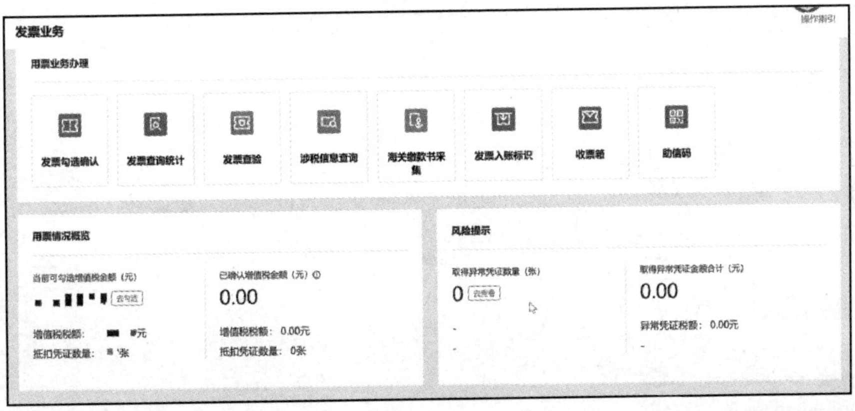

图 2-3

第二步：选择抵扣勾选发票。

打开"抵扣类勾选"界面，查询"未勾选"发票；选择要勾选的发票信息，单击"提交勾选"按钮，如图 2-4 所示。单击"确认"按钮，确认已勾选发票信息，系统提示"提交成功"即完成操作。

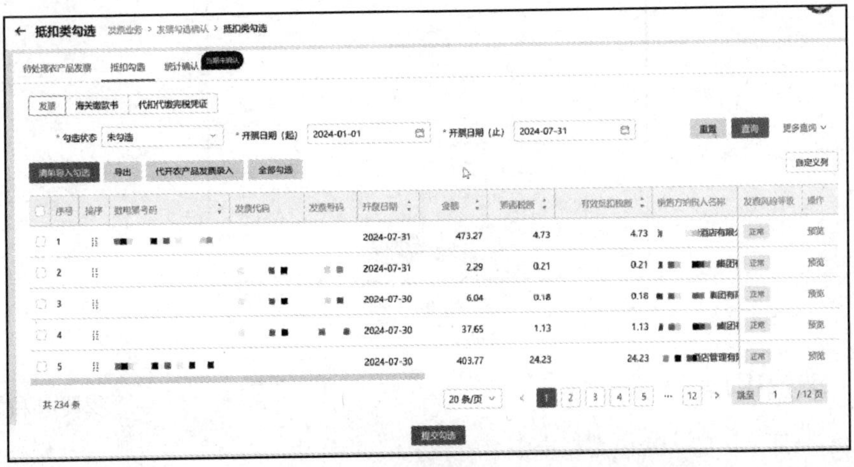

图 2-4

第三步：已勾选发票统计确认。

在"抵扣类勾选"界面选择"统计确认"—"申请统计"，如图 2-5 所示，核查当前属期税款进项统计结果，核对统计数据无误后，需对统计表进行确认，单击"统计确认"按钮可确认统计结果，如图 2-6 所示。单击"确认"按钮后，即可完成发票勾选确认，如图 2-7 所示。

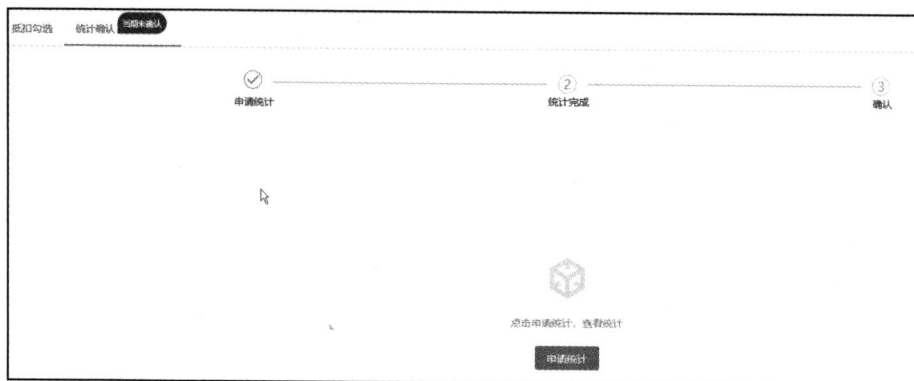

图 2-5

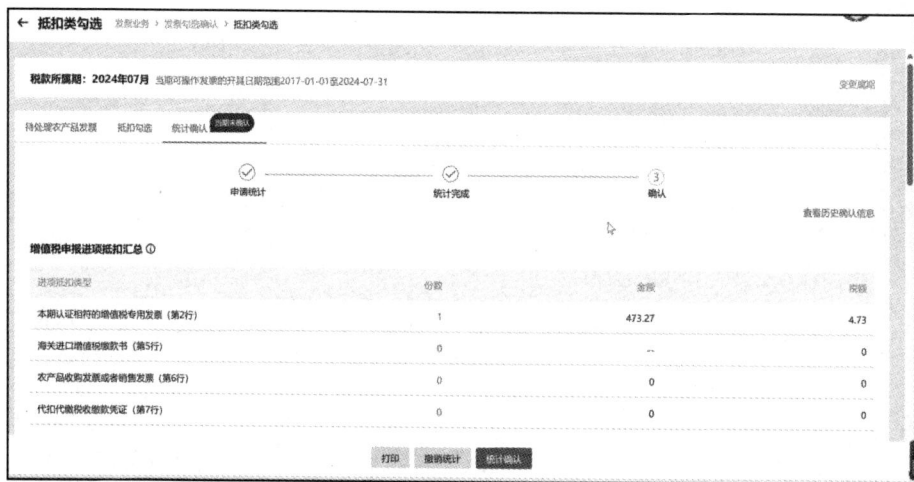

图 2-6

图 2-7

（三）纳税申报

2021 年 8 月 1 日起，纳税人在申报增值税、消费税时，应一并完成城市维护建设税、教育费附加和地方教育附加等附加税费的申报。

启用《增值税及附加税费申报表（一般纳税人适用）》《增值税及附加税费申报表（小规模纳税人适用）》《增值税及附加税费预缴表》及其附列资料和《消费税及附加税费申报表》。

具体操作流程为：纳税人填写增值税、消费税相关申报信息后，系统将自动带入附加税费附列资料（附表）；完成附加税费相关申报信息的填写后，又回到增值税、消费税申报主表，从而形成纳税人本期应缴纳的增值税、消费税和附加税费数据。上述表内信息预填均由系统自动实现。具体操作步骤如下。

第一步：进入办税界面。

纳税人登录新电子税务局，进入办税界面有 3 条路径。

（1）在新电子税务局首页选择"我要办税"—"税费申报及缴纳"—"增值税及附加税（费）申报"，即可进入办税界面，如图 2-8 所示。

图 2-8

（2）在新电子税务局首页搜索栏输入关键字"增值税及附加税（费）申报"进入办税界面。

（3）通过新电子税务局"本期申报提醒"进入办税界面。

第二步：进入系统后，系统获取纳税人特征等标签，根据规则进行判断，进入不同的申报模式（确认式申报模式、补录式申报模式、填表式申报模式）。

（1）确认式申报。系统根据开票数据等进行部分数据自动预填，纳税人需要对税款所属期、预填的数据以及税（费）结果进行确认。

（2）补录式申报。该申报模式下，纳税人可以对销售额、进项税额、税额抵减情况进行修改。若纳税人存在未开票收入、其他扣税凭证、税额抵减等情况，需分别对补录项进行详细补录。

（3）填表式申报。直接进入申报表表单填写内容界面，按增值税一般纳税人表单样式规范进行填写。纳税人应在填写相应的附表之后再检查主表内容是否正确。若需填写减免信息，则在"增值税减免税申报明细表"中选择减免性质代码及名称，并输入对应的减免税额信息。一般纳税人适用表 2-1 至表 2-6，增值税减免税申报明细表如表 2-7 所示，小规模纳税人适用表 2-8、表 2-9、表 2-10。

纳税人在进行增值税申报时，应同时进行城市维护建设税、教育费附加和地方教育附加的申报。填写完成，确认数据无误，即可提交申报。申报成功后，可以单击"展开明细"查看明细数据，也可以立即缴款，缴纳本次申报涉及的税费款。

表 2-1 增值税及附加税费申报表

（一般纳税人适用）

根据国家税收法律法规及增值税相关规定制定本表。纳税人不论有无销售额，均应按税务机关核定的纳税期限填写本表，并向当地税务机关申报。

税款所属时间：自　年　月　日至　年　月　日　　填表日期：　年　月　日　　金额单位：元（列至角分）

纳税人识别号（统一社会信用代码）：□□□□□□□□□□□□□□□□□□□□

纳税人名称：		法定代表人姓名：		注册地址：		生产经营地址：		电话号码：
开户银行及账号：		登记注册类型						

项目		栏次	一般项目		即征即退项目	
			本月数	本年累计	本月数	本年累计
销售额	（一）按适用税率计税销售额	1				
	其中：应税货物销售额	2				
	应税劳务销售额	3				
	纳税检查调整的销售额	4				
	（二）按简易办法计税销售额	5				
	其中：纳税检查调整的销售额	6				
	（三）免、抵、退办法出口销售额	7			—	—
	（四）免税销售额	8			—	—
	其中：免税货物销售额	9			—	—
	免税劳务销售额	10			—	—
税款计算	销项税额	11				
	进项税额	12				
	上期留抵税额	13			—	—
	进项税额转出	14				

续表

项目		栏次	一般项目		即征即退项目	
			本月数	本年累计	本月数	本年累计
	免、抵、退应退税额	15			—	—
	按适用税率计算的纳税检查应补缴税额	16			—	—
	应抵扣税额合计	17=12+13+14+15+16		—		—
	实际抵扣税额	18（如17<11，则为17，否则为11）				—
税款计算	应纳税额	19=11-18				
	期末留抵税额	20=17-18			—	—
	简易计税办法计算的应纳税额	21				—
	按简易计税办法计算的纳税检查应补缴税额	22			—	
	应纳税额减征额	23				—
	应纳税额合计	24=19+21-23			—	—
	期初未缴税额（多缴为负数）	25			—	—
	实收出口开具专用缴款书退税额	26			—	—
税款缴纳	本期已缴税额	27=28+29+30+31				—
	①分次预缴税额	28		—		—
	②出口开具专用缴款书预缴税额	29		—		—
	③本期缴纳上期应纳税额	30			—	—

续表

项目		栏次	一般项目		即征即退项目	
			本月数	本年累计	本月数	本年累计
税款缴纳	④本期缴纳欠缴税额	31			—	—
	期末未缴税额（多缴为负数）	32＝24+25+26-27		—	—	—
	其中：欠缴税额（≥0）	33＝25+26-27		—	—	—
	本期应补（退）税额	34＝24-28-29		—	—	—
	即征即退实际退税额	35	—			
	期初未缴查补税额	36			—	—
	本期入库查补税额	37			—	—
	期末未缴查补税额	38＝16+22+36-37		—	—	—
附加税费	城市维护建设税本期应补（退）税额	39			—	—
	教育费附加本期应补（退）费额	40			—	—
	地方教育附加本期应补（退）费额	41			—	—

声明：此表是根据国家税收法律法规及相关规定填写的，本人（单位）对填报内容（及附带资料）的真实性、可靠性、完整性负责。

纳税人（签章）：

受理人：

受理税务机关（章）：

年 月 日

经办人：

经办人身份证号：

代理机构签章：

代理机构统一社会信用代码：

受理日期：

年 月 日

表2-2　增值税及附加税费申报表附列资料（一）

（本期销售情况明细）

税款所属时间：　　年　月　日至　　年　月　日

纳税人名称：（公章）

金额单位：元（列至角分）

项目及栏次		开具增值税专用发票		开具其他发票		未开具发票		纳税检查调整		合计			服务、不动产和无形资产扣除项目本期实际扣除金额	扣除后	
		销售额	销项（应纳）税额	销售额	销项（应纳）税额	销售额	销项（应纳）税额	销售额	销项（应纳）税额	销售额	销项（应纳）税额	价税合计		含税（免税）销售额	销项（应纳）税额
		1	2	3	4	5	6	7	8	9=1+3+5+7	10=2+4+6+8	11=9+10	12	13=11-12	14=13÷(100%+税率或征收率)×税率或征收率
一、一般计税方法计税　全部征税项目	13%税率的货物及加工修理修配劳务　1											—	—	—	—
	13%税率的服务、不动产和无形资产　2														
	9%税率的货物及加工修理修配劳务　3											—	—	—	—
	9%税率的服务、不动产和无形资产　4														
	6%税率　5														

续表

项目及栏次		开具增值税专用发票		开具其他发票		未开具发票		纳税检查调整		合计			服务、不动产和无形资产项目本期实际扣除金额	扣除后	
		销售额	销项（应纳）税额	销售额	销项（应纳）税额	销售额	销项（应纳）税额	销售额	销项（应纳）税额	销售额	销项（应纳）税额	价税合计		含税（免税）销售额	销项（应纳）税额
		1	2	3	4	5	6	7	8	9=1+3+5+7	10=2+4+6+8	11=9+10	12	13=11-12	14=13÷（100%+税率或征收率）×税率或征收率
一、一般计税方法计税	其中：即征即退项目	即征即退货物及加工修理修配劳务	6	—	—	—	—	—	—	—	—	—	—	—	—	—
		即征即退服务、不动产和无形资产	7	—	—	—	—	—	—	—	—	—	—	—	—	—
二、简易计税方法计税	全部征税项目	6%征收率	8	—	—	—	—	—	—	—	—	—	—	—	—
		5%征收率的货物及加工修理修配劳务	9a	—	—	—	—	—	—	—	—	—	—	—	—
		5%征收率的服务、不动产和无形资产	9b	—	—	—	—	—	—	—	—	—	—	—	—
		4%征收率	10	—	—	—	—	—	—	—	—	—	—	—	—
		3%征收率的货物及加工修理修配劳务	11	—	—	—	—	—	—	—	—	—	—	—	—

续表

项目及栏次	开具增值税专用发票		开具其他发票		未开具发票		纳税检查调整		合计			服务、不动产和无形资产扣除项目本期实际扣除金额	扣除后	
	销售额	销项（应纳）税额	销售额	销项（应纳）税额	销售额	销项（应纳）税额	销售额	销项（应纳）税额	销售额	销项（应纳）税额	价税合计		含税（免税）销售额	销项（应纳）税额
	1	2	3	4	5	6	7	8	9=1+3+5+7	10=2+4+6+8	11=9+10	12	13=11-12	14=13÷（100%+税率或征收率）×税率或征收率
二、简易计税方法计税 全部征税项目 — 3%征收率的服务、不动产和无形资产　12														
预征率　%　13a														
预征率　%　13b														
预征率　%　13c														
其中：即征即退项目 — 即征即退货物及加工修理修配劳务　14												—	—	—
即征即退服务、不动产和无形资产　15														
三、免抵退税 货物及加工修理修配劳务　16	—	—		—		—		—		—	—	—	—	—
服务、不动产和无形资产　17	—	—		—		—		—		—	—	—	—	—
四、免税 货物及加工修理修配劳务　18	—	—		—		—		—		—	—	—	—	—
服务、不动产和无形资产　19	—	—		—		—		—		—	—	—	—	—

表2-3 增值税及附加税费申报表附列资料（二）

（本期进项税额明细）

税款所属时间： 年 月 日至 年 月 日

纳税人名称：（公章）

金额单位：元（列至角分）

一、申报抵扣的进项税额				
项目	栏次	份数	金额	税额
（一）认证相符的增值税专用发票	1=2+3			
其中：本期认证相符且本期申报抵扣	2			
前期认证相符且本期申报抵扣	3			
（二）其他扣税凭证	4=5+6+7+8a+8b			
其中：海关进口增值税专用缴款书	5			
农产品收购发票或者销售发票	6			
代扣代缴税收缴款凭证	7		—	
加计扣除农产品进项税额	8a		—	
其他	8b			
（三）本期用于购建不动产的扣税凭证	9			
（四）本期用于抵扣的旅客运输服务扣税凭证	10			
（五）外贸企业进项税额抵扣证明	11		—	
当期申报抵扣进项税额合计	12=1+4+11			

二、进项税额转出额		
项目	栏次	税额
本期进项税额转出额	13=14至23之和	
其中：免税项目用	14	
集体福利、个人消费	15	
非正常损失	16	
简易计税方法征税项目用	17	
免抵退税办法不得抵扣的进项税额	18	
纳税检查调减进项税额	19	
红字专用发票信息表注明的进项税额	20	
上期留抵税额抵减欠税	21	
上期留抵税额退税	22	
异常凭证转出进项税额	23a	
其他应作进项税额转出的情形	23b	

三、待抵扣进项税额				
项目	栏次	份数	金额	税额
（一）认证相符的增值税专用发票	24	—	—	—
期初已认证相符但未申报抵扣	25			
本期认证相符且本期未申报抵扣	26			
期末已认证相符但未申报抵扣	27			
其中：按照税法规定不允许抵扣	28			
（二）其他扣税凭证	29=30至33之和			
其中：海关进口增值税专用缴款书	30			
农产品收购发票或者销售发票	31			
代扣代缴税收缴款凭证	32		—	
其他	33			
	34			

四、其他				
项目	栏次	份数	金额	税额
本期认证相符的增值税专用发票	35			
代扣代缴税额	36		—	—

表2-4　增值税及附加税费申报表附列资料（三）

（服务、不动产和无形资产扣除项目明细）

税款所属时间：　　年　月　日至　年　月　日

纳税人名称：（公章）　　　　　　　　　　　　　　　　　　　　　金额单位：元（列至角分）

项目及栏次		本期服务、不动产和无形资产价税合计额（免税销售额）	服务、不动产和无形资产扣除项目					
			期初余额	本期发生额	本期应扣除金额	本期实际扣除金额	期末余额
		1	2	3	4=2+3	5（5≤1且5≤4）	6=4-5
13%税率的项目	1						
9%税率的项目	2						
6%税率的项目（不含金融商品转让）	3						
6%税率的金融商品转让项目	4						
5%征收率的项目	5						
3%征收率的项目	6						
免抵退税的项目	7						
免税的项目	8						

表2-5　增值税及附加税费申报表附列资料（四）

（税额抵减情况表）

税款所属时间：　　年　月　日至　年　月　日

纳税人名称：（公章）　　　　　　　　　　　　　　　　　　　　　金额单位：元（列至角分）

一、税额抵减情况						
序号	抵减项目	期初余额	本期发生额	本期应抵减税额	本期实际抵减税额	期末余额
		1	2	3=1+2	4≤3	5=3-4
1	增值税税控系统专用设备费及技术维护费					
2	分支机构预征缴纳税款					
3	建筑服务预征缴纳税款					
4	销售不动产预征缴纳税款					
5	出租不动产预征缴纳税款					

二、加计抵减情况						
序号	加计抵减项目	期初余额	本期发生额	本期调减额	本期可抵减额	本期实际抵减额	期末余额
		1	2	3	4=1+2-3	5	6=4-5
6	一般项目加计抵减额计算						
7	即征即退项目加计抵减额计算						
8	合计						

表2-6 增值税及附加税费申报表附列资料（五）

（附加税费情况表）

税（费）款所属时间： 年 月 日至 年 月 日

纳税人名称：（公章） 金额单位：元（列至角分）

税（费）种		计税（费）依据			税（费）率（%）	本期应纳税（费）额	本期减免税（费）额		试点建设培育产教融合型企业		本期已缴税（费）额	本期应补（退）税（费）额
		增值税税额	增值税免抵税额	留抵退税本期扣除额			减免性质代码	减免税（费）额	减免性质代码	本期抵免金额		
		1	2	3	4	5=(1+2+3)×4	6	7	8	9	10	11=5-7-9-10
城市维护建设税	1								—	—		
教育费附加	2											
地方教育附加	3											
合计	4	—	—	—	—		—		—			

本期是否适用试点建设培育产教融合型企业抵免政策 □是 □否

可用于扣除的增值税留抵退税税额使用情况

当期新增投资额	5
上期留抵可用于抵免金额	6
结转下期可用于抵免金额	7
当期新增可用于扣除的留抵退税税额	8
上期结存可用于扣除的留抵退税税额	9
结转下期可用于扣除的留抵退税税额	10

表 2-7 增值税减免税申报明细表

纳税人名称（公章）：

税款所属时间：自　年　月　日至　年　月　日

金额单位：元（列至角分）

一、减税项目

减税性质代码及名称	栏次	期初余额	本期发生额	本期应抵减税额	本期实际抵减税额	期末余额
		1	2	3=1+2	4≤3	5=3-4
合计	1					
	2					
	3					
	4					
	5					
	6					

二、免税项目

免税性质代码及名称	栏次	免征增值税项目销售额	免税销售额扣除项目本期实际扣除金额	扣除后免税销售额	免税销售额对应的进项税额	免税额
		1	2	3=1-2	4	5
合计	7				—	—
出口免税	8		—	—	—	—
其中：跨境服务	9		—	—	—	—
	10					
	11					
	12					
	13					
	14					
	15					
	16					

表 2-8　增值税及附加税费申报表

（小规模纳税人适用）

纳税人识别号（统一社会信用代码）：□□□□□□□□□□□□□□□□□□

纳税人名称：

金额单位：元（列至角分）

税款所属期：　年　月　日至　年　月　日

填表日期：　年　月　日

项目		栏次	本期数		本年累计	
			货物及劳务	服务、不动产和无形资产	货物及劳务	服务、不动产和无形资产
一、计税依据	（一）应征增值税不含税销售额（3%征收率）	1				
	增值税专用发票不含税销售额	2				
	其他增值税发票不含税销售额	3				
	（二）应征增值税不含税销售额（5%征收率）	4	—		—	
	增值税专用发票不含税销售额	5	—		—	
	其他增值税发票不含税销售额	6	—		—	
	（三）销售使用过的固定资产不含税销售额	7（7≥8）		—		—
	其中：其他增值税发票不含税销售额	8		—		—
	（四）免税销售额	9=10+11+12				
	其中：小微企业免税销售额	10				
	未达起征点销售额	11				
	其他免税销售额	12				
	（五）出口免税销售额	13（13≥14）				
	其中：其他增值税发票不含税销售额	14				
二、税款计算	本期应纳税额	15				
	本期应纳税额减征额	16				
	本期免税额	17				
	其中：小微企业免税额	18				
	未达起征点免税额	19				
	应纳税额合计	20=15-16				
	本期预缴税额	21			—	—
	本期应补（退）税额	22=20-21			—	—
三、附加税费	城市维护建设税本期应补（退）税额	23				
	教育费附加本期应补（退）费额	24				
	地方教育附加本期应补（退）费额	25				

声明：此表是根据国家税收法律法规及相关规定填写的，本人（单位）对填报内容（及附带资料）的真实性、可靠性、完整性负责。

纳税人（签章）：　年　月　日

经办人：
经办人身份证号：
代理机构签章：
代理机构统一社会信用代码：

受理人：
受理税务机关（章）：
受理日期：　年　月　日

表 2-9　增值税及附加税费申报表（小规模纳税人适用）附列资料（一）

（服务、不动产和无形资产扣除项目明细）

税款所属期：　年　月　日至　年　月　日　　　　　　填表日期：　年　月　日

纳税人名称（公章）：　　　　　　　　　　　　　　　　金额单位：元（列至角分）

应税行为（3%征收率）扣除额计算			
期初余额	本期发生额	本期扣除额	期末余额
1	2	3（3≤1+2 之和，且 3≤5）	4=1+2-3

应税行为（3%征收率）计税销售额计算			
全部含税收入（适用 3%征收率）	本期扣除额	含税销售额	不含税销售额
5	6=3	7=5-6	8=7÷1.03

应税行为（5%征收率）扣除额计算			
期初余额	本期发生额	本期扣除额	期末余额
9	10	11（11≤9+10 之和，且 11≤13）	12=9+10-11

应税行为（5%征收率）计税销售额计算			
全部含税收入（适用 5%征收率）	本期扣除额	含税销售额	不含税销售额
13	14=11	15=13-14	16=15÷1.05

表 2-10　增值税及附加税费申报表（小规模纳税人适用）附列资料（二）

（附加税费情况表）

税（费）款所属时间：　年　月　日至　年　月　日

纳税人名称：（公章）　　　　　　　　　　　　　　　　金额单位：元（列至角分）

税（费）种	计税（费）依据 增值税税额	税（费）率（%）	本期应纳税（费）额	本期减免税（费）额 减免性质代码	减免税（费）额	增值税小规模纳税人"六税两费"减征政策 减征比例（%）	减征额	本期已缴税（费）额	本期应补（退）税（费）额
	1	2	3=1×2	4	5	6	7=（3-5）×6	8	9=3-5-7-8
城市维护建设税									
教育费附加									
地方教育附加									
合计	—	—		—		—			

【任务实施】

完成甲汽车股份有限公司 2024 年 9 月增值税及附加税费申报操作如下。

第一步：在进行抄税、发票勾选确认后，采用确认式申报模式进行申报。

第二步：登录新电子税务局，在首页选择"我要办税"—"税费申报及缴纳"—"增值税及附加税（费）申报"进入办税界面，如图 2-9 所示。

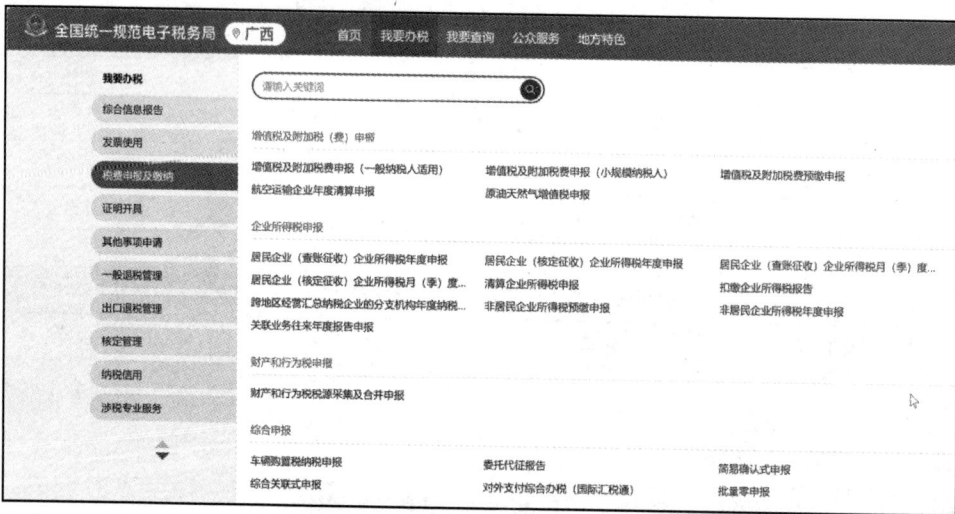

图 2-9

第三步：系统根据开票数据等进行部分数据自动预填，对税款所属期、预填的数据以及税（费）结果进行确认，确认申报数据无误后，单击"提交申报"按钮，如图 2-10 所示。

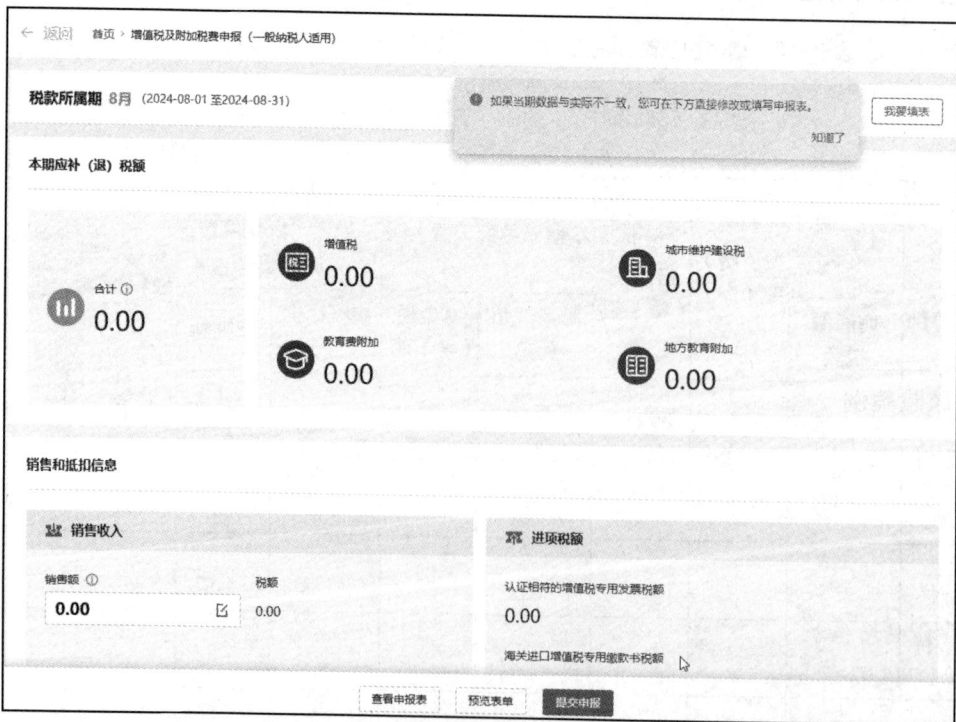

图 2-10

第四步：如需预览申报表，单击"预览表单"按钮，即可查看明细报表数据，如图 2-11 所示。

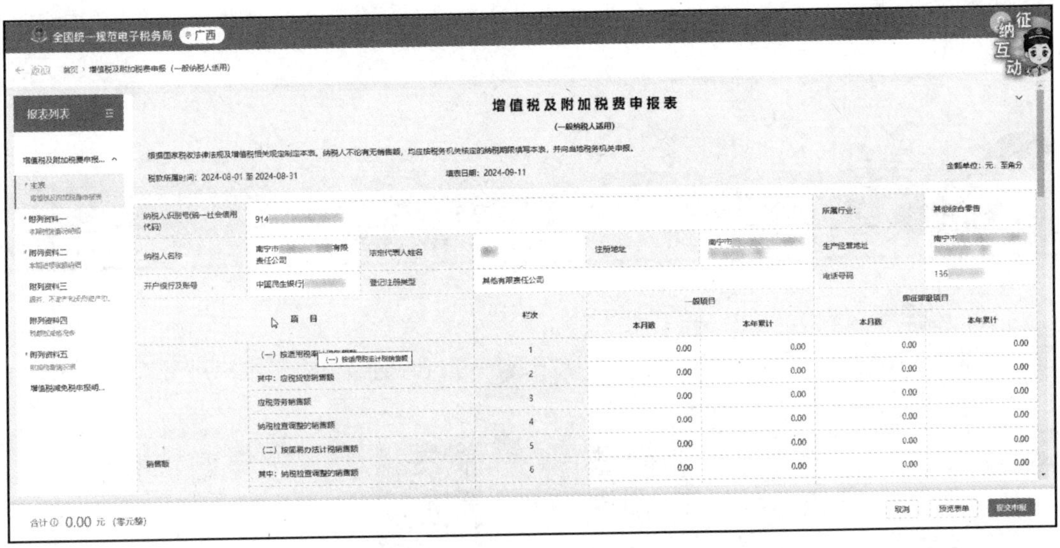

图 2-11

第五步：确认数据无误后，单击"提交申报"按钮，需要纳税人对本次申报结果进行确认声明，纳税人按提示补全声明信息后，单击"确认"按钮即可提交申报。申报成功界面如图 2-12 所示。

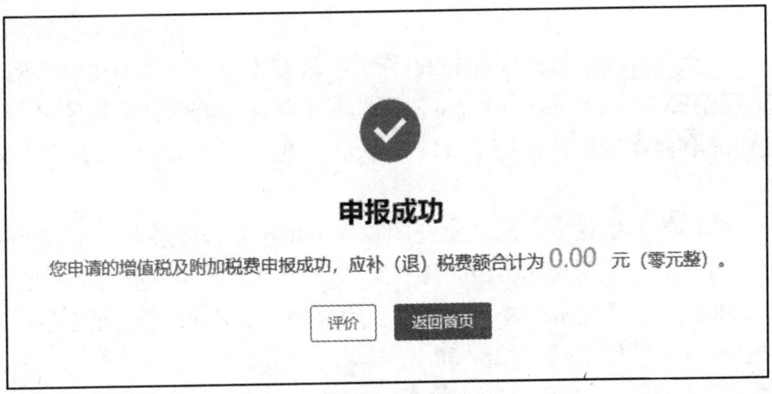

图 2-12

📎 **风险案例**

自然人民间借贷被查

佳木斯市纳税人张某 2019 年 9 月 1 日收到陈某某偿还利息 2 万元（判决书中认定）；2023 年 9 月 5 日收到本金及利息 489 200.00 元，其中本金 309 012.90 元，利息 180 187.10 元。

税务机关认定张某取得上述利息收入，属于贷款服务，应缴纳增值税。2023 年 9 月应补缴增值税 1 784.03 元[180 187.10÷（1+1%）×1%]，应补缴城市维护建设税 62.44 元（1 784.03×7%×0.5），应补缴教育费附加 26.76 元（1 784.03×3%×0.5），应补缴地方教育附加 17.84 元（1 784.03×2%×0.5）。同时，对少缴的增值税、城市维护建设税从滞纳税款之日起，按日加收滞纳税款万分之五的滞纳金。

政策解析：在国境内销售货物、服务、无形资产、不动产以及进口货物的单位和个人（包括个体工商户），为增值税的纳税人，应当缴纳增值税。自2023年1月1日至2027年12月31日，增值税小规模纳税人适用3%征收率的应税销售收入，减按1%征收率征收增值税。

巩固练习

一、选择题

本部分包括即测即评和初级会计师考试拓展练习，请扫描下方二维码进行答题。

即测即评　　初级会计师考试拓展练习

二、计算题

甲旅游公司为增值税一般纳税人，主要从事旅游服务，其2024年10月有关经营情况如下。

（1）提供旅游服务取得含增值税销售额3 604 000元，替游客支付交通费901 000元、餐饮住宿费1 441 600元、门票费720 800元；甲旅游公司选择差额计税方法计算增值税。

（2）出售旅游纪念商品取得含增值税销售额113 000元，同时收取旅游纪念商品包装费13 560元。

（3）购进广告服务，取得的增值税专用发票上注明税额6 000元；购进办公室装修用建筑服务，取得的增值税专用发票上注明税额6 300元；购进一批办公用品，取得的增值税电子专用发票上注明税额3 900元，因管理不善，该批办公用品中的20%被盗；购进用于员工的餐饮服务，取得的增值税普通发票上注明税额30元。

（4）出售2012年购入的一辆自己使用过的小汽车，取得含增值税销售额73 542元，开具增值税普通发票。

已知：旅游服务增值税税率为6%，销售货物增值税税率为13%；销售自己使用过的固定资产按照简易计税方法依照3%征收率减按2%征收增值税；取得的扣税凭证均符合规定，并于当月抵扣。

要求：根据上述资料，计算该公司当月应纳增值税。

消费税与附加税费智慧化申报与管理

学习目标

知识目标

了解消费税的概念及特点；熟悉消费税的纳税人、征税范围与税率；熟悉消费税税收优惠政策；掌握消费税应纳税额的计算方法；熟悉消费税征收管理政策。

技能目标

能正确计算消费税的应纳税额；能准确申报消费税；能帮助企业优化消费税管理。

素养目标

具有依法纳税意识；树立科学发展观，了解消费税在筹集财政收入、调节消费结构与产业结构等方面的作用；结合风险案例了解金税四期下消费税的风险点。

导 图

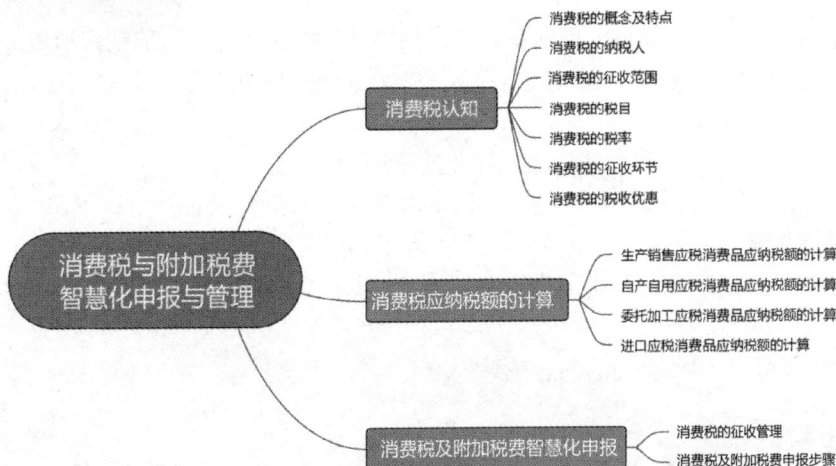

历史课堂

消费税的历史可以追溯到古罗马帝国时期，当时针对部分消费品如盐和酒开始征税，其可以被视为消费税的原型。在我国，消费税的雏形最早为西周时期的"山泽之赋"，对金、玉、锡、丹青等奢侈品征收的财产税已具备消费税的雏形。战国时期起，酒就作为奢侈品被征税，秦国时期对酒实行高价重税，用以抑制酒的生产和消费并提高财政收入。

随着时间的推移，消费税的课征范围不断扩大，并在各主要发达国家的税制结构中占有重要地位。我国在唐五代以前，消费税政策以"寓税于价"为主，政府对重要的消费品实行专卖。自隋唐、五代十国时期开始，"一切通商"的消费税思想萌芽，并在两宋时期盛行，元、明、清各朝代均有征收茶税、盐税、酒税等。

1994 年，中国进行税制改革，《中华人民共和国消费税暂行条例》于 1994 年 1 月 1 日正式施行，并于 2008 年修订。后经历多次调整，税目变迁反映出消费税越来越重视对奢侈品、高能耗及高档消费品以及危害或潜在危害生态环境和浪费资源的消费品的调整。这也说明消费税正日臻完善，消费税调节收入分配、引导健康消费的功能也愈加突出。

任务一 消费税认知

【任务导入】

甲集团从事多种经营活动，下设化妆品生产企业、酒类生产企业、石油化工生产企业等多家企业。2024 年 3 月发生如下业务。

（1）乙化妆品有限公司生产销售高档香水 5 号 3 000 瓶，每瓶 200 毫升，不含税售价为 4 000 元/瓶。生产销售护发素 10 万瓶，取得不含税销售额 500 万元。

（2）丙酒品有限公司委托丁酒品有限公司生产 200 吨黄酒，当期全部收回，收回后直接销售。生产销售酒精 10 吨，取得不含税价款 50 万元。

（3）戊石油化工公司加工生产 1 000 吨燃料油、100 吨沥青，全部销售给庚贸易公司，燃料油每吨 2 000 元，沥青每吨 3 000 元。庚贸易公司将 200 吨燃料油转销售给己贸易公司，每吨 2 200 元。

任务要求：根据甲集团的相关信息完成下列工作任务。

（1）判定甲集团内各公司的哪些产品属于消费税的应税消费品。

（2）确定甲集团内各公司的消费税在哪个环节缴纳。

（3）判断甲集团内各公司及丁酒品有限公司、庚贸易公司、己贸易公司是否属于消费税的纳税人。

（4）确定甲集团内各公司的消费税纳税地点。

【知识准备】

❋ 一、消费税的概念及特点

消费税是对在中国境内销售、委托加工和进口应税消费品的单位和个人，就其销售额或销售数量征收的一种税。

我国消费税具有以下5个特点：①征税范围具有选择性；②征税环节具有单一性；③征收方法具有多样性；④税收调节具有特殊性；⑤税收负担具有转嫁性。

❋ 二、消费税的纳税人

消费税的纳税人是指在中国境内生产销售、委托加工和进口应税消费品的单位和个人。

❋ 三、消费税的征收范围

消费税的征收范围包括了以下几种类型的产品。

第一类：一些过度消费会对人类健康、社会秩序、生态环境等方面造成危害的特殊消费品，如烟、酒、鞭炮、焰火、小汽车、摩托车、电池、涂料等。

第二类：奢侈品、非生活必需品，如贵重首饰及珠宝玉石、高档化妆品、游艇、高尔夫球及球具等。

第三类：不可再生和替代的稀缺消费品，如成品油、木制一次性筷子、实木地板等。

随着我国经济的发展，国家会根据经济情况及消费结构的变化对消费税征税范围进行适当调整。

微课视频

消费税概述

❋ 四、消费税的税目

我国消费税的税目具体包括以下15个。

（一）烟

凡是以烟叶为原料加工生产的产品，不论使用何种辅料，均在本税目消费税的征收范围内。本税目下设**卷烟、雪茄烟、烟丝、电子烟**四个子目。

其中卷烟按照价格差异，又分为甲类卷烟和乙类卷烟。以每条调拨价格70元为界限，调拨价格≥70元/条的为甲类卷烟，调拨价格＜70元/条的为乙类卷烟。

烟叶不征收消费税。

（二）酒

酒是指酒精度在1度以上的各种酒类饮料，包括粮食白酒、薯类白酒、黄酒、啤酒和其他酒。

果啤属于啤酒，按啤酒征收消费税。对饮食业、商业、娱乐业举办的啤酒屋（啤酒坊）利用啤酒生产设备生产的啤酒，应当征收消费税。对各种包装和散装的啤酒应当征收消费税。

葡萄酒按照"其他酒"征收消费税。

调味料酒、酒精不属于消费税的征税范围。

> **知识拓展**
>
> ### 各类配制酒所属的税目
>
> 配制酒（露酒）是指以发酵酒、蒸馏酒或食用酒精为酒基，加入可食用或药食两用的辅料或食品添加剂，进行调配、混合或再加工制成的、改变了其原酒基风格的饮料酒。
>
> （1）以蒸馏酒或食用酒精为酒基，具有国家相关部门批准的国食健字或卫食健字文号，且酒精度低于38度（含）的配制酒，按"**其他酒**"适用10%税率征收消费税。
>
> （2）以发酵酒为酒基，酒精度低于20度（含）的配制酒，按"**其他酒**"适用10%税率征收消费税。
>
> （3）其他配制酒，按"**白酒**"适用税率征收消费税。

（三）高档化妆品

高档化妆品包括高档美容、修饰类化妆品，高档护肤类化妆品和成套化妆品。美容、修饰类化妆品是指香水、香水精、香粉、口红、指甲油、胭脂、眉笔、唇笔、蓝眼油、眼睫毛以及成套化妆品。

高档美容、修饰类化妆品和高档护肤类化妆品是指生产（进口）环节销售（完税）价格（不含增值税）在10元/毫升（克）或15元/片（张）及以上的美容、修饰类化妆品和护肤类化妆品。

舞台、戏剧、影视演员化妆用的上妆油、卸妆油、油彩，不属于该税目的征税范围。

> **知识拓展**
>
> ### 2016年10月1日起取消对普通美容、修饰类化妆品征收消费税
>
> 《关于调整化妆品消费税政策的通知》（财税〔2016〕103号），为了引导合理消费，自2016年10月1日起，取消对普通美容、修饰类化妆品征收消费税，将"化妆品"税目名称更名为"高档化妆品"，征收范围包括高档美容、修饰类化妆品，高档护肤类化妆品和成套化妆品，税率由30%下调为15%。

（四）贵重首饰及珠宝玉石

贵重首饰及珠宝玉石是指各种金银珠宝首饰和经采掘、打磨、加工的各种珠宝玉石。金银珠宝首饰包括以金、银、白金、宝石、珍珠、钻石、翡翠、珊瑚、玛瑙等高贵稀有物质以及其他金属、人造宝石制作的各种纯金银首饰、镶嵌首饰等。

其他贵重首饰和珠宝玉石包括：钻石、珍珠、松石、青金石、欧油石、橄榄石、长石、玉、石英、玉髓、石榴石、钻石、尖晶石、黄玉、碧玺、金绿玉、绿柱石、刚玉琥珀、珊瑚、煤玉、龟甲、合成刚玉、合成宝石、双合石、玻璃仿制品等。

（五）鞭炮、焰火

鞭炮、焰火指各种鞭炮、焰火。鞭炮引线、体育用发令纸不在该税目的征收范围内。

（六）成品油

成品油包括汽油、柴油、航空煤油、石脑油、溶剂油、润滑油、燃料油 7 个子税目。航空煤油暂缓征收消费税。

（七）摩托车

摩托车包括轻便摩托车和摩托车。气缸容量 250 毫升（不含）以下的小排量摩托车不征收消费税。

（八）小汽车

小汽车是指由动力驱动，具有四个或四个以上车轮的非轨道承载的车辆。该税目的子税目包括**乘用车、中轻型商用客车和超豪华小汽车**。

乘用车是指含驾驶员座位在内最多不超过 9 个座位（含）的，在设计和技术特性上用于载运乘客和货物的各类车。中轻型商用客车是指含驾驶员座位在内的座位数在 10 座至 23 座（含 23 座）的在设计和技术特性上用于载运乘客和货物的各类车。超豪华小汽车是指每辆零售价格在 130 万元（不含增值税）及以上的乘用车和中轻型商用客车。

用排气量小于 1.5 升（含）的乘用车底盘（车架）改装、改制的车辆属于乘用车征收范围；用排气量大于 1.5 升的乘用车底盘（车架）或用中轻型商用客车底盘（车架）改装、改制的车辆属于中轻型商用客车征收范围。

企业购进货车或厢式货车改装生产的商务车、卫星通信车等专用汽车，车身长度大于 7 米（含）且座位在 10～23 座（含）以下的商用客车、电动汽车、沙滩车、雪地车、卡丁车、高尔夫车等不属于消费税征收范围。

（九）高尔夫球及球具

高尔夫球及球具包括高尔夫球、高尔夫球杆、高尔夫球包（袋）等。高尔夫球杆的杆头、杆身和握把也属于该税目的征收范围。

（十）高档手表

高档手表是指销售价格（不含增值税）每只在 10 000 元（含）以上的各类手表。

（十一）游艇

游艇是指长度大于 8 米（含）小于 90 米（含），船体由玻璃钢、钢、铝合金、塑料等多种材料制作，可以在水上移动的水上浮载体。按照动力划分，游艇分为无动力艇、帆艇和机动艇。

该税目征收范围包括艇身长度大于 8 米（含）小于 90 米（含），内置发动机，可以在水上移动，一般为私人或团体购置，主要用于水上运动和休闲娱乐等非牟利活动的各类机动艇。

无动力艇和帆艇不征收消费税。

（十二）木制一次性筷子

木制一次性筷子是指以木材为原料，经过锯段、浸泡、旋切、刨切、烘干、筛选、打磨、倒角、包装等环节加工而成的各类一次性使用的筷子。未经打磨、倒角的木制一次性筷子也属于该税目征税范围。

竹制、可反复使用的筷子不征收消费税。

（十三）实木地板

实木地板是指以木材为原料，经锯割、干燥、刨光、截断、开榫、涂漆等工序加工而成的块状或条状的地面装饰材料。该税目包含各类规格的实木地板、实木指接地板、实木复合地板，用于装饰墙壁、天棚的侧端面为棒、槽的实木装饰板，以及未经涂饰的素板。

（十四）电池

电池是指将化学能、光能等直接转换为电能的装置，一般由电极、电解质、容器、极端和隔离层组成的基本功能单元，以及用一个或多个基本功能单元装配成的电池组。该税目征收范围包括原电池、蓄电池、燃料电池、太阳能电池和其他电池。

（十五）涂料

涂料是指涂于物体表面能形成具有保护、装饰或特殊性能的固态涂膜的一类液体或固体材料的总称。

【例 3-1】下列各项中，不属于消费税征税范围的是（　　）。

A. 黄酒　　　　　　B. 酒精　　　　　　C. 白酒　　　　　　D. 啤酒

【例 3-2】下列各项中，属于消费税征税范围的是（　　）。

A. 中轻型商用客车　　B. 大型商用客车　　C. 货车　　　　　　D. 拖拉机

❋ 五、消费税的税率

微课视频

消费税税目

（一）消费税税率一般规定

消费税根据不同的税目或子税目确定相应的税率或税额，有比例税率、定额税率两种形式。其中，啤酒、黄酒、成品油采用定额税率；卷烟、白酒采用比例税率和定额税率双重税率；除了上述五种应税消费品，其他应税消费品采用比例税率。消费税税目税率表如表 3-1 所示。

表 3-1　消费税税目税率表

税目		税率		
		生产（进口、委托加工）环节	批发环节	零售环节
一、烟	1. 卷烟			
	① 甲类卷烟	56%加 0.003 元/支	11%加	
	② 乙类卷烟	36%加 0.003 元/支	0.005 元/支	
	2. 雪茄烟	36%		
	3. 烟丝	30%		
	4. 电子烟	36%	11%	
二、酒	1. 白酒	20%加 0.5 元/500 克（或者 500 毫升）		
	2. 黄酒	240 元/吨		
	3. 啤酒	（1）甲类啤酒　250 元/吨		
		（2）乙类啤酒　220 元/吨		
	4. 其他酒	10%		

续表

税目		税率		
		生产（进口、委托加工）环节	批发环节	零售环节
三、高档化妆品	高档化妆品	15%		
四、贵重首饰及珠宝玉石	1. 金银首饰、铂金首饰和钻石及钻石饰品			5%
	2. 其他贵重首饰和珠宝玉石	10%		
五、鞭炮、焰火	鞭炮、焰火	15%		
六、成品油	1. 汽油	1.52 元/升		
	2. 柴油	1.2 元/升		
	3. 航空煤油	1.2 元/升		
	4. 石脑油	1.52 元/升		
	5. 溶剂油	1.52 元/升		
	6. 润滑油	1.52 元/升		
	7. 燃料油	1.2 元/升		
七、摩托车	1. 气缸容量 250 毫升	3%		
	2. 气缸容量在 250 毫升（不含）以上的	10%		
八、小汽车	1. 乘用车			
	（1）气缸容量（排气量，下同）在 1.0 升（含 1.0 升）以下的	1%		
	（2）气缸容量在 1.0 升以上至 1.5 升（含 1.5 升）的	3%		
	（3）气缸容量在 1.5 升以上至 2.0 升（含 2.0 升）的	5%		
	（4）气缸容量在 2.0 升以上至 2.5 升（含 2.5 升）的	9%		
	（5）气缸容量在 2.5 升以上至 3.0 升（含 3.0 升）的	12%		
	（6）气缸容量在 3.0 升以上至 4.0 升（含 4.0 升）的	25%		
	（7）气缸容量在 4.0 升以上的	40%		
	2. 中轻型商用客车	5%		
	3. 超豪华小汽车	按乘用车和中轻型商用客车的规定征收		10%
九、高尔夫球及球具	高尔夫球及球具	10%		
十、高档手表	高档手表	20%		
十一、游艇	游艇	10%		
十二、木制一次性筷子	木制一次性筷子	5%		
十三、实木地板	实木地板	5%		
十四、电池	电池	4%		
十五、涂料	涂料	4%		

（二）消费税税率的特殊规定

（1）纳税人兼营不同税率的应税消费品，应当分别核算不同税率应税消费品的销售额、销售数量；未分别核算销售额、销售数量的，从高适用税率。

（2）将不同税率的应税消费品组成成套消费品销售的，从高适用税率。

【例3-3】（多选题）下列应税消费品中，适用比例税率征收消费税的有（   ）。

A. 实木地板　　　　　　B. 摩托车　　　　　　C. 木制一次性筷子　　　　D. 黄酒

【例3-4】（多选题）下列应税消费品中，适用定额税率征收消费税的有（   ）。

A. 涂料　　　　　　　　B. 柴油　　　　　　　C. 电池　　　　　　　　D. 黄酒

> 📖 **AI 小课堂 6**
>
> 利用文心一言、DeepSeek、豆包、讯飞星火等 AI 工具，探索"现行消费税税率是否合理，例如烟酒类产品，低收入群体和高收入群体消费占收入比重不同，但适用相同税率，是否会加重低收入群体税收负担"的答案。
>
> 扫二维码查看使用文心一言进行搜索的结果。
>
>
> AI 小课堂 6

❋ 六、消费税的征收环节

消费税的征收环节有生产环节、委托加工环节、进口环节、零售环节、批发环节五个环节。

（一）生产环节

纳税人生产应税消费品用于销售的，由生产方在销售时纳税。

纳税人生产应税消费品自产自用的，用于连续生产应税消费品的，在移送使用环节不纳税，最终应税消费品按规定纳税；用于其他方面的，在移送使用环节纳税。

用于连续生产应税消费品，是指纳税人将自产自用的应税消费品作为直接材料生产最终应税消费品，自产自用应税消费品构成最终应税消费品的实体。例如，卷烟厂将自产的烟丝作为原料，用于连续生产卷烟。卷烟为最终应税消费品，所以该卷烟厂对用于连续生产卷烟的烟丝不缴纳消费税，只对生产的卷烟缴纳消费税。

用于连续生产非应税消费品的，于移送使用时纳税。例如，生产企业将自产的黄酒作为原料，用于连续生产料酒，黄酒属于应税消费品，而料酒并不属于，在销售料酒时不征收消费税，为了消费税征收不中断，需于移送时对黄酒征收消费税。

用于其他方面，是指纳税人将自产自用应税消费品用于生产非应税消费品、在建工程、管理部门、非生产机构、提供劳务、馈赠、赞助、集资、广告、样品、职工福利、奖励等方面。

（二）委托加工环节

纳税人委托加工的应税消费品，由受托方在向委托方交货时代收代缴税款。委托个人加工的应税消费品，由委托方向其机构所在地或者居住地主管税务机关申报纳税。

委托加工的应税消费品，是指由委托方提供原料和主要材料，受托方只收取加工费和代垫部分辅助材料加工的应税消费品。对于由受托方提供原材料生产的应税消费品，或者受托方先将原材料卖给委托方，然后再接受加工的应税消费品，以及由受托方以委托方名义购进原材料生产的应税消费品，不论在财务上是否进行销售处理，都不得作为委托加工应税消费品，而应当按照销售自制应税消费品缴纳消费税。

（三）进口环节

单位和个人进口货物属于消费税征税范围的，在进口环节要缴纳消费税。为了减少征税成本，进口环节缴纳的消费税由海关代征。

（四）零售环节

（1）金银首饰、铂金首饰和钻石及钻石饰品。

金、银和金基、银基合金首饰，以及金、银和金基、银基合金的镶嵌首饰、铂金首饰和钻石及钻石饰品只在零售环节按 5% 的税率征收消费税，在其他环节不征收。

（2）超豪华小汽车。

自 2016 年 12 月 1 日起，对超豪华小汽车在零售环节加征一道 10% 的消费税。

（五）批发环节

自 2009 年 5 月 1 日起，卷烟在生产、委托加工、进口环节按现行税率征收消费税的基础上，在批发环节加征一道消费税。纳税人销售给纳税人以外的单位和个人的卷烟于销售时纳税。卷烟批发商之间销售的卷烟不缴纳消费税。

【例 3-5】（多选题）下列行为应缴纳消费税的有（　　　）。
A. 实木地板批发企业向某商场批发实木地板
B. 高档化妆品批发企业向某商场批发高档化妆品
C. 烟草批发企业向某商场批发销售卷烟
D. 商场将金项链零售给消费者

【例 3-6】（多选题）下列情形中，属于消费税征税范围的有（　　　）。
A. 丁商场零售金银首饰
B. 乙汽车贸易公司进口小汽车
C. 丙烟草批发企业将卷烟销售给其他烟草批发企业
D. 甲服装厂生产销售服装

❇ 七、消费税的税收优惠

消费税的税收优惠如下。

（1）对用外购或委托加工收回的已税汽油生产的乙醇汽油免征消费税。

（2）对以回收的废矿物油为原料生产的润滑油基础油、汽油、柴油等工业油料免征消费税。

（3）利用废弃的动物油和植物油为原料生产的纯生物柴油免征消费税。

（4）生产企业自产石脑油、燃料油用于生产乙烯、芳烃类化工产品的，按实际耗用数量暂免征消费税；对使用石脑油、燃料油生产乙烯、芳烃的企业购进并用于生产乙烯、芳烃类化工产品的石脑油、燃料油，按实际耗用数量暂退还所含消费税。

（5）对无汞原电池、金属氢化物镍蓄电池（又称"氢镍蓄电池"或"镍氢蓄电池"）、锂原电池、锂离子蓄电池、太阳能电池、燃料电池和全钒液流电池免征消费税。

（6）对施工状态下挥发性有机物（Volatile Organic Compound，VOC）含量低于 420 克/升（含）的涂料免征消费税。

【任务实施】

针对【任务导入】中关于甲集团的工作任务，完成情况如下。

（1）乙化妆品有限公司的高档香水 5 号、丙酒品有限公司的黄酒、戊石油化工有限公司的燃料油，属于消费税的应税消费品。

（2）乙化妆品有限公司在生产环节、丙酒品有限公司在委托加工环节、戊石油化工有限公司在生产环节，计算缴纳消费税。

（3）乙化妆品有限公司、丙酒品有限公司、戊石油化工有限公司属于消费税纳税人；丁酒品有限公司、庚贸易公司、己贸易公司不属于消费税纳税人。

（4）乙化妆品有限公司的纳税地点为机构所在地；丙酒品有限公司涉及的消费税应由委托加工企业丁酒品有限公司代收代缴，纳税地点为丁酒品有限公司的机构所在地；戊石油化工有限公司的纳税地点为机构所在地。

任务二 消费税应纳税额的计算

【任务导入】

甲集团从事多种经营活动，下设化妆品生产企业、酒类生产企业、石油化工生产企业等多家企业。2024 年 3 月发生如下业务。

（1）乙化妆品有限公司生产销售高档香水 5 号 3 000 瓶，每瓶 200 毫升，不含税售价为 4 000 元/瓶。生产销售护发素 10 万瓶，取得不含税销售额 500 万元。

（2）丙酒品有限公司委托丁酒品有限公司生产 200 吨黄酒，当期全部收回，收回后直接销售。生产销售酒精 10 吨，取得不含税价款 50 万元。

（3）戊石油化工公司加工生产 1 000 吨燃料油、100 吨沥青，全部销售给庚贸易公司，燃料油每吨 2 000 元，沥青每吨 3 000 元。庚贸易公司将 200 吨燃料油转销售给己贸易公司，每吨 2 200 元。

任务要求：完成甲集团各公司当月消费税及附加税费应纳税（费）额的计算。

【知识准备】

一、生产销售应税消费品应纳税额的计算

（一）一般计算方法和公式

消费税实行从价计征、从量计征或者从价从量复合计征（以下简称"复合计征"）的方法计算应纳税额。

（1）从价计征时，应纳税额计算公式为：

$$应纳税额=销售额×比例税率$$

（2）从量计征时，应纳税额计算公式为：

$$应纳税额=销售数量×定额税率$$

（3）复合计征时，应纳税额计算公式为：

$$应纳税额=销售额×比例税率+销售数量×定额税率$$

（二）计税依据的确定

1. 销售额的确定

（1）一般应税业务的销售额。

生产销售应税消费品的销售额为纳税人销售应税消费品向购买方收取的全部价款和价外费用。价外费用是指价外向购买方收取的手续费、补贴、基金、集资费、返还利润、奖励费、违约金、滞纳金、延期付款利息、赔偿金、代收款项、代垫款项、包装费、包装物租金、储备费、优质费、运输装卸费以及其他各种性质的价外收费。但下列项目不包括在销售额内。

① 同时符合以下条件的代垫运输费用：承运部门的运输费用发票开具给购买方的；纳税人将该项发票转交给购买方的。

② 同时符合以下条件的代为收取的政府性基金或者行政事业性收费：由国务院或者财政部批准设立的政府性基金，由国务院或者省级人民政府及其财政、价格主管部门批准设立的行政事业性收费；收取时开具省级以上财政部门印制的财政票据；所收款项全额上缴财政。

采用从价计征办法计算应纳税额的应税消费品包装物连同销售的，无论包装物是否单独计价以及在会计上如何核算，均应并入应税消费品的销售额中缴纳消费税。

（2）包装物押金的计税规定。

如果包装物不作价随同应税消费品销售，而是收取押金，此项押金单独记账核算，且时间在 1 年以内又未过期的，不并入销售额征税。因逾期未收回的包装物不再退还的或者已收取的时间超过 12 个月的押金，应并入应税消费品的销售额，按照应税消费品的适用税率缴纳消费税。

对销售除啤酒、黄酒外的其他酒类产品收取的包装物押金，无论是否返还以及会计上如何核算，均应并入当期销售额征税。

（3）自设非独立核算门市部销售自产应税消费品的计税规定。

纳税人通过自设非独立核算门市部销售自产应税消费品，应按照门市部对外销售价格或数量计算消费税。

（4）将非应税消费品与应税消费品组成成套消费品销售的计税规定。

将非应税消费品与应税消费品组成成套消费品销售，依销售额全额计算消费税。

（5）含增值税销售额的换算。

在计算消费税时，应将含增值税的销售额换算为不含增值税的销售额。其换算公式为：

$$不含税销售额 = 含税销售额 \div （1+增值税或征收率）$$

在使用换算公式时，应根据纳税人具体情况来确定适用的增值税税率或征收率。如果消费税纳税人同时为增值税一般纳税人，则适用 13% 的税率；如果消费税的纳税人是增值税小规模纳税人，则适用 3% 的征收率。

【例 3-7】某国内汽车生产企业 2024 年 10 月直接销售 5 辆小汽车给消费者，每辆小汽车含税单价为 163.8 万元，已知小汽车生产环节消费税税率为 9%，则当月该汽车生产企业应缴纳的消费税为（　　　）万元。

  A. 63　　　　　　　B. 70　　　　　　　C. 134.15　　　　　　D. 137.71

【例 3-8】某啤酒厂 2024 年 5 月销售啤酒 1 000 吨，取得不含增值税销售额 295 万元，增值税税款 38.35 万元，另收取包装物押金 23.4 万元。计算该啤酒厂应纳消费税税额。

【例3-9】某酒厂2024年7月销售粮食白酒20吨，不含税单价为6 000元/吨，销售散装白酒8吨，不含税单价为4 500元/吨，计算该酒厂当月应纳消费税税额。

【例3-10】某汽车厂为一般纳税人，2024年1月下设一非独立核算门市部，该厂将一批汽车移送至门市部销售，计价176万元。门市部零售取得销售收入187.22万元，则不含税销售额是（　　）万元。

A. 151.72　　　　B. 160.02　　　　C. 165.68　　　　D. 177.2

📖 AI 小课堂 7

利用文心一言、DeepSeek、豆包、讯飞星火等AI工具，探索"对于一些价格波动频繁且幅度大的应税消费品，如国际原油价格波动影响下的成品油，以销售价格作为计税依据是否合理"的答案。

扫二维码查看使用豆包进行搜索的结果。

AI 小课堂 7

2．销售数量的确定

销售数量的确定主要依据应税消费品的不同情况而定，具体如下。

（1）销售应税消费品：销售数量为应税消费品的实际销售数量。

（2）自产自用应税消费品：销售数量为应税消费品的移送使用数量。

（3）委托加工应税消费品：销售数量为纳税人收回的应税消费品数量。

（4）进口应税消费品：销售数量为海关核定的应税消费品进口数量。

【例3-11】2024年3月甲药酒厂生产240吨药酒，销售140吨，取得不含增值税销售额1 000万元，增值税税额为130万元。甲药酒厂当月销售药酒消费税计税依据为（　　）。

A. 1 000万元　　　B. 1 130万元　　　C. 240吨　　　D. 140吨

【例3-12】2024年12月甲啤酒厂生产200吨啤酒，销售150吨，取得不含增值税销售额50万元，增值税税额为6.5万元。甲啤酒厂当月销售啤酒消费税计税依据为（　　）。

A. 150吨　　　B. 50万元　　　C. 56.5万元　　　D. 200吨

（三）外购应税消费品已纳消费税税款的扣除

微课视频

为了避免重复征税，纳税人将外购（含进口）已税消费品用于连续生产应税消费品的，在销售实现计算应纳消费税时准予按当期生产领用数量计算扣除外购的应税消费品已纳消费税。

生产销售应税消费税应纳税额的计算

1．外购应税消费品准予扣除的范围

（1）外购已税烟丝生产的卷烟。

（2）外购已税高档化妆品生产的高档化妆品。

（3）外购已税珠宝玉石生产的贵重首饰及珠宝玉石。

（4）外购已税鞭炮、焰火生产的鞭炮、焰火。

（5）外购已税汽油、柴油、石脑油、燃料油、润滑油为原料生产的应税成品油。

（6）外购已税杆头、杆身和握把为原料生产的高尔夫球杆。

（7）外购已税木制一次性筷子为原料生产的木制一次性筷子。

（8）外购已税实木地板为原料生产的实木地板。

（9）外购葡萄酒连续生产应税葡萄酒。

（10）啤酒生产集团内部企业间用啤酒液连续灌装生产的啤酒。

2．外购应税消费品准予扣除已纳税款的计算

当期准予扣除的外购应税消费品已纳税款=当期准予扣除的外购应税消费品买价×
外购应税消费品适用税率

当期准予扣除的外购应税消费品买价=期初库存的外购应税消费品买价+当期购进的外购
应税消费品买价-期末库存的外购应税消费品买价

【例3-13】某烟厂4月外购烟丝，取得的增值税专用发票上注明税款为8.5万元，本月生产卷烟领用烟丝80%，期初尚有库存的外购烟丝2万元，期末库存烟丝12万元。计算该企业本月应纳消费税中可扣除的部分。

❋ 二、自产自用应税消费品应纳税额的计算

（一）计算公式

应纳税额=同类消费品的销售价格或组成计税价格×消费税税率

（二）计税依据的确定

1．有同类消费品销售价格

按照纳税人生产的同类消费品的销售价格计算应纳税额。同类消费品销售价格是指纳税人当月销售的同类消费品的销售价格。如果当月同类消费品各期销售价格不同，应按加权平均数计算。

2．无同类消费品销售价格

当纳税人无同类消费品销售价格时，以组成计税价格为销售额计算应纳税额，组成计税价格的公式为：

组成计税价格=成本×［（1+成本利润率）÷（1-消费税税率）］

应税消费品全国平均成本利润率由国家税务总局确定。

3．特殊规定

纳税人用于换取生产资料和消费资料、投资入股和抵偿债务等方面的应税消费品，以纳税人同类应税消费品的**最高销售价格**为计税依据计算应纳税额。

【例3-14】某地板企业为增值税一般纳税人，2024年9月销售自产实木地板800箱取得不含税收入160万元；另将同型号地板200箱赠送福利院，300箱发给职工作为福利。计算该企业当月应缴纳的消费税税额为（   ）万元。

　A．8　　　　　　B．13　　　　　　C．11　　　　　　D．5

【例3-15】小汽车生产企业甲为增值税一般纳税人，2024年4月将80辆A型燃油小汽车以"以物易物"方式与物资公司乙换取生产资料，A型燃油小汽车曾以不含税销售价格25万元/辆、28万元/辆进行销售，计算甲企业应缴纳的消费税。

❋ 三、委托加工应税消费品应纳税额的计算

（一）计算公式

应纳税额=同类消费品的销售价格或组成计税价格×消费税税率

（二）计税依据的确定

1．有同类消费品销售价格

委托加工的应税消费品，按照受托方的同类消费品的销售价格为销售额计算应纳税额。同类消费品的销售价格是指受托方（即扣缴义务人）当月销售的同类消费品的销售价格，如果当月销售的同类消费品的销售价格不同，应按加权平均数计算。

2．无同类消费品销售价格

受托方没有同类消费品销售价格的，以组成计税价格为销售额计算应纳税额，组成计税价格的公式为：

$$组成计税价格=（材料成本+加工费）÷（1-消费税税率）$$

其中，材料成本是指委托方提供加工材料的实际成本。委托加工合同应如实注明（或者以其他方式提供）材料成本，凡未提供材料成本的，受托方主管税务机关有权核定其材料成本。加工费是指受托方加工应税消费品向委托方收取的全部费用，包括代垫辅助材料的实际成本，不包括增值税税额。

3．特殊规定

委托方收回后用于连续生产应税消费品的，已纳的消费税税款准予抵扣；以不高于受托方计税价格出售的，不再缴纳消费税；以高于受托方计税价格出售的，按规定申报缴纳消费税。

【例3-16】美华化妆品厂受托加工一批高档化妆品，委托方提供原材料成本30 000元，化妆品厂收取加工费10 000元、代垫辅助材料款5 000元，上述价格均不含增值税，该厂没有同类高档化妆品销售价格。该化妆品厂应代收代缴消费税（　　　）元。

A．7 142.86　　　　　　　　　　　　B．7 941.18

C．20 142.86　　　　　　　　　　　　D．20 250.00

（三）委托加工收回的应税消费品已纳消费税税款的扣除

对委托加工收回应税消费品已纳的消费税，可按当期生产领用数量从当期应纳消费税税额中扣除。这种扣税方法与外购已税消费品连续生产应税消费品的扣税方法、扣税环节相同，范围同外购已税消费品连续生产应税消费品的前8项。

1．委托加工收回的应税消费品准予扣除的范围

（1）以委托加工收回的已税烟丝生产的卷烟。

（2）以委托加工收回的已税高档化妆品生产的高档化妆品。

（3）以委托加工收回的已税珠宝玉石生产的贵重首饰及珠宝玉石。

（4）以委托加工收回的已税鞭炮、焰火生产的鞭炮、焰火。

（5）以委托加工收回的已税汽油、柴油、石脑油、燃料油、润滑油为原料用于连续生产应税成品油。

（6）以委托加工收回的已税杆头、杆身和握把生产的高尔夫球杆。

（7）以委托加工收回的已税木制一次性筷子生产的木制一次性筷子。

（8）以委托加工收回的已税实木地板生产的实木地板。

2. 委托加工收回的应税消费品准予扣除已纳税款的计算

当期准予扣除的委托加工应税消费品已纳税款=期初库存的委托加工应税消费品已纳税款+

当期收回的委托加工应税消费品已纳税款-

期末库存的委托加工应税消费品已纳税款

❋ 四、进口应税消费品应纳税额的计算

进口的应税消费品，于报关进口时由海关代征进口环节的消费税，由进口人或其代理人向报关地海关申报纳税。

进口应税消费品的消费税计算方式主要取决于消费税的计税方法，具体有三种情况。

（1）从价计征方法下的计算。

组成计税价格=（关税计税价格+关税）÷（1-消费税比例税率）

应纳税额=组成计税价格×消费税比例税率

（2）从量计征方法下的计算。

应纳税额=应税消费品数量×消费税定额税率

（3）复合计征方法下的计算。

组成计税价格=（关税计税价格+关税+应税消费品数量×消费税定额税率）÷（1-消费税比例税率）

应纳税额=组成计税价格×消费税比例税率+应税消费品数量×消费税定额税率

【例3-17】三亚进出口公司2024年10月从新西兰进口2艘游艇，关税计税价格折合人民币1 400万元，关税税率假设为30%，游艇消费税税率为10%，该进出口公司应纳消费税（　　）万元。

　　A. 155.55　　　　　B. 202.22　　　　　C. 143　　　　　D. 190.87

◈ 【任务实施】

针对【任务导入】中甲集团的工作任务，完成情况如下（附加税费的计算均不考虑增值税）。

（1）乙化妆品有限公司生产销售的高档香水5号属于"高档化妆品"税目，采用从价计征方法，比例税率为15%。

当月消费税应纳税额=3 000×4 000×15%=1 800 000（元）

城市维护建设税=1 800 000×7%=126 000（元）

教育费附加=1 800 000×3%=54 000（元）

地方教育附加=1 800 000×2%=36 000（元）

（2）丙酒品有限公司委托加工的黄酒属于"酒"税目，采用从量计征方法，定额税率为240元/吨。

当月消费税应纳税额=200×240=48 000（元）

城市维护建设税=48 000×7%=3 360（元）

教育费附加=48 000×3%=1 440（元）

地方教育附加=48 000×2%=960（元）

（3）戊石油化工公司生产的燃料油属于"成品油"税目，采用从量计征方法，定额税率为1.2元/升，燃料油1吨=1 015升。

当月消费税应纳税额=1 000×1 015×1.2=1 218 000（元）

城市维护建设税=1 218 000×7%=85 260（元）

任务评价4

教育费附加=1 218 000×3%=36 540（元）

地方教育附加=1 218 000×2%=24 360（元）

任务三　消费税及附加税费智慧化申报

【任务导入】

任务要求：承接任务一和任务二，完成甲集团各公司 2024 年 3 月消费税的网上申报工作。

【知识准备】

一、消费税的征收管理

（一）纳税时间

（1）纳税人销售应税消费品的，按不同的销售结算方式，纳税时间如下。

① 采取赊销和分期收款结算方式的，为书面合同约定的收款日期的当天，书面合同没有约定收款日期或者无书面合同的，为发出应税消费品的当天。

② 采取预收货款结算方式的，为发出应税消费品的当天。

③ 采取托收承付和委托银行收款方式的，为发出应税消费品并办妥托收手续的当天。

④ 采取其他结算方式的，为收讫销售款或者取得索取销售款凭据的当天。

（2）纳税人自产自用应税消费品的，为移送使用的当天。

（3）纳税人委托加工应税消费品的，为纳税人提货的当天。

（4）纳税人进口应税消费品的，为报关进口的当天。

（二）纳税期限

消费税的纳税期限分别为 1 日、3 日、5 日、10 日、15 日、1 个月或者 1 个季度。纳税人的具体纳税期限，由主管税务机关根据纳税人应纳税额的大小分别核定；不能按照固定期限纳税的，可以按次纳税。

纳税人以 1 个月或者 1 个季度为 1 个纳税期的，自期满之日起 15 日内申报纳税；以 1 日、3 日、5 日、10 日或者 15 日为 1 个纳税期的，自期满之日起 5 日内预缴税款，于次月 1 日起 15 日内申报纳税并结清上月应纳税款。

纳税期限遇最后一日是法定休假日的，以休假日期满的次日为期限的最后一日；在期限内有连续 3 日以上法定休假日的，按休假日天数顺延。

纳税人进口应税消费品，应当自海关填发海关进口消费税专用缴款书之日起 15 日内缴纳税款。

（三）纳税地点

纳税人销售的应税消费品，以及自产自用的应税消费品，除国务院财政、税务主管部门另有规定外，应当向纳税人机构所在地或者居住地的主管税务机关申报纳税。

委托加工的应税消费品，除受托方为个人外，由受托方向机构所在地或者居住地的主管税务机关解缴消费税税款。

进口的应税消费品，应当向报关地海关申报纳税。

✱ 二、消费税及附加税费申报步骤

第一步： 进入消费税办税界面。

纳税人登录新电子税务局，进入消费税办税界面有 3 条路径。

（1）在新电子税务局首页选择"我要办税"—"税费申报及缴纳"—"消费税及附加税申报"，进入办税界面。

（2）在新电子税务局首页搜索栏输入关键字"消费税及附加税申报"，进入办税界面。

（3）通过新电子税务局"本期申报提醒"进入办税界面。

第二步： 进行申报。

消费税及附加税费申报主要有 2 种方式，即确认式申报和填表式申报，系统会根据企业的消费税税目自动判定消费税及附加税费申报的类别。具体操作如下。

（1）确认式申报。

当系统判断纳税人是具有"批发零售金银首饰的消费税企业"标签的纳税人时，则进入确认式申报界面。纳税人需要核对确认界面所展示的数据是否有误，如数据有误则需要更正申报表；核对数据无误后即可提交。提交之后系统会弹出确认信息的提示，根据界面提示，依次单击"真、实、责、任"4 个字完成声明。

（2）填表式申报。

当系统判断纳税人是不具有"批发零售金银首饰的消费税企业"标签的纳税人时，则进入填表式申报界面。系统根据发票信息、核定信息等数据对报表进行预填，同时系统也会根据纳税人的特定标签，动态展示纳税人可填报的表单。必填的表单有《消费税及附加税费申报表主表》《消费税附加税费计算表》，其余表单为动态展示表。表单如表 3-2 至表 3-9 所示。

不管是确认式申报还是填表式申报，在申报成功查验本期税款显示无误之后，可以选择立即缴款或者预约缴款完成申报。

表 3-2　消费税及附加税费申报表

税款所属期：自　　年　　月　　日至　　年　　月　　日

纳税人识别号（统一社会信用代码）：□□□□□□□□□□□□□□□□□□

纳税人名称：

金额单位：人民币元（列至角分）

项目 / 应税消费品名称	适用税率		计量单位	本期销售数量	本期销售额	本期应纳税额
	定额税率	比例税率				
	1	2	3	4	5	6=1×4+2×5
合计	—	—	—	—	—	

续表

项目 应税 消费品名称	适用税率		计量 单位	本期销售数量	本期销售额	本期应纳税额
	定额 税率	比例 税率				
	1	2	3	4	5	6=1×4+2×5

	栏次	本期税费额
本期减（免）税额	7	
期初留抵税额	8	
本期准予扣除税额	9	
本期应扣除税额	10=8+9	
本期实际扣除税额	11[10<（6-7），则为10，否则为6-7]	
期末留抵税额	12=10-11	
本期预缴税额	13	
本期应补（退）税额	14=6-7-11-13	
城市维护建设税本期应补（退）税额	15	
教育费附加本期应补（退）费额	16	
地方教育附加本期应补（退）费额	17	

声明：此表是根据国家税收法律法规及相关规定填写的，本人（单位）对填报内容（及附带资料）的真实性、可靠性、完整性负责。

纳税人（签章）：　　　　年　月　日

经办人： 经办人身份证号： 代理机构签章： 代理机构统一社会信用代码：	受理人： 受理税务机关（章）： 受理日期：　　年　月　日

表3-3　本期准予扣除税额计算表

金额单位：元（列至角分）

准予扣除项目		应税消费品名称					合计
一、本期准予扣除的委托加工应税消费品已纳税款计算		期初库存委托加工应税消费品已纳税款	1				
		本期收回委托加工应税消费品已纳税款	2				
		期末库存委托加工应税消费品已纳税款	3				
		本期领用不准予扣除委托加工应税消费品已纳税款	4				
		本期准予扣除委托加工应税消费品已纳税款	5=1+2-3-4				
二、本期准予扣除的外购应税消费品已纳税款计算	（一）从价计税	期初库存外购应税消费品买价	6				
		本期购进应税消费品买价	7				
		期末库存外购应税消费品买价	8				
		本期领用不准予扣除外购应税消费品买价	9				
		适用税率	10				
		本期准予扣除外购应税消费品已纳税款	11=（6+7-8-9）×10				

续表

准予扣除项目		应税消费品名称					合计
二、本期准予扣除的外购应税消费品已纳税款计算	（二）从量计税	期初库存外购应税消费品数量	12				
		本期外购应税消费品数量	13				
		期末库存外购应税消费品数量	14				
		本期领用不准予扣除外购应税消费品数量	15				
		适用税率	16				
		计量单位	17				
		本期准予扣除的外购应税消费品已纳税款	18=（12+13-14-15）×16				
三、本期准予扣除税款合计			19=5+11+18				

表 3-4　本期准予扣除税额计算表
（成品油消费税纳税人适用）

金额单位：元（列至角分）

一、扣除税额及库存计算

扣除油品类别	上期库存数量	本期外购入库数量	委托加工收回连续生产数量	本期准予扣除数量	本期准予扣除税额	本期领用未用于连续生产不准予扣除数量	期末库存数量
1	2	3	4	5	6	7	8=2+3+4-5-7
汽油							
柴油							
石脑油							
润滑油							
燃料油							
合计							

二、润滑油基础油（废矿物油）和变性燃料乙醇领用存

产品名称	上期库存数量	本期入库数量	本期生产领用数量	期末库存数量
1	2	3	4	5=2+3-4
润滑油基础油（废矿物油）				
变性燃料乙醇				

表 3-5　本期减（免）税额明细表

金额单位：元（列至角分）

项目　应税消费品名称	减（免）性质代码	减（免）项目名称	减（免）税销售额	适用税率（从价定率）	减（免）税销售数量	适用税率（从量定额）	减（免）税额
1	2	3	4	5	6	7	8=4×5+6×7
出口免税	—	—		—			
合计	—	—		—			

表 3-6　本期委托加工收回情况报告表

金额单位：元（列至角分）

一、委托加工收回应税消费品代收代缴税款情况

应税消费品名称	商品和服务税收分类编码	委托加工收回应税消费品数量	委托加工收回应税消费品计税价格	适用税率		受托方已代收代缴的税款	受托方（扣缴义务人）名称	受托方（扣缴义务人）识别号	税收缴款书（代扣代收专用）号码	税收缴款书（代扣代收专用）开具日期
				定额税率	比例税率					
1	2	3	4	5	6	7=3×5+4×6	8	9	10	11

二、委托加工收回应税消费品领用存情况

应税消费品名称	商品和服务税收分类编码	上期库存数量	本期委托加工收回入库数量	本期委托加工收回直接销售数量	本期委托加工收回用于连续生产数量	本期结存数量
1	2	3	4	5	6	7=3+4-5-6

表 3-7　卷烟批发企业月份销售明细清单

（卷烟批发环节消费税纳税人适用）

卷烟条包装商品条码	卷烟牌号规格	卷烟类别	卷烟类型	销售价格	销售数量	销售额	备注
1	2	3	4	5	6	7	8

表 3-8　卷烟生产企业合作生产卷烟消费税情况报告表

（卷烟生产环节消费税纳税人适用）

品牌输出方		品牌输入方		卷烟条包装商品条码	卷烟牌号规格	销量	销售价格	销售额	品牌输入方已缴纳税款
企业名称	统一社会信用代码	企业名称	统一社会信用代码						
1	2	3	4	5	6	7	8	9	10
合计							—		

表3-9　消费税附加税费计算表

本期是否适用小微企业"六税两费"减免政策　□是　□否

减免政策适用主体	增值税小规模纳税人：□是　□否 增值税一般纳税人：□个体工商户　□小型微利企业
适用减免政策起止时间	年　月　至　年　月

税(费)种	计税(费)依据 消费税税额	税(费)率(%)	本期应纳税(费)额	本期减免税(费)额		小微企业"六税两费"减免政策		本期已缴税(费)额	本期应补(退)税(费)额
				减免性质代码	减免税(费)额	减征比例(%)	减征额		
	1	2	3=1×2	4	5	6	7=(3-5)×6	8	9=3-5-7-8
城市维护建设税									
教育费附加									
地方教育附加									
合计		—		—		—			

> **知识拓展**
>
> **纳税人本期没有消费税税费（种）认定但是发生了涉税行为的处理方法**
>
> 1. 如纳税人本期没有消费税税费（种）认定但是开具了涉及消费税税目的发票，系统会根据发票情况推送申报消息提醒，纳税人可通过未申报提示或者办税缴费的功能菜单进行消费税及附加税费的申报。
>
> 2. 如纳税人没有消费税税费（种）认定，本期又产生了涉及消费税的未开具发票收入，需要先向主管税务机关申请消费税税费（种）认定。

【任务实施】

根据对任务二的学习，已完成甲集团各公司 2024 年 3 月消费税及附加税费应纳税（费）额的计算。

（1）乙化妆品有限公司当月消费税应纳税额为 1 800 000 元、城市维护建设税为 126 000 元、教育费附加为 54 000 元、地方教育附加为 36 000 元。

（2）丙酒品有限公司当月消费税应纳税额为 48 000 元、城市维护建设税为 3 360 元、教育费附加为 1 440 元、地方教育附加为 960 元。

（3）戊石油化工公司当月消费税应纳税额为 1 218 000 元、城市维护建设税为 85 260 元、教育费附加为 36 540 元、地方教育附加为 24 360 元。

任务要求：完成甲集团各公司 2024 年 3 月消费税及附加税费的网上申报工作。

乙化妆品有限公司具体申报操作如下。

第一步：登录新电子税务局，在首页选择"我的待办"—"本期应申报"—"消费税及附加税费申报"—"填写申报表"，如图 3-1 所示。

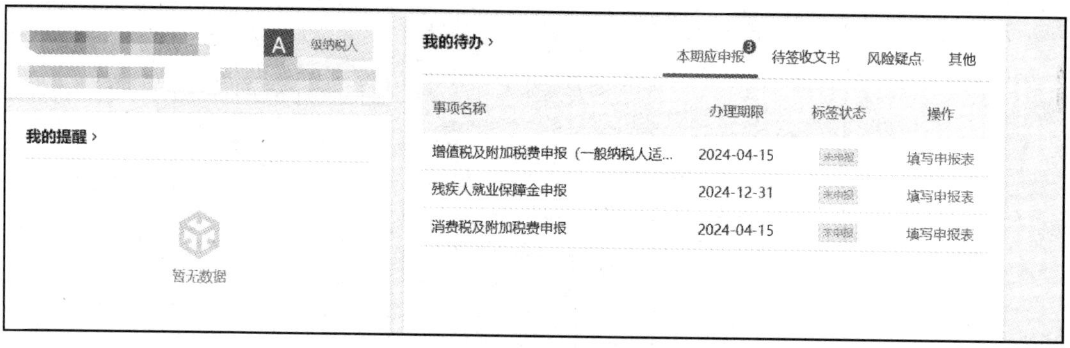

图 3-1

第二步：填写"消费税及附加税费申报表"中"销售额本期数"后，系统会自动计算本期消费税以及附加税费，与企业实际应纳税额核对后单击界面右上角"暂存"按钮，如图 3-2 所示。

第三步：选择界面左边列表中的"本期减（免）税额明细表"，无减（免）税事项的无须填写，填写完成后单击右上角的"暂存"按钮，如图 3-3 所示。

图 3-2

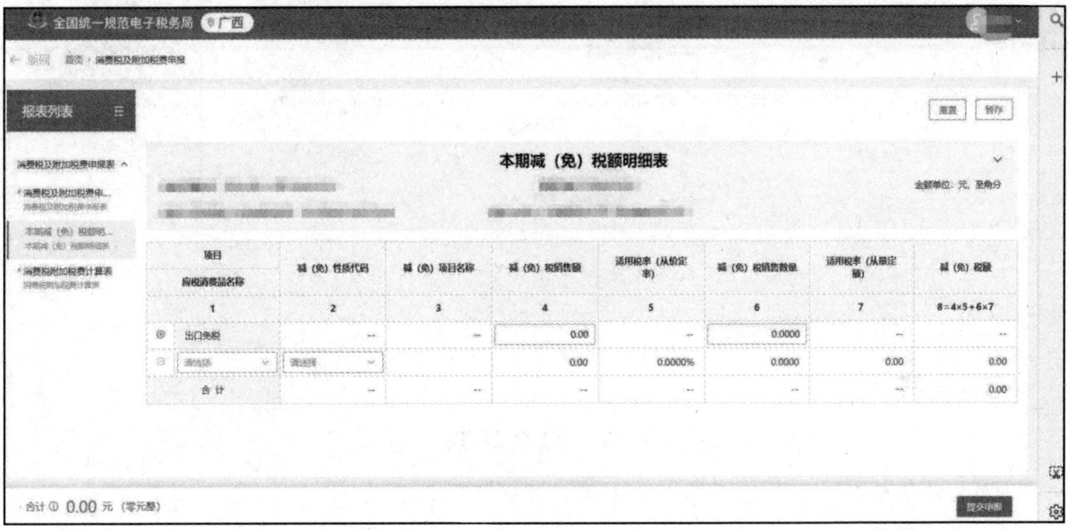

图 3-3

第四步：选择界面左边列表中的"消费税附加税费计算表"，在第二步的"消费税及附加税费申报表"填写本期销售额后即可带出该表数据，故该表无须再次填写，核对数据无误后单击界面右上角的"暂存"按钮，接着单击右下角的"提交申报"按钮进行申报，如图 3-4所示。

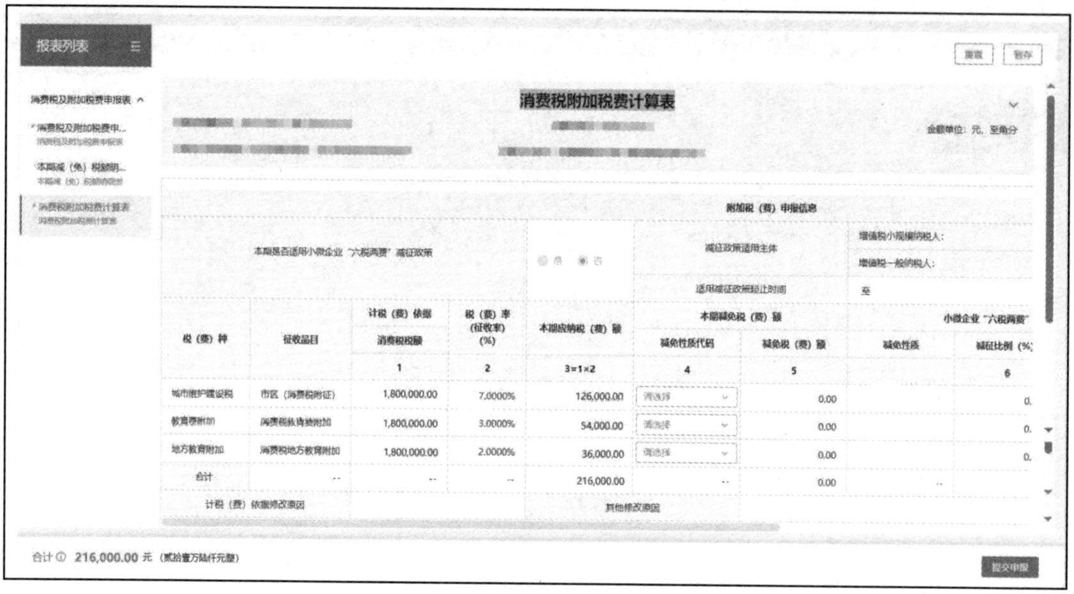

图 3-4

第五步：提交之后系统会弹出确认信息的提示，根据界面提示，依次单击"真、实、责、任"4 个字完成声明。

第六步：申报成功，如图 3-5 所示。

图 3-5

其他公司的申报流程略。

📝 **风险案例**

变更品名开票

（1）将消费税应税产品变更品名为非应税产品销售。

山东 A 能源公司通过将消费税应税产品变更品名为非应税产品销售、进行虚假申报等违法手段，少缴消费税等税费 1.54 亿元。税务稽查部门依据相关规定，依法追缴该公司少缴税费，加收滞纳金并处罚款，共计 2.52 亿元。

政策解析：成品油税目包括汽油、柴油、航空煤油、石脑油、溶剂油、润滑油、燃料油 7 个子税目。

（2）将消费税非应税产品变更品名为应税产品销售。

某再生资源公司 2016 年 12 月—2018 年 2 月，将购进发票上列明的沥青等在对外销售开具发票时变更为燃料油，数量为 339 601.344 吨，按照《中华人民共和国消费税暂行条例实施细则》规定的燃料油 1 吨=1 015 升换算，计 344 695 364.16 升，少申报消费税413 634 436.99 元。

政策解析：《国家税务总局关于消费税有关政策问题的公告》（国家税务总局公告2012 年第 47 号）第三条："三、工业企业以外的单位和个人的下列行为视为应税消费品的生产行为，按规定征收消费税：（一）将外购的消费税非应税产品以消费税应税产品对外销售的。"

税务部门对变更品名开票风险点的主要稽查方式：对该企业的管理系统数据与采购数据进行对比分析、将该公司数据与在上游供应商处获取的数据进行对比。

风险案例

企业通过账外分解收入逃避缴纳消费税

某贸易有限责任公司（简称"A 企业"）主营国际贸易、转口贸易、汽车销售等业务。税务局结合"金三"系统购销发票信息、企业销售台账，检查人员以车架号为索引，将上百辆与涉案车辆同款车辆的购销价格进行比对，并通过查询汽车报价 App，比对车辆的市场销售均价，发现 A 企业存在将所购进超豪华小汽车亏本销售的行为，其中有两辆亏本销售的越野车存在较大疑点，均以 129 万元且低于购置价格分别销售给 B 房地产开发有限公司和一位个人车主。税务局通过查询各关联人员的资金流水发现 A 企业账外收款的违法事实，认定 A 企业通过分解收入逃避缴纳超豪华小汽车消费税 29 万元。

政策解析：自 2016 年 12 月 1 日起执行的《财政部 国家税务总局关于对超豪华小汽车加征消费税有关事项的通知》（财税〔2016〕129 号）规定，"小汽车"税目下增设"超豪华小汽车"子税目。征收范围为每辆零售价格 130 万元（不含增值税）及以上的乘用车和中轻型商用客车，即乘用车和中轻型商用客车子税目中的超豪华小汽车。对超豪华小汽车，在生产（进口）环节按现行税率征收消费税的基础上，在零售环节加征消费税，税率为 10%。将超豪华小汽车销售给消费者的单位和个人为超豪华小汽车零售环节纳税人。

巩固练习

一、选择题

本部分包括即测即评和初级会计师考试拓展练习，请扫描下方二维码进行答题。

即测即评　　初级会计师考试拓展练习

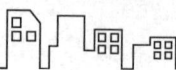

二、计算题

1. 2024 年 10 月，甲烟草批发企业向乙卷烟零售店销售卷烟 200 标准条，取得不含增值税销售额 20 000 元；向丙烟草批发企业销售卷烟 300 标准条，取得不含增值税销售额 30 000 元。已知卷烟批发环节消费税比例税率为 11%，定额税率为 0.005 元/支；每标准条 200 支卷烟。要求：计算甲烟草批发企业上述业务应缴纳消费税。

2. 甲石化公司 2024 年 11 月生产汽油 6 000 吨，其中 5 000 吨对外销售，20 吨为本单位车辆使用，50 吨用于赞助其他单位，已知汽油 1 吨=1 388 升，汽油消费税税率为 1.52 元/升。要求：计算甲石化公司当月上述业务应缴纳消费税税额。

项目四 企业所得税智慧化申报与管理

🛒 学习目标

知识目标

了解企业所得税的概念；熟悉企业所得税的纳税人、征税对象与税率；熟悉企业所得税的税收优惠政策；掌握企业所得税应纳税所得额的确认和计算；熟悉企业所得税汇算清缴的概念；掌握企业所得税的纳税地点、纳税期限和征收方式。

技能目标

能识别企业所得税的纳税人、征税对象；能熟练掌握企业所得税税率；能熟练运用企业所得税的税收优惠政策；能正确申报企业所得税；能正确进行企业所得税汇算清缴申报。

素养目标

通过学习企业所得税的税收优惠政策，了解企业所得税对经济发展、产业结构等方面的调控作用；通过学习企业所得税相关法律法规，在企业所得税纳税申报时能坚持法治、诚实守信、爱岗敬业；了解金税四期下企业所得税的风险点。

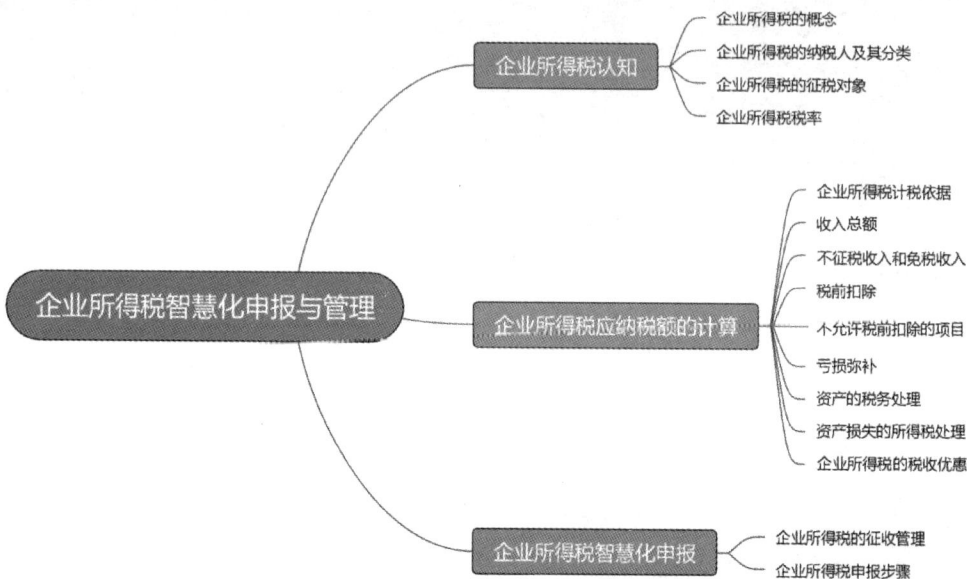

导　图

```
                                            ┌─ 企业所得税的概念
                          企业所得税认知 ────┤─ 企业所得税的纳税人及其分类
                                            ├─ 企业所得税的征税对象
                                            └─ 企业所得税税率

                                                    ┌─ 企业所得税计税依据
                                                    ├─ 收入总额
                                                    ├─ 不征税收入和免税收入
                                                    ├─ 税前扣除
  企业所得税智慧化申报与管理   企业所得税应纳税额的计算 ─┤─ 不允许税前扣除的项目
                                                    ├─ 亏损弥补
                                                    ├─ 资产的税务处理
                                                    ├─ 资产损失的所得税处理
                                                    └─ 企业所得税的税收优惠

                          企业所得税智慧化申报 ────┬─ 企业所得税的征收管理
                                                 └─ 企业所得税申报步骤
```

历史课堂

　　古代税收名称众多，但很难找到与企业所得税对应者，不过从文字表述，或者征收办法上，仍可以看到企业所得税的一些影子。《全唐文》记载，贞元九年（793年）诸道盐铁使张滂奏请立茶叶征税之法。他在奏折中写道："伏以去秋水灾，诏令减税。今之国用须有供备。伏请出茶州县及茶山外商人要路，委所由（指所属官府）定三等时估，每十税一价钱，充所放两税。其明年以后所得税，外收贮。若诸州遭水旱，赋税不办（指无法征收），以此代之。"文中"所得税"一词，也许是现今最早的关于所得税的表述。

　　"所得税"作为税种命名在清代。受欧美税制影响，清末宣统年间（约1910年），政府有关部门曾草拟出《所得税章程》，其中包括企业所得税内容，但因社会动荡未能公布施行。

　　1912年1月政府有关部门以前述章程为基础制定了《所得税条例》，并于1914年1月公布。但因社会动乱，企业生产经营不稳定，以及税收征管条件差等原因，在此后二十多年间未能真正施行。

　　1936年7月9日立法院通过《所得税暂行条例》，规定所得税按营利事业所得、薪给报酬所得、存款利息所得三类开征。同年10月1日，公务人员薪给报酬所得税率先开征。1937年1月1日，营利事业所得税及存款利息所得税也全面开征，这是中国历史上第一次实质性开征所得税。

　　1950年，政务院发布《全国税政实施要则》，规定全国设置14个税种，其中涉及对所得征税的有工商业税（所得税部分）、存款利息所得税和薪给报酬所得税等。工商业税（所得税部分）主要征税对象是私营企业、集体企业和个体工商户的应税所得。国营企业实行利润上缴制度，而不缴纳所得税。1980年9月，第五届全国人民代表大会第三次会议通过《中华人民共和国中外合资经营企业所得税法》并公布施行，这是中华人民共和国成立后制定的第一部企业所得税法。

1993 年 12 月 13 日，国务院制定《中华人民共和国企业所得税暂行条例》，于 1994 年 1 月 1 日起施行，标志着我国所得税制度向法制化、规范化方向迈出重要步伐。

任务一　企业所得税认知

【任务导入】

（1）我国注册成立的 A 公司在甲国设立一个全资子公司 B 公司，在乙国设立一分公司，构成所在国的常设机构，需要自主申报纳税。2024 年 A 公司、B 公司、乙国分公司均实现盈利，其中 A 公司向境外股东 C 公司支付全年不含增值税技术咨询指导费 120 万元，C 公司未在中国设立机构、场所，只在 A 公司有需要时派指导专员进行现场指导。

（2）D 公司被认定为小型微利企业，2024 年按税法规定计算的企业应纳税所得额为 240 万元。

任务要求：

（1）判断 A 公司属于居民企业还是非居民企业。

（2）判断 A 公司是否就来源于甲国 B 公司的所得缴纳企业所得税。

（3）判断 A 公司是否就来源于乙国分公司的所得缴纳企业所得税。

（4）判断 C 公司属于居民企业还是非居民企业。

（5）判断 C 公司是否就技术咨询指导费缴纳企业所得税，如是，由谁作为扣缴义务人。

（6）计算 D 公司 2024 年应纳企业所得税。

【知识准备】

❋ 一、企业所得税的概念

企业所得税是指对中国境内的企业（居民企业及非居民企业）和其他取得收入的组织的生产经营所得和其他所得征收的一种税。

企业所得税以纯所得为征税对象，体现了量能负担的原则，即所得多、负担能力强的，多缴税；所得少、负担能力弱的，少缴税；无所得、没有负担能力的，不缴税。这样，将所得税负担和纳税人所得多少联系起来计征税款，能够实现税负公平。企业所得税属于直接税。

❋ 二、企业所得税的纳税人及其分类

（一）企业所得税的纳税人

在中国境内，企业和其他取得收入的组织（统称企业）为企业所得税的纳税人，应依照《中华人民共和国企业所得税法》（简称《企业所得税法》）的规定缴纳企业所得税。

（二）企业所得税纳税人的分类

按照登记注册地标准和实际管理机构标准相结合的原则，企业可以分为居民企业和非居民企业，见表 4-1。

表4-1　企业所得税纳税人的分类

分类	判定标准	义务范围
居民企业	在中国境内成立的企业	来源于中国境内、境外的所得
	依照外国（地区）法律成立但实际管理机构在中国境内的企业	
非居民企业	依照外国（地区）法律成立且实际管理机构不在中国境内，但在中国境内设立机构、场所的企业	（1）来源于中国境内的所得 （2）发生在中国境外但与其机构、场所有实际联系的所得
	在中国境内未设立机构、场所，但有来源于中国境内所得的企业	来源于中国境内的所得

实际管理机构，是指对企业的生产经营、人员、账务、财产等实施实质性全面管理和控制的机构。

（三）企业所得税的扣缴义务人

在中国境内没有设立机构、场所的非居民企业，以及尽管设立机构、场所但取得的所得与其所设机构、场所没有实际联系的所得应缴纳的企业所得税，以支付人为扣缴义务人。税款由扣缴义务人在每次支付或者到期应支付时，从支付或者到期应支付的款项中扣缴。此时，扣缴的企业所得税也叫预提所得税。

❋ 三、企业所得税的征税对象

企业所得税的征税对象是指企业的生产经营所得、其他所得和清算所得。

（一）居民企业的征税对象

居民企业应就来源于中国境内、境外的所得作为征税对象。所得包括销售货物所得，提供劳务所得，转让财产所得，股息、红利等权益性投资所得，利息所得，租金所得，特许权使用费所得，接受捐赠所得和其他所得。

（二）非居民企业的征税对象

非居民企业在中国境内设立机构、场所的，应当就其所设机构、场所取得的来源于中国境内的所得，以及发生在中国境外但与其所设机构、场所有实际联系的所得缴纳企业所得税。

非居民企业在中国境内未设立机构、场所的，或者虽设立机构、场所但取得的所得与其所设机构、场所没有实际联系的，应当就其来源于中国境内的所得缴纳企业所得税。

（三）所得来源地的确定

1．发生地
销售货物所得按交易活动发生地确定；提供劳务所得按劳务发生地确定。

2．不动产所在地
不动产转让所得按照不动产所在地确定。

3．卖家所在地
动产转让所得按照转让动产的企业或者机构、场所所在地确定。

4．分配、支付所在地

股息、红利等权益性投资（收益）所得按照分配所得的企业所在地确定。

利息、租金和特许权使用费所得按照负担支付所得的企业或者机构、场所所在地或个人住所地确定。

✳ 四、企业所得税税率

（一）25%基本税率

我国企业所得税的基本税率为25%，适用范围包括：①居民企业除特殊情况外；②在中国境内设有机构、场所且其所得与机构、场所有关联的非居民企业。

（二）20%优惠税率

符合条件的小型微利企业。

小型微利企业优惠政策如下。

2023年1月1日至2027年12月31日，对小型微利企业年应纳税所得额不超过300万元的部分，减按25%计入应纳税所得额，按20%的税率缴纳企业所得税。

小型微利企业认定标准

（三）15%优惠税率

1．高新技术企业

国家需要重点扶持的高新技术企业，减按15%的税率征收企业所得税。

2．技术先进型服务企业

对经认定的技术先进型服务企业，减按15%的税率征收企业所得税。

3．福建平潭综合实验区符合条件的企业

自2021年1月1日起至2025年12月31日，对设在平潭综合实验区的符合条件的企业减按15%的税率征收企业所得税。

符合条件的企业，是指以《平潭综合实验区企业所得税优惠目录（2021版）》中规定的产业项目为主营业务，且其主营业务收入占收入总额60%以上的企业。

4．注册在海南自由贸易港并实质性运营的鼓励类产业企业

自2020年1月1日起至2027年12月31日，对注册在海南自由贸易港并实质性运营的鼓励类产业企业，减按15%的税率征收企业所得税。

鼓励类产业企业，是指以海南自由贸易港鼓励类产业目录中规定的产业项目为主营业务，且其主营业务收入占企业收入总额60%以上的企业。

5．西部地区鼓励类产业

对设在西部地区以《西部地区鼓励类产业目录》中新增鼓励类产业项目为主营业务，且其当年主营业务收入占企业收入总额70%以上的企业，自2014年10月1日起，可减按15%税率缴纳企业所得税。

自2021年1月1日至2030年12月31日，对设在西部地区的鼓励类产业企业减按15%的税率征收企业所得税。鼓励类产业企业，是指以《西部地区鼓励类产业目录》中规定的产

业项目为主营业务，且其主营业务收入占企业收入总额 60%以上的企业。

6．中国（上海）自贸试验区临港新片区重点产业

自 2020 年 1 月 1 起，对中国（上海）自贸试验区临港新片区内从事集成电路、人工智能、生物医药、民用航空等关键领域核心环节相关产品（技术）业务，并开展实质性生产或研发活动的符合条件的法人企业，自设立之日起 5 年内减按 15%的税率征收企业所得税。

7．从事污染防治的第三方企业

自 2024 年 1 月 1 日起至 2027 年 12 月 31 日，对符合条件的从事污染防治的第三方企业（以下称"第三方防治企业"）减按 15%的税率征收企业所得税。

第三方防治企业是指受排污企业或政府委托，负责环境污染治理设施（包括自动连续监测设施）运营维护的企业。

8．横琴粤澳深度合作区

对设在横琴粤澳深度合作区符合条件的产业企业减按 15%的税率征收企业所得税。

（四）10%优惠税率

1．国家鼓励的重点集成电路设计企业和软件企业

自 2020 年 1 月 1 日起，国家鼓励的重点集成电路设计企业和软件企业，自获利年度起，第一年至第五年免征企业所得税，后续年度减按 10%的税率征收企业所得税。

2．非居民企业

非居民企业取得《企业所得税法》第二十七条第（五）项规定的所得，减按 10%的税率征收企业所得税。

【任务实施】

（1）A 公司在我国注册成立，因此属于居民企业。

（2）居民企业应就来源于中国境内、境外的所得缴纳企业所得税，所以居民企业 A 公司来源于甲国 B 公司的所得应该计算缴纳企业所得税。

（3）同理，居民企业 A 公司来源于乙国分公司的所得应该计算缴纳企业所得税。

（4）C 公司未在中国设立机构、场所，属于非居民企业。

（5）C 公司收到的技术咨询指导费属于中国境内所得，应缴纳企业所得税，由支付人即 A 公司作为扣缴义务人。

（6）2024 年 D 公司应缴纳企业所得税=240×25%×20%=12（万元）。

任务二　企业所得税应纳税额的计算

【任务导入】

宝丽日用品生产有限公司（以下简称"宝丽公司"）为增值税一般纳税人，以生产日用品为主，适用 25%的企业所得税税率。宝丽公司 2024 年主营业务收入为 8 000 万元，其他业务收入为 1 000 万元，营业外收入为 400 万元，投资收益为 600 万元，主营业务成本为 3 000 万元，其他业务成本为

微课视频

企业所得税认知

500 万元，营业外支出为 200 万元，税金及附加为 500 万元，管理费用为 1 200 万元，销售费用为 2 000 万元，财务费用为 100 万元，年度利润总额为 2 500 万元。

2024 年宝丽公司部分业务资料如下。

（1）6 月购入并投入使用设备 A 一台，取得的增值税专用发票上注明的价款为 400 万元，税款为 52 万元。该设备采用直线法计提折旧，折旧年限为 5 年，残值率为 5%，本年会计上计提折旧 38 万元。

（2）投资收益中包含国债利息收入 100 万元，政府债券利息收入 50 万元。

（3）管理费用中包含自行研发费用 300 万元（未形成无形资产），已进行独立核算。

（4）成本费用中包含实际工资总额 1 000 万元，拨缴职工工会经费 30 万元，实际发生职工福利费支出 200 万元，职工教育经费支出 70 万元。

（5）本年发生广告费支出 1 000 万元，非广告性质的赞助支出 200 万元，结转上年未抵扣的广告费 300 万元。

（6）本年发生业务招待费 100 万元。

（7）财务费用中包括按 6% 的利率计算的向非关联企业甲借款 800 万元所支付的利息费用 48 万元，金融机构同期同类借款利率为 4%。

（8）营业外支出中包括商业违约金 10 万元，环保部门的罚款 5 万元，企业通过省政府向目标脱贫地区捐款 20 万元。

任务要求：

（1）计算新购入设备应调整的应纳税所得额。

（2）计算投资收益应调整的应纳税所得额。

（3）计算研发费用应调整的应纳税所得额。

（4）计算工会经费、职工福利费和职工教育经费应调整的应纳税所得额。

（5）计算广告费应调整的应纳税所得额。

（6）计算业务招待费应调整的应纳税所得额。

（7）计算财务费用应调整的应纳税所得额。

（8）计算营业外支出应调整的应纳税所得额。

（9）计算宝丽公司 2024 年度企业所得税的应纳税所得额。

（10）计算宝丽公司 2024 年度企业所得税的应纳税额。

【知识准备】

企业所得税的**应纳税额**，为企业的**应纳税所得额**乘以适用**税率**，减除税收优惠政策规定**减免和抵免的税额**后的余额。计算公式为：

$$应纳所得税额 = 应纳税所得额 × 企业所得税税率$$

$$应纳税额 = 应纳所得税额 - 减免所得税额 - 抵免所得税额$$

与《企业所得税年度纳税申报主表》第 28～33 行计算应纳税额的逻辑一致，如图 4-1 所示。

28		五、应纳税所得额（24－25－26－27）
29		税率（25%）
30		六、应纳所得税额（28×29）
31	应纳税额计算	减：减免所得税额（31.1＋31.2＋…）
31.1		（填写优惠事项名称）
31.2		（填写优惠事项名称）
32		减：抵免所得税额（填写 A107050）
33		七、应纳税额（30－31－32）

图 4-1

❋ 一、企业所得税计税依据

企业所得税的计税依据是应纳税所得额，应纳税所得额为企业每一个纳税年度的收入总额，减除不征税收入、免税收入、各项扣除以及允许弥补的以前年度的亏损后的余额。

应纳税所得额的计算有两种方法，一种是直接法，一种是间接法。

1. 直接法计算公式

应纳税所得额=收入总额-不征税收入-免税收入-各项扣除-允许弥补的以前年度亏损

2. 间接法计算公式

应纳税所得额=会计利润总额±纳税调整项目金额

会计利润=营业收入-营业成本-税金及附加-管理费用-销售费用-财务费用-研发费用-资产减值损失-信用减值损失+投资收益+其他收益+公允价值变动收益+资产处置收益+营业外收入-营业外支出

纳税调整项目金额包括两方面的内容：一是企业财务会计制度规定的项目范围与税法规定的项目范围不一致应予以调整的金额；二是企业财务会计制度规定的扣除标准与税法规定的扣除标准不一致应予以调整的金额。

❋ 二、收入总额

企业的收入总额包括以货币形式和非货币形式从各种来源取得的收入，具体包括销售货物收入，提供劳务收入，转让财产收入，股息、红利等权益性投资收益，利息收入，租金收入，特许权使用费收入，接受捐赠收入，其他收入。

（一）一般收入的确认

1. 销售货物收入

销售货物收入包括企业销售商品、产品、原材料、包装物、低值易耗品以及其他存货取得的收入。

2. 提供劳务收入

提供劳务收入，是指企业从事建筑安装、修理修配、交通运输、仓储租赁、金融保险、邮电通信、咨询经纪、文化体育、科学研究、技术服务、教育培训、餐饮住宿、中介代理、卫生保健、社区服务、旅游、娱乐、加工以及其他劳务服务活动取得的收入。

企业在各个纳税期末，提供劳务交易的结果能够可靠估计的，应采用完工进度（完工百分比）法确认提供劳务收入。

不同劳务收入确认的时间

3. 转让财产收入

转让财产收入是指企业转让固定资产、生物资产、无形资产、股权（不是因持股而收取的股息）、债权（不是利息）等财产取得的收入。

4. 股息、红利等权益性投资收益

股息、红利等权益性投资收益是指企业因权益性投资从被投资方取得的收入。除国务院财政、税务主管部门另有规定外，按照被投资方作出利润分配决定的日期确认收入的实现。

5．利息收入

利息收入是指企业将资金提供给他人使用但不构成权益性投资，或者因他人占用本企业资金取得的收入，包括存款利息、贷款利息、债券利息、欠款利息等收入。利息收入，按照合同约定的债务人应付利息的日期确认收入的实现。

6．租金收入

租金收入是指企业提供固定资产、包装物或者其他有形资产的使用权取得的收入。租金收入，按照合同约定的承租人应付租金的日期确认收入的实现。

7．特许权使用费收入

特许权使用费收入是指企业提供专利权、非专利技术、商标权、著作权以及其他特许权的使用权取得的收入。特许权使用费收入，按照合同约定的特许权使用人应付特许权使用费的日期确认收入的实现。

8．接受捐赠收入

接受捐赠收入是指企业接受的来自其他企业、组织或者个人无偿给予的货币性资产、非货币性资产。接受捐赠收入，按照实际收到捐赠资产的日期确认收入的实现。

接受捐赠的非货币性资产的所得额=受赠资产价值+由捐赠企业代为支付的增值税。

9．其他收入

其他收入包括企业资产溢余收入、逾期未退包装物押金收入、确实无法偿付的应付款项、已作坏账损失处理后又收回的应收款项、债务重组收入、补贴收入、违约金收入、汇兑收益等。

（二）视同销售收入的确认

企业发生非货币性资产交换，以及将货物、财产、劳务用于捐赠、偿债、赞助、集资、广告、样品、职工福利和利润分配等用途的，应当视同销售货物、转让财产和提供劳务，国务院财政、税务主管部门另有规定的除外。

企业将资产移送他人的下列情形，因资产所有权属已发生改变而不属于内部处置资产，应按规定视同销售确定收入，包括用于市场推广或销售；用于交际应酬；用于职工奖励或福利；用于股息分配；用于对外捐赠等。

✳ 三、不征税收入和免税收入

（一）不征税收入

1．财政拨款

财政拨款，是指各级人民政府对纳入预算管理的事业单位、社会团体等组织拨付的财政资金，但国务院和国务院财政、税务主管部门另有规定的除外。

2．依法收取并纳入财政管理的行政事业性收费、政府性基金

行政事业性收费，是指企业根据法律法规等有关规定，依照国务院规定程序批准，在实施社会公共管理，以及在向公民、法人或者其他组织提供特定公共服务过程中，向特定对象收取并纳入财政管理的费用。

政府性基金，是指企业根据法律、行政法规等有关规定，代政府收取的具有专项用途的财政资金。

3．国务院规定的其他不征税收入

国务院规定的其他不征税收入，是指企业取得的，由国务院财政、税务主管部门规定专项用途并经国务院批准的财政性资金。

（二）免税收入

1．国债利息收入

国债利息收入是指企业持有国务院财政部门发行的国债取得的利息收入。

2．符合条件的居民企业之间的股息、红利等权益性投资收益

符合条件的居民企业之间的股息、红利等权益性投资收益，是指居民企业直接投资于其他居民企业取得的投资收益。

3．在中国境内设立机构、场所的非居民企业从居民企业取得与该机构、场所有实际联系的股息、红利等权益性投资收益

股息、红利等权益性投资收益，不包括连续持有居民企业公开发行并上市流通的股票不足 12 个月取得的投资收益。

4．符合条件的非营利组织的收入

（1）接受其他单位或个人捐赠的收入。

（2）除财政拨款以外的其他财政补助收入，但不包括因政府购买服务取得的收入。

（3）按照省级以上民政、财政部门规定收取的会费。

（4）不征税收入和免税收入孳生的银行存款利息收入。

（5）财政部、国家税务总局规定的其他收入。

✳ 四、税前扣除

（一）企业所得税税前扣除概述

企业实际发生的与取得收入有关的、合理的支出，包括成本、费用、税金、损失和其他支出，准予在计算应纳税所得额时扣除。

（二）企业所得税应纳税所得额税前扣除项目的范围

1．成本

成本是指企业在生产经营活动中发生的销售成本、销货成本、业务支出以及其他耗费，即企业销售商品，提供劳务，转让固定资产、无形资产的成本。

2．费用

费用是指企业每一个纳税年度为生产、经营商品和提供劳务等所发生的销售费用、管理费用和财务费用，已经计入成本的有关费用除外。

3．税金

（1）发生当期（全额）扣除。

企业当期发生的税金，一般计入税金及附加，在当期全额扣除。具体包括消费税、城市

右栏二维码说明：

不征税的财政性资金需满足的条件

微课视频

企业所得税中的不征税收入和免税收入

不征税收入与免税收入的区别

维护建设税、资源税、土地增值税（房地产开发企业）、出口关税、教育费附加、地方教育附加、房产税、城镇土地使用税、车船税、印花税、环境保护税。

（2）发生当期计入资产，以后期间通过折旧或摊销分期扣除。

契税（计入购房、地的成本）、耕地占用税（计入土地成本摊销）、进口关税（计入进口产品成本）、车辆购置税（计入购车的成本）、烟叶税（计入购入烟叶的成本）、按规定不得抵扣的增值税（计入相关资产成本）。

（3）税前不得扣除。

税前不得扣除的税金包括企业所得税、允许抵扣的增值税、为职工负担的个人所得税。

4．损失

损失是指企业在生产经营活动中发生的固定资产和存货的盘亏、毁损、报废损失，转让财产损失，呆账损失，坏账损失，自然灾害等不可抗力造成的损失以及其他损失。

企业发生的损失，减除责任人赔偿和保险赔款后的余额，依照国务院财政、税务主管部门的规定扣除。企业已经作为损失处理的资产，在以后纳税年度又全部收回或者部分收回时，应当计入当期收入。

5．其他支出

其他支出，是指除成本、费用、税金、损失外，企业在生产经营活动中发生的与生产经营活动有关的、合理的支出。

（三）企业所得税应纳税所得额扣除项目及其标准

1．以"工资、薪金支出"为基数的扣除项目及其标准

（1）工资、薪金支出。

工资、薪金是指企业每一纳税年度支付给在本企业任职或者受雇的员工的所有现金形式或者非现金形式的劳动报酬，包括基本工资、奖金、津贴、补贴、年终加薪、加班工资，以及与员工任职或者受雇有关的其他支出。

企业发生的合理的工资、薪金支出，准予税前扣除。合理的工资、薪金是指企业按照股东大会、董事会、薪酬委员会或相关管理机构制定的工资、薪金制度规定实际发放给员工的工资、薪金，不是计提的工资、薪金。

知识拓展

企业接受外部劳务派遣用工所实际发生的费用如何税前扣除

企业接受外部劳务派遣用工所实际发生的费用，如果直接支付给劳务派遣公司，则作为劳务费支出据实扣除；如果直接支付给员工个人的费用，属于工资薪金支出的，则据实扣除，并准予计入企业工资薪金总额的基数，作为计算其他各项相关费用扣除的依据。

企业因雇用季节工、临时工、实习生、返聘离退休人员所实际发生的费用如何税前扣除

企业因雇用季节工、临时工、实习生、返聘离退休人员所实际发生的费用，应区分为工资薪金支出和职工福利费支出，并按规定在企业所得税前扣除。其中属于工资、薪金支出的，准予计入企业工资、薪金总额的基数，作为计算其他各项相关费用扣除的依据。

（2）职工福利费、工会经费、职工教育经费。

① 职工福利费。

企业实际发生的职工福利费支出，不超过工资、薪金总额14%的部分准予扣除。

企业职工福利费，包括以下内容。

a. 尚未实行分离办社会职能的企业，其内设福利部门所发生的设备、设施和人员费用，包括职工食堂、职工浴室、理发室、医务所、托儿所、疗养院等集体福利部门的设备、设施及维修保养费用和福利部门工作人员的工资、薪金，社会保险费，住房公积金，劳务费等。

b. 为职工卫生保健、生活、住房、交通等所发放的各项补贴和非货币性福利，包括企业向职工发放的因公外地就医费用、未实行医疗统筹企业职工医疗费用、职工供养直系亲属医疗补贴、供暖费补贴、职工防暑降温费、职工困难补贴、救济费、职工食堂经费补贴、职工交通补贴等。

c. 按照其他规定发生的其他职工福利费，包括丧葬补助费、抚恤费、安家费、探亲假路费等。

② 工会经费。

企业拨缴的职工工会经费，不超过工资、薪金总额2%的部分，凭工会组织开具的《工会经费收入专用收据》在企业所得税税前扣除。委托税务机关代收工会经费的，企业拨缴的工会经费也可凭合法、有效的工会经费代收凭据依法在税前扣除。

③ 职工教育经费。

除国务院财政、税务主管部门另有规定外，企业发生的职工教育经费支出，不超过工资、薪金总额8%的部分准予扣除，超过部分准予结转以后纳税年度扣除，纳税调整可能调增，可能调减。

特殊企业职工培训费用全额税前扣除。

a. 集成电路设计企业和符合条件软件生产企业发生的职工培训费用，单独进行核算并按实际发生额在计算应纳税所得额时扣除。集成电路设计企业和符合条件软件生产企业应准确划分职工教育经费中的职工培训费支出，对于不能准确划分的，以及准确划分后职工教育经费中扣除职工培训费的余额，一律按照职工教育经费的规定比例扣除。

b. 航空企业实际发生的飞行员养成费、飞行训练费、乘务训练费、空中保卫员训练费等空勤训练费用，可以作为航空企业运输成本在税前扣除。

c. 核力发电企业为培养核电厂操纵员发生的培养费，依据规定，可作为企业的发电成本在税前扣除。企业应将核电厂操纵员培养费与员工的职工教育经费严格区分，单独核算，员工实际发生的职工教育经费支出不得计入核电厂操纵员培养费直接扣除。

【例 4-1】某软件生产企业为居民企业，2024 年发放合理的工资、薪金 500 万元，工会经费 15 万元，职工福利费 82 万元以及职工教育经费 60 万元，其中职工培训费用支出 15 万元。计算 2024 年该企业计算应纳税所得额时，三项经费允许税前扣除的金额。

（3）社会保险费。

企业依照国务院有关主管部门或者省级人民政府规定的范围和标准为职工缴纳的基本养老保险费、基本医疗保险费、失业保险费、工伤保险费、生育保险费等基本社会保险费和住房公积金，准予扣除。

（4）补充养老保险费、补充医疗保险费。

企业为在本企业任职或受雇的全体员工支付的补充养老保险费、补充医疗保险费，分别在不超过职工工资总额5%标准内的部分，准予扣除；超过部分，不得扣除。

2．以营业收入为基数的扣除项目与标准

（1）营业收入的范围。

① 一般企业的营业收入。

一般企业的营业收入包括主营业务收入、其他业务收入和视同销售收入。此处的营业收入与会计上的营业收入相近，但税法上多了视同销售收入。例如，对于对外捐赠，会计上将其计入营业外支出进行账务处理，而税法上将其视为对外处置资产，视同销售，确认为营业收入。

② 从事股权投资业务的企业的营业收入。

对从事股权投资业务的企业（包括集团公司总部、创业投资企业等），其从被投资企业处分得的股息、红利以及股权转让收入，可以按规定的比例计算业务招待费扣除限额。

因此，从事股权投资业务的企业的营业收入包括主营业务收入、其他业务收入、视同销售收入和投资收益。

（2）业务招待费。

业务招待费是指企业出于经营业务的需要而支付的交际应酬费用。企业发生的与生产经营活动有关的业务招待费支出，按照发生额的 60% 扣除，但最高不得超过当年销售（营业）收入的 5‰。业务招待费支出有两个限额，取其低者，且超过部分不允许在以后年度结转扣除。

【例 4-2】某制造业企业为增值税一般纳税人，2023 年实现主营业务收入 8 600 万元，其他业务收入 100 万元，发生业务招待费 87 万元，计算业务招待费可税前扣除金额。

（3）广告费和业务宣传费。

① 企业发生的符合条件的广告费和业务宣传费支出，除国务院财政、税务主管部门另有规定外，不超过当年销售（营业）收入 15% 的部分，准予扣除；超过部分，准予在以后纳税年度结转扣除。广告费、业务宣传费分别给出的，合并计算扣除限额。赞助支出不同于广告费，赞助支出不得扣除。

② 对化妆品制造与销售、医药制造和饮料制造（不含酒类制造）企业发生的广告费和业务宣传费支出，不超过当年销售（营业）收入 30% 的部分，准予扣除；超过部分，准予在以后纳税年度结转扣除。

③ 烟草企业的烟草广告费和业务宣传费支出，一律不得在计算应纳税所得额时扣除。

【例 4-3】某制造业企业为居民企业，2023 年实现主营业务收入 8 600 万元，其他业务收入 100 万元，发生广告费和业务宣传费 1 310 万元，计算广告费和业务宣传费可税前扣除金额。

3．公益性捐赠支出

企业通过公益性社会团体或者县级以上人民政府及其部门，用于《中华人民共和国公益事业捐赠法》规定的公益事业的捐赠，由公益性社会团体和县以上政府开具公益性捐赠票据，在年度利润总额 12% 以内的部分，准予在计算应纳税所得额时扣除；超过年度利润总额 12% 的部分，准予结转以后三年内在计算应纳税所得额时扣除。企业在对公益性捐赠支出计算扣除时，应先扣除以前年度结转的捐赠支出，再扣除当年发生的捐赠支出。年度利润总额，是指企业依照国家统一会计制度的规定计算的年度会计利润。

微课视频

公益性捐赠支出的税前扣除标准

不满足上述条件的公益性捐赠（如直接捐赠），以及非公益性捐赠，除另有规定外，在计算应纳税所得额时不得扣除，应进行纳税调整。

自 2019 年 1 月 1 日至 2025 年 12 月 31 日，企业通过公益性社会组织或者县级（含县级）以上人民政府及其组成部门和直属机构，用于目标脱贫地区的扶贫捐赠支出，准予在计算企业所得税应纳税所得额时据实扣除。企业同时发生扶贫捐赠支出和其他公益性捐赠支出，在计算公益性捐赠支出年度扣除限额时，符合上述条件的扶贫捐赠支出不计算在内。

企事业单位、社会团体以及其他组织捐赠住房作为公租房，符合税收法律法规规定的，对其公益性捐赠支出在年度利润总额 12% 以内的部分，准予在计算应纳税所得额时扣除，超过年度利润总额 12% 的部分，准予结转以后三年内在计算应纳税所得额时扣除。

【例 4-4】某制造业企业为居民企业，2023 年会计利润为 1 710 万元，当年通过公益性社会组织向学校捐款 150 万元，向已实现脱贫的某目标脱贫地区捐款 100 万元，直接捐赠给某小学 30 万元。计算可税前扣除的公益性捐赠金额。

4．计入财务费用的各种扣除

（1）利息费用。

① 非关联企业利息费用的扣除。

非金融企业向金融企业借款的利息支出、金融企业的各项存款利息支出和同业拆借利息支出、企业经批准发行债券的利息支出，可据实扣除。

非金融企业向非金融企业借款的利息支出，不超过按照金融企业同期同类贷款利率计算的利息支出部分准予扣除。

② 关联企业借款费用的扣除。

企业向股东或其他与企业有关联关系的自然人借款的利息支出，不超过规定比例和税法及其实施条例有关规定计算的部分，准予扣除，超过的部分不得在发生当期和以后年度扣除。规定比例是指受关联方债权性投资与权益性投资的比例，金融企业为 5∶1，其他企业为 2∶1。

企业能证明关联方相关交易活动符合独立交易原则的或者该企业的实际税负不高于境内关联方的，实际支付给关联方的利息支出，在计算应纳税所得额时准予扣除。

③ 企业向其他自然人借款的利息支出。

企业向除股东或其他与企业有关联关系的自然人以外的内部职工或其他人员借款的利息支出，其借款情况同时符合以下条件的，其利息支出在不超过按照金融企业同期同类贷款利率计算的数额部分，准予扣除：企业与个人之间的借贷是真实、合法、有效的；不具有非法集资目的或其他违反法律、法规的行为；企业与个人之间签订了借款合同。

【例 4-5】甲公司 2024 年由于经营周转，从建设银行贷款 1 000 万元，贷款利率假设为 5%，当年支付利息 50 万元，取得建设银行开具的利息发票；又从乙公司借款 600 万元，当年支付乙公司利息 70 万元，取得乙公司开具的利息发票。计算可税前扣除的利息费用。

【例 4-6】设备制造甲公司 2024 年年初向关联企业乙公司（非金融企业）借款 3 000 万元用于日常经营，支付全年借款利息 200 万元。已知金融机构同期同类贷款年利率为 6%，该交易不符合独立交易原则。乙公司对甲公司的权益性投资额为 1 000 万元，且实际税负低于甲公司。甲公司计算 2024 年企业所得税时可以扣除利息（　　）万元。

A．200　　　　B．180　　　　C．120　　　　D．133

（2）借款费用。

借款费用是指企业因借款而发生的利息、折价或者溢价的摊销和辅助费用，以及因外币借款而发生的汇兑差额。

企业在生产经营活动中发生的合理的不需要资本化的借款费用，准予扣除。

企业为购置、建造固定资产、无形资产和经过 12 个月以上的建造才能达到预定可销售状态的存货发生借款的，在有关资产购置、建造期间发生的合理的借款费用，应予以资本化，作为资本性支出计入有关资产的成本；有关资产交付使用后发生的借款利息，可在发生当期扣除。

企业通过发行债券、取得贷款、吸收保户储金等方式融资而发生的合理的费用支出，符合资本化条件的，应计入相关资产成本；不符合资本化条件的，应作为财务费用，准予在企业所得税前据实扣除。

（3）汇兑损失。

企业在货币交易中，以及纳税年度终了时将人民币以外的货币性资产、负债按照期末即期人民币汇率中间价折算为人民币时产生的汇兑损失，除已经计入有关资产成本以及与向所有者进行利润分配相关的部分外，准予扣除。

5．手续费及佣金

企业应与具有合法经营资格的中介服务企业或个人签订代办协议或合同，并按国家有关规定支付手续费及佣金。企业发生与生产经营有关的手续费及佣金支出，不超过以下规定计算限额内的部分，准予扣除；超过部分，不得扣除。

（1）保险企业。

保险企业发生与其经营活动有关的手续费及佣金支出，不超过当年全部保费收入扣除退保金等后余额的 18%（含本数）的部分，在计算应纳税所得额时准予扣除；超过部分，允许结转以后年度扣除。

（2）电信企业。

电信企业在发展客户、拓展业务等过程中（如委托销售电话入网卡、电话充值卡等），需向经纪人、代办商支付手续费及佣金的，其实际发生的相关手续费及佣金支出，不超过企业当年收入总额 5%的部分，准予在企业所得税前据实扣除；超过部分，不得扣除。

（3）其他企业。

其他企业按与具有合法经营资格中介服务机构或个人（不含交易双方及其雇员、代理人和代表人等）所签订服务协议或合同确认的收入金额的 5%计算税前扣除限额；超过部分，不得扣除。

6．其他企业所得税税前扣除的规定

（1）总机构分摊的费用。

非居民企业在中国境内设立的机构、场所，就其中国境外总机构发生的与该机构、场所生产经营有关的费用，能够提供总机构出具的费用汇集范围、定额、分配依据和方法等证明文件，并合理分摊的，准予扣除。

（2）环保专项资金。

企业提取的用于环境保护、生态恢复等方面的专项资金，准予扣除。上述专项资金提取后改变用途的，不得扣除。

（3）劳动保护费。

企业发生的合理的劳动保护支出，准予扣除。

企业根据其工作性质和特点，由企业统一制作并要求员工工作时统一着装所发生的工作服饰费用，准予税前扣除。

（4）租赁费。

① 以经营租赁方式租入固定资产发生的租赁费支出，按照租赁期限均匀扣除。经营性租赁是指所有权不转移的租赁。

② 以融资租赁方式租入固定资产发生的租赁费支出，按照规定构成融资租入固定资产价值的部分应当提取折旧费用，分期扣除。

（5）维简费。

维简费指的是从成本费用中提取的专用于维持简单再生产的资金。

实际发生的维简费支出，属于收益性支出的，可作为当期费用税前扣除；属于资本性支出的，应计入有关资产成本，并按企业所得税法规定计提折旧或摊销费用在税前扣除。预提的维简费不得在当期税前扣除。

> 📖 **AI 小课堂 8**
>
> 利用文心一言、DeepSeek、豆包、讯飞星火等 AI 工具，探索"业务招待费、广告费等企业所得税中关于成本费用的扣除限额的设定，背后的政策意图是什么以及这些扣除限额对企业的财务决策（如营销投入、公关活动）会产生怎样的引导作用"的答案。
>
> 扫二维码查看使用文心一言进行搜索的结果。
>
> AI 小课堂 8

❋ 五、不允许税前扣除的项目

在计算应纳税所得额时，下列支出不得扣除。

（1）向投资者支付的股息、红利等权益性投资收益款项。

（2）企业所得税税款。

（3）税收滞纳金。

（4）罚金、罚款和被没收财物的损失。

罚金、罚款和被没收财物的损失，不包括纳税人按照经济合同规定支付的违约金（包括银行罚息）、罚款和诉讼费。

（5）国家规定的公益性捐赠支出以外的捐赠支出。年度利润总额 12% 以外并超过 3 年结转期的公益性捐赠支出以及非公益性捐赠。

（6）赞助支出，具体指企业发生的与生产经营活动无关的各种非广告性质的支出。

（7）未经核定的准备金支出。除国家规定的金融保险企业在规定比例内提取准备金可以税前扣除外，其他行业、企业计提的各项资产减值准备、风险准备等准备金均不得税前扣除。

（8）与取得收入无关的其他支出。企业之间支付的管理费、企业内营业机构之间支付的租金和特许权使用费，以及非银行企业内营业机构之间支付的利息。

❋ 六、亏损弥补

（一）一般原则

企业某一纳税年度发生的亏损可以用下一年度的所得弥补，下一年度的所得不足以弥补的，可以逐年延续弥补，但最长不得超过 5 年。

先到期亏损先弥补，同时到期亏损先发生的先弥补。

（二）特殊情况

（1）自 2018 年 1 月 1 日起，当年具备高新技术企业或科技型中小企业资格的企业，其具备资格年度之前 5 个年度发生的尚未弥补完的亏损，准予结转以后年度弥补，最长结转年限由 5 年延长至 10 年。

（2）2020 年度困难行业企业发生的亏损，最长结转年限由 5 年延长至 8 年。困难行业企业，包括交通运输、餐饮、住宿、旅游（指旅行社及相关服务、游览景区管理两类）四大类。困难行业企业 2020 年度主营业务收入须占收入总额（剔除不征税收入和投资收益）的 50% 以上。

（3）国家鼓励的线宽小于 130 纳米（含）的集成电路生产企业，属于国家鼓励的集成电路生产企业清单年度之前 5 个纳税年度发生的尚未弥补完的亏损，准予向以后年度结转，总结转年限最长不得超过 10 年。

（4）电影行业企业 2020 年度发生的亏损，最长结转年限由 5 年延长至 8 年。

【例 4-7】A 企业为餐饮公司，2017 年度盈利 100 万元，2018 年度盈利 150 万元，2019 年度亏损 430 万元，2020 年度亏损 800 万元，2021 年度盈利 120 万元，2022 年度亏损 530 万元，2023 年度盈利 766 万元。A 企业 2020 年度为符合条件的受影响较大的困难行业企业。思考 2019 年度、2020 年度及 2022 年度亏损弥补期间。

✸ 七、资产的税务处理

资产的税务处理是指企业在计算应纳税所得额时，对各类资产进行的税务处理，主要包括资产的计税基础确定、折旧或摊销方法选择、扣除规定等方面。企业的各项资产包括固定资产、生物资产、无形资产、长期待摊费用、投资资产、存货等。

（一）固定资产的税务处理

固定资产是指企业为生产产品、提供劳务、出租或经营管理而持有的，使用时间超过 12 个月的非货币性资产，包括房屋、建筑物、机器、机械、运输工具以及其他与生产经营活动有关的设备、器具、工具等。

1. 固定资产计算折旧的范围

企业按规定计算的固定资产折旧，准予扣除。但是下列固定资产不得计算折旧扣除。

（1）房屋、建筑物以外未投入使用的固定资产。

（2）以经营租赁方式租入的固定资产。

（3）以融资租赁方式租出的固定资产。

（4）已足额提取折旧仍继续使用的固定资产。

（5）与经营活动无关的固定资产。

（6）单独估价作为固定资产入账的土地。

（7）其他不得计算折旧扣除的固定资产。

2. 固定资产的计税基础

（1）外购的固定资产以购买价款和支付的相关税费以及直接归属于使该资产达到预定用

途发生的其他支出为计税基础。

（2）自行建造的固定资产以竣工结算前发生的支出为计税基础。

（3）融资租入的固定资产以租赁合同约定的付款总额和承租人在签订租赁合同过程中发生的相关费用为计税基础；租赁合同未约定付款总额的，以该资产的公允价值和承租人在签订租赁合同过程中发生的相关费用为计税基础。

（4）盘盈的固定资产以同类固定资产的重置完全价值为计税基础。

（5）通过捐赠、投资、非货币性资产交换、债务重组等方式取得的固定资产，以该资产的公允价值和支付的相关税费为计税基础。

（6）改建的固定资产，除已足额提取折旧的固定资产和租入的固定资产以外，以改建过程中发生的改建支出增加计税基础。

3．固定资产的折旧计提方式

固定资产按照直线法计算的折旧，准予扣除。企业应当自固定资产投入使用月份的次月起计提折旧；停止使用的固定资产，应当自停止使用月份的次月起停止计提折旧。企业应合理确定固定资产的预计净残值，一经确定，不得变更。

4．固定资产计提折旧的最低年限

除国务院财政、税务主管部门另有规定外，固定资产计算折旧的最低年限如下。

（1）房屋、建筑物，为 20 年。

（2）飞机、火车、轮船、机器、机械和其他生产设备，为 10 年。

（3）与生产经营活动有关的器具、工具、家具等，为 5 年。

（4）飞机、火车、轮船以外的运输工具，为 4 年。

（5）电子设备，为 3 年。

5．固定资产折旧优惠

（1）可以加速折旧的固定资产。

企业的固定资产由于技术进步等原因，确需加速折旧的，可以缩短折旧年限或者采取加速折旧的方法。可采用以上折旧方法的固定资产如下。

① 由于技术进步，产品更新换代较快的固定资产。

② 常年处于强震动、高腐蚀状态的固定资产。

采取缩短折旧年限方法的，最低折旧年限不得低于规定折旧年限的 60%；采取加速折旧方法的，可以采取双倍余额递减法和年数总和法等加速折旧的方法。

自 2019 年 1 月 1 日起，全部制造业及信息传输、软件和信息技术服务业新购进的固定资产适用固定资产加速折旧优惠。

企业外购的软件，凡符合固定资产或无形资产确认条件的，可以按照固定资产或无形资产进行核算，其折旧或摊销年限可以适当缩短，最短可为 2 年（含）。

集成电路生产企业的生产设备，其折旧年限可以适当缩短，最短可为 3 年（含）。

（2）可以一次性税前扣除的固定资产。

企业在 2024 年 1 月 1 日至 2027 年 12 月 31 日新购进的设备、器具，单位价值不超过 500 万元的，允许一次性计入当期成本费用在计算应纳税所得额时扣除，不再分年度计算折旧。所称设备、器具，是指除房屋、建筑物以外的固定资产。

【例 4-8】A 公司属于制造业企业，2022 年 12 月购入某生产用器具不含税单价 600 万元（资产计税基础与资产原值一致），当月投入使用，该器具会计计提折旧的年限与税法一般折旧规定的一致，均为 5 年，预计净残值率为 4%。会计上按照直线法计提折旧，税收上采取加速折旧方法，采用双倍余额递减法。计算 A 公司该器具应调整的应纳税所得额。

（二）生产性生物资产的税务处理

生产性生物资产指为生产农产品、提供劳务或者出租等目的持有的生物资产，包括经济林、薪炭林、产畜和役畜等。

1．生产性生物资产的计税基础

（1）外购的生产性生物资产，以购买价款和支付的相关税费为计税基础。

（2）通过捐赠、投资、非货币性资产交换、债务重组等方式取得的生产性生物资产，以该资产的公允价值和支付的相关税费为计税基础。

2．生产性生物资产的折旧方法

（1）生产性生物资产按照直线法计算的折旧，准予扣除。

（2）企业应当自生产性生物资产投入使用月份的次月起计算折旧，停止使用的生产性生物资产，应当自停止使用月份的次月起停止计算折旧。

（3）企业应当根据生产性生物资产的性质和使用情况，合理确定生产性生物资产的预计净残值。生产性生物资产的预计净残值一经确定，不得变更。

3．生产性生物资产的最低折旧年限

（1）林木类生产性生物资产，为 10 年。

（2）畜类生产性生物资产，为 3 年。

（三）无形资产的税务处理

无形资产是指企业长期使用但没有实物形态的资产，包括专利权、商标权、著作权、土地使用权、非专利技术、商誉等。

1．无形资产的计税基础

（1）外购的无形资产以购买价款和支付的相关税费以及直接归属于使该资产达到预定用途发生的其他支出为计税基础。

（2）自行开发的无形资产以开发过程中该资产符合资本化条件后至达到预定用途前发生的支出为计税基础。

（3）通过捐赠、投资、非货币性资产交换、债务重组等方式取得的无形资产，以该资产的公允价值和支付的相关税费为计税基础。

2．无形资产的摊销范围

在计算应纳税所得额时，企业按照规定计算的无形资产摊销费用，准予扣除。但下列无形资产不得计算摊销费用扣除。

（1）自行开发的支出已在计算应纳税所得额时扣除的无形资产。

（2）自创商誉。

（3）与经营活动无关的无形资产。

（4）其他不得计算摊销费用扣除的无形资产。

3．无形资产的摊销方法及年限

无形资产按照直线法计算的摊销费用，准予扣除。无形资产当月增加当月计提摊销，当

月减少当月不计提摊销。外购商誉的支出，在企业整体转让或者清算时，准予扣除。

无形资产的摊销年限不得低于 10 年。作为投资或者受让的无形资产，有关法律规定或者合同约定了使用年限的，可以按照规定或者约定的使用年限分期摊销。

（四）长期待摊费用的税务处理

长期待摊费用，是指企业发生的应在一个以上纳税年度进行摊销的费用。在计算应纳税所得额时，企业发生的下列支出作为长期待摊费用，按照规定摊销的，准予扣除。

（1）已足额提取折旧的固定资产的改建支出。

（2）租入固定资产的改建支出。

（3）固定资产的大修理支出。

（4）其他应当作为长期待摊费用的支出。

企业的固定资产修理支出可在发生当期直接扣除。企业的固定资产改良支出，如果有关固定资产尚未提足折旧，可增加固定资产价值；如有关固定资产已提足折旧，可作为长期待摊费用，在规定的期间内平均摊销。

企业所得税法所指固定资产的大修理支出，是指同时符合下列条件的支出：

（1）修理支出达到取得固定资产时的计税基础 50%以上；

（2）修理后固定资产的使用年限延长 2 年以上。

其他应当作为长期待摊费用的支出，自支出发生月份的次月起，分期摊销，摊销年限不得低于 3 年。

（五）投资资产的税务处理

投资资产，是指企业对外进行权益性投资和债权性投资形成的资产。

1．投资资产的成本

（1）通过支付现金方式取得的投资资产，以购买价款为成本。

（2）通过支付现金以外的方式取得的投资资产，以该资产的公允价值和支付的相关税费为成本。

2．投资资产的扣除

企业对外投资期间，投资资产的成本在计算应纳税所得额时不得扣除，企业在转让或者处置投资资产时，投资资产的成本准予扣除。

企业购买的文物、艺术品用于收藏、展示、保值增值的，作为投资资产进行税务处理。文物、艺术品资产在持有期间计提的折旧、摊销费用，不得税前扣除。

（六）存货的税务处理

存货，是指企业持有以备出售的产品或者商品、处在生产过程中的在产品、在生产或者提供劳务过程中耗用的材料和物料等。

1．存货的计税基础

（1）通过支付现金方式取得的存货，以购买价款和支付的相关税费为成本。

（2）通过支付现金以外的方式取得的存货，以该存货的公允价值和支付的相关税费为成本。

（3）生产性生物资产收获的农产品，以产出或者采收过程中发生的材料费、人工费和分摊的间接费用等必要支出为成本。

2. 存货成本的计算方法

（1）企业使用或者销售存货，按照规定计算的存货成本，准予在计算应纳税所得额时扣除。

（2）企业使用或者销售存货的成本计算方法，可以在先进先出法、加权平均法、个别计价法中选用一种。计价方法一经选用，不得随意变更。

❋ 八、资产损失的所得税处理

（一）资产损失的定义及类型

资产损失，是指企业在生产经营活动中实际发生的、与取得应税收入有关的资产损失。资产损失的常见类型如下。

（1）货币资产损失，包括现金损失、银行存款损失和应收及预付款项损失等。

（2）非货币资产损失，包括存货损失、固定资产损失、无形资产损失、在建工程损失、生产性生物资产损失等。

（3）投资损失，包括债权性投资损失和权益性投资损失。

（4）其他资产损失。

各项资产损失的
留存备查资料

（二）资产损失税前扣除范围及扣除时点

1. 实际资产损失

实际资产损失是指企业在实际处置、转让资产过程中发生的合理损失。企业实际资产损失，应当在其实际发生且会计上已作损失处理的年度申报扣除。

例如，某企业按照公允价值转让固定资产，资产账面价值为 100 万元，取得转让收入 80 万元，在没有计提资产减值准备的情况下，"资产处置损益"科目余额为 20 万元，这 20 万元的损失属于实际资产损失。

2. 法定资产损失

法定资产损失是指企业虽未实际处置、转让资产，但符合规定条件计算确认的损失。法定资产损失，应当在企业留存证据资料证明该项资产已符合法定资产损失确认条件，且会计上已作损失处理的年度申报扣除。

例如，甲公司应收乙公司货款 100 万元，已逾期三年以上，且有确凿证据证明乙公司已无力清偿债务，会计上也已作为损失处理，在这种情况下，甲公司无法收回的应收账款 100 万元属于法定资产损失。

❋ 九、企业所得税的税收优惠

（一）涉农企业所得税税收优惠

1. 企业从事下列项目的所得，减半征收企业所得税

（1）花卉、茶以及其他饮料作物和香料作物的种植。

（2）海水养殖、内陆养殖。

2．企业从事下列项目的所得，免征企业所得税

（1）蔬菜、谷物、薯类、油料、豆类、棉花、麻类、糖料、水果、坚果的种植。

（2）农作物新品种的选育。

（3）中药材的种植。

（4）林木的培育和种植。

（5）牲畜、家禽的饲养。

（6）林产品的采集。

（7）灌溉、农产品初加工、兽医、农技推广、农机作业和维修等农、林、牧、渔服务业项目。

（8）远洋捕捞。

（二）加计扣除优惠

1．研发费用

研发费用包括人员人工费用、直接投入费用、折旧费用、无形资产摊销费用、新产品设计费、新工艺规程制定费、新药研制的临床试验费、勘探开发技术的现场试验费以及其他相关费用。

自2023年1月1日起，除了集成电路企业和工业母机企业，企业开展研发活动中实际发生的研发费用，未形成无形资产计入当期损益的，在按规定据实扣除的基础上，再按照实际发生额的100%在税前加计扣除；形成无形资产的，按照无形资产成本的200%在税前摊销。

自2023年1月1日至2027年12月31日，集成电路企业和工业母机企业开展研发活动中实际发生的研发费用，未形成无形资产计入当期损益的，在按规定据实扣除的基础上，再按照实际发生额的120%在税前加计扣除；形成无形资产的，按照无形资产成本的220%在税前摊销。

2．企业安置残疾人员所支付的工资

企业安置残疾人员的，在按照支付给残疾职工工资据实扣除的基础上，按照支付给残疾职工工资的100%加计扣除。

微课视频

企业所得税的加计扣除优惠

（三）证券投资基金所得

（1）对证券投资基金从证券市场中取得的收入，包括买卖股票、债券的差价收入，股权的股息红利，债券的利息收入及其他收入等，暂不征收企业所得税。

（2）对投资者从证券投资基金分配中取得的收入，暂不征收企业所得税。

（3）对证券投资基金管理人运用基金买卖股票、债券的差价收入，暂不征收企业所得税。

（4）对企业取得的2009年及以后年度发行的地方政府债券利息所得，免征企业所得税。

（四）资源综合利用取得收入

企业综合利用资源，生产符合国家产业政策规定的产品所取得的收入，可以在计算应纳税所得额时减计收入。

综合利用资源，是指企业以《资源综合利用企业所得税优惠目录》规定的资源作为主要原材料，生产国家非限制和禁止并符合国家和行业相关标准的产品取得的收入，减按 90% 计入收入总额。

（五）环境保护、安全生产资金

企业依照法律、行政法规有关规定提取的用于环境保护、生态恢复等方面的专项资金，准予扣除。上述专项资金提取后改变用途的，不得扣除。

企业购置并实际使用《环境保护专用设备企业所得税优惠目录》《节能节水专用设备企业所得税优惠目录》《安全生产专用设备企业所得税优惠目录》规定的环境保护、节能节水、安全生产等专用设备的，该专用设备的投资额的 10% 可以从企业当年的应纳税额中抵免；当年不足抵免的，可以在以后 5 个纳税年度结转抵免。

（六）技术转让所得

一个纳税年度内，居民企业转让技术所有权所得不超过 500 万元的部分，免征企业所得税；超过 500 万元的部分，减半征收企业所得税。

技术转让的范围，包括居民企业转让专利技术、计算机软件著作权、集成电路布图设计权、植物新品种、生物医药新品种，5 年（含）以上非独占许可使用权，以及财政部和国家税务总局确定的其他技术。

转让技术所有权的，技术转让所得的计算公式如下。

技术转让所得=技术转让收入-技术转让成本-相关税费

转让 5 年以上技术许可使用权的，技术转让所得的计算公式如下。

技术转让所得=技术转让收入-无形资产摊销费用-相关税费-应分摊期间费用

【例 4-9】A 企业 2018 年成立，主要从事生物技术产品开发、生产活动，2022 年第一季度，与非关联 B 公司签订符合条件的新型生物技术转让合同 990 万元，此项技术转让成本为 400 万元，相关税费为 5 万元，应分摊的期间费用为 15 万元。计算 A 公司转让该新型生物技术应调整的应纳税所得额。

微课视频

企业所得税中技术转让所得优惠政策

（七）创业投资企业优惠

创业投资企业采取股权投资方式投资于未上市的中小高新技术企业、初创科技型企业 2 年以上的，可以按照其投资额的 70% 在股权持有满 2 年的当年抵扣该创业投资企业的应纳税所得额；当年不足抵扣的，可以在以后纳税年度结转抵扣。

例如，甲创业投资企业 2022 年 11 月 1 日向乙企业（未上市的中小高新技术企业）投资 100 万元，股权持有到 2024 年 12 月 31 日。甲创业投资企业 2024 年度可抵扣的应纳税所得额为 70 万元。

认识初创科技型企业

（八）三免三减半类的税收优惠

企业从事国家重点扶持的公共基础设施项目的投资经营的所得；从事符合条件的环境保护、节能节水项目的所得；对符合条件的节能服务公司实施合同能源管理项目；从事符合规定扣除标准的电网（输变电设备设施）的新建项目，自项目取得第一笔生产经营收入所属纳税年度起，第 1 年至第 3 年免征企业所得税，第 4 年至第 6 年减半征收企业所得税。

📖 **AI 小课堂 9**

  利用文心一言、DeepSeek、豆包、讯飞星火等 AI 工具，探索"对于小型微利企业的所得税优惠，近年来不断放宽标准，使得大量小型微利企业受益。然而，在经济波动较大时期，应如何动态调整优惠门槛，确保政策的可持续性与适应性"的答案。

  扫二维码查看使用文心一言进行搜索的结果。

AI 小课堂 9

📎 **【任务实施】**

  针对【任务导入】中关于宝丽公司的工作任务，完成情况如下。

  （1）企业在 2024 年 1 月 1 日至 2027 年 12 月 31 日新购进的设备、器具，单位价值不超过 500 万元的，允许一次性计入当期成本费用在计算应纳税所得额时扣除，不再分年度计算折旧。宝丽公司 6 月新购入的设备价款为 400 万元，低于 500 万元，可以税前一次扣除。

  应调减应纳税所得额=400-38=362（万元）

  （2）国债利息收入和政府债券利息收入免征企业所得税。

  应调减应纳税所得额=100+50=150（万元）

  （3）自 2023 年 1 月 1 日起，企业开展研发活动中实际发生的研发费用，未形成无形资产计入当期损益的，在按规定据实扣除的基础上，再按照实际发生额的 100%在税前加计扣除。

  应调减应纳税所得额=300×100%=300（万元）

  （4）企业实际发生的职工福利费支出，不超过工资、薪金总额 14%的部分准予扣除；企业拨缴的职工工会经费，不超过工资、薪金总额 2%的部分准予扣除；企业发生的职工教育经费支出，不超过工资、薪金总额 8%的部分准予扣除。

  职工工会经费允许扣除的限额=1 000×2%=20（万元），应调增应纳税所得额=30-20=10（万元）。

  职工福利费允许扣除的限额=1 000×14%=140（万元），应调增应纳税所得额=200-140=60（万元）。

  职工教育经费允许扣除的限额=1 000×8%=80（万元），无需调整。

  （5）企业发生的符合条件的广告费和业务宣传费支出，除国务院财政、税务主管部门另有规定外，不超过当年销售（营业）收入 15%的部分，准予扣除；超过部分，准予在以后纳税年度结转扣除。赞助支出不同于广告费，赞助支出不得扣除。

  本年度广告费允许扣除的限额=（8 000+1 000）×15%=1 350（万元），本年发生的广告费和上年未抵扣的广告费都可以在税前扣除，非广告性质的赞助支出不允许税前扣除，因此，应调减应纳税所得额=300-200=100（万元）。

  （6）企业发生的与生产经营活动有关的业务招待费支出，按照发生额的 60%扣除，但最高不得超过当年销售（营业）收入的 5‰。

  业务招待费发生额的 60%=100×60%=60（万元）

  营业收入的 5‰=（8 000+1 000）×5‰=45（万元）

  本年度业务招待费允许扣除的限额为 45 万元，应调增应纳税所得额=100-45=55（万元）。

（7）非金融企业向非金融企业借款的利息支出，不超过按照金融企业同期同类贷款利率计算的利息支出部分准予扣除。

向甲企业借款 800 万元按金融企业同期同类贷款利率计算的利息=800×4%=32（万元）

应调增应纳税所得额=48-32=16（万元）

（8）企业通过公益性社会团体或者县级以上人民政府及其部门，用于《中华人民共和国公益事业捐赠法》规定的公益事业的捐赠，在年度利润总额 12% 以内的部分，准予在计算应纳税所得额时扣除。罚金、罚款和被没收财物的损失不得税前扣除，但不包括纳税人按照经济合同规定支付的违约金（包括银行罚息）、罚款和诉讼费。

商业违约金允许税前扣除，不需要调整；环保部门的罚款不允许税前扣除，应调增 5 万元；公益性捐赠支出允许扣除的限额=2 500×12%=300（万元），向目标脱贫地区捐款的 20 万元允许税前扣除，不需要调整。

（9）应纳税所得额=2 500-362-150-300+10+60-100+55+16+5=1 734（万元）。

（10）应纳税额=1 734×25%=433.5（万元）。

任务评价 6

任务三　企业所得税智慧化申报

【任务导入】

任务要求：承接任务一和任务二，宝丽公司 2024 年第四季度企业所得税为 150 万元，完成宝丽公司 2024 年第四季度企业所得税预缴纳税申报；结合任务二，完成宝丽公司 2024 年度企业所得税汇算清缴的网上申报工作。

【知识准备】

一、企业所得税的征收管理

（一）纳税地点

1. 居民企业所得税纳税地点

（1）除税收法律、行政法规另有规定外，居民企业以企业登记注册地为纳税地点，但登记注册地在境外的，以实际管理机构所在地为纳税地点。

（2）居民企业在中国境内设立不具有法人资格的营业机构的，应当汇总计算并缴纳企业所得税。除国务院另有规定外，企业之间不得合并缴纳企业所得税。

2. 非居民企业所得税纳税地点

（1）非居民企业在中国境内设立机构、场所的，应当就其所设机构、场所取得的来源于中国境内的所得，以及发生在中国境外但与其所设机构、场所有实际联系的所得，以机构、场所所在地为纳税地点；非居民企业在中国境内设立两个或者两个以上机构、场所的，符合国务院税务主管部门规定条件的，可以选择由其主要机构、场所汇总缴纳企业所得税。

（2）非居民企业在中国境内未设立机构、场所的，或者虽设立机构、场所但与其所设机构、场所没有实际联系的境内所得，以扣缴义务人所在地为纳税地点。

（二）纳税期限

企业所得税按年计征，分月或者分季预缴，年终汇算清缴，多退少补。

企业所得税的纳税年度，自公历 1 月 1 日起至 12 月 31 日止。企业在一个纳税年度的中间开业，或者终止经营活动，使该纳税年度的实际经营期不足 12 个月的，应当以其实际经营期为 1 个纳税年度。企业依法清算时，应当以清算期间作为 1 个纳税年度。

按月或按季预缴，应当自月份或者季度终了之日起 15 日内，向税务机关报送预缴企业所得税纳税申报表，预缴税款。

企业应当自年度终了之日起 5 个月内，向税务机关报送年度企业所得税纳税申报表并汇算清缴，结清应缴应退税款。企业在报送企业所得税纳税申报表时，应当按照规定附送财务会计报告和其他有关资料。

企业在年度中间终止经营活动的，应当自实际经营终止之日起 60 日内，向税务机关办理当期企业所得税汇算清缴。

（三）征收方式

企业所得税有查账征收、核定征收、代扣代缴征收三种方式。

1．查账征收

查账征收应纳税额的计算公式为：

$$应纳税额=应纳税所得额×适用税率-减免税额-抵免税额$$

公式中的减免税额和抵免税额，是指依照《企业所得税法》和国务院的税收优惠规定减征、免征和抵免的应纳税额。

居民企业在中国境内设立机构、场所的，一般采用查账征收方式计算缴纳企业所得税。

2．核定征收

企业纳税人具有下列情形之一的，核定征收企业所得税。

（1）法律、行政法规的规定可以不设置账簿的。

（2）法律、行政法规的规定应当设置但未设置账簿的。

（3）擅自销毁账簿或者拒不提供纳税资料的。

（4）虽设置账簿，但账目混乱或者成本资料、收入凭证、费用凭证残缺不全，难以查账的。

（5）发生纳税义务，未按照规定的期限办理纳税申报，经税务机关责令限期申报，逾期仍不申报的。

（6）申报的计税依据明显偏低，又无正当理由的。

税务机关应根据纳税人具体情况，对核定征收企业所得税的纳税人，核定应税所得率或者核定应纳所得税额。

企业所得税核定征收的方式

3．代扣代缴征收

非居民企业在中国境内未设立机构、场所的，或者虽设立机构、场所但取得的所得与其所设机构、场所没有实际联系的，应当就其来源于中国境内股息、红利等权益性投资收益和利息所得、租金所得、特许权使用费所得、转让财产所

得以及其他所得缴纳企业所得税，适用税率为20%，减按10%征收。实行源泉扣缴，以支付人为扣缴义务人。税款由扣缴义务人在每次支付或者到期应支付时，从支付或者到期应支付的款项中扣缴。

应纳税所得额的确定方法如下。

（1）股息、红利等权益性投资收益和利息、租金、特许权使用费所得，以不含增值税的收入全额为应纳税所得额。

（2）转让财产所得，以收入全额减除财产净值后的余额为应纳税所得额。

（3）其他所得，参照前两项规定的方法计算应纳税所得额。

扣缴企业所得税应纳税额计算公式为：

$$扣缴企业所得税应纳税额=应纳税所得额×适用税率$$

❉ 二、企业所得税申报步骤

第一步：进入企业所得税办税界面。

纳税人登录新电子税务局，进入企业所得税办税界面有3条路径。

（1）在首页选择"我要办税"—"税费申报及缴纳"—"企业所得税申报"进入办税界面。

（2）在首页搜索栏输入关键字"企业所得税申报"进入办税。

（3）通过新电子税务局"本期申报提醒"或"我的待办"进入办税界面。

第二步：纳税申报。

汇算清缴纳税申报有查账征收申报和核定征收申报两种申报方式。

（一）查账征收纳税申报

1. 查账征收按月（季）度预缴纳税申报

在"企业所得税申报"界面选择"居民企业（查账征收）企业所得税月（季）度申报"。实行查账征收的纳税人在月（季）度预缴时需向税务机关报送的资料有《中华人民共和国企业所得税月（季）度预缴纳税申报表（A类）》（见表4-2）及其附表《资产加速折旧、摊销（扣除）优惠明细表》（见表4-3）、《技术成果投资入股企业所得税递延纳税备案表》（见表4-4），如果为跨地区经营汇总纳税企业的总机构还需填报附表《企业所得税汇总纳税分支机构所得税分配表》（见表4-5）。

《中华人民共和国企业所得税月（季）度预缴纳税申报表（A类）》及相关附表填表说明

表4-2 中华人民共和国企业所得税月（季）度预缴纳税申报表（A类）

税款所属期间：　年　月　日至　年　月　日
纳税人识别号（统一社会信用代码）：□□□□□□□□□□□□□□□□□□

纳税人名称：　　金额单位：人民币元（列至角分）

优惠及附报事项有关信息								
项目	一季度		二季度		三季度		四季度	季度平均值
	季初	季末	季初	季末	季初	季末	季初	季末	
从业人数								
资产总额（万元）								
国家限制或禁止行业	□是□否			小型微利企业			□是□否	

续表

	附报事项名称	金额或选项
事项 1	（填写特定事项名称）	
事项 2	（填写特定事项名称）	

	预缴税款计算	本年累计
1	营业收入	
2	营业成本	
3	利润总额	
4	加：特定业务计算的应纳税所得额	
5	减：不征税收入	
6	减：资产加速折旧、摊销（扣除）调减额（填写 A201020）	
7	减：免税收入、减计收入、加计扣除（7.1+7.2+…）	
7.1	（填写优惠事项名称）	
7.2	（填写优惠事项名称）	
8	减：所得减免（8.1+8.2+…）	
8.1	（填写优惠事项名称）	
8.2	（填写优惠事项名称）	
9	减：弥补以前年度亏损	
10	实际利润额（3+4-5-6-7-8-9）\按照上一纳税年度应纳税所得额平均额确定的应纳税所得额	
11	税率（25%）	
12	应纳所得税额（10×11）	
13	减：减免所得税额（13.1+13.2+…）	
13.1	（填写优惠事项名称）	
13.2	（填写优惠事项名称）	
14	减：本年实际已缴纳所得税额	
15	减：特定业务预缴（征）所得税额	
16	本期应补（退）所得税额（12-13-14-15）\税务机关确定的本期应纳所得税额	

		汇总纳税企业总分机构税款计算	
17	总机构	总机构本期分摊应补（退）所得税额（18+19+20）	
18		其中：总机构分摊应补（退）所得税额（16×总机构分摊比例____%）	
19		财政集中分配应补（退）所得税额（16×财政集中分配比例____%）	
20		总机构具有主体生产经营职能的部门分摊所得税额（16×全部分支机构分摊比例____%×总机构具有主体生产经营职能部门分摊比例____%）	
21	分支机构	分支机构本期分摊比例	
22		分支机构本期分摊应补（退）所得税额	

续表

实际缴纳企业所得税计算			
23	减：民族自治地区企业所得税地方分享部分：□免征□减征：减征幅度____%）	本年累计应减免金额[（12-13-15）×40%×减征幅度]	
24	实际应补（退）所得税额		

谨声明：本纳税申报表是根据国家税收法律法规及相关规定填报的，是真实的、可靠的、完整的。

　　　　　　　　　　　　　　　　　　　　　　　　纳税人（签章）：　　年　月　日

经办人：	受理人：
经办人身份证号：	受理税务机关（章）：
代理机构签章：	受理日期：　　年　　月　　日
代理机构统一社会信用代码：	

表4-3　资产加速折旧、摊销（扣除）优惠明细表

行次	项目	本年享受优惠的资产原值	本年累计折旧\摊销（扣除）金额				
			账载折旧\摊销金额	按照税收一般规定计算的折旧\摊销金额	享受加速政策计算的折旧\摊销金额	纳税调减金额	享受加速政策优惠金额
		1	2	3	4	5	6（4-3）
1	一、加速折旧、摊销（不含一次性扣除，1.1+1.2+…）						
1.1	（填写优惠事项名称）						
1.2	（填写优惠事项名称）						
2	二、一次性扣除（2.1+2.2+…）						
2.1	（填写优惠事项名称）						
2.2	（填写优惠事项名称）						
3	合计（1+2）						

表4-4　技术成果投资入股企业所得税递延纳税备案表

纳税人名称（盖章）：　　　纳税人识别号：　　　申报所属期：____年度　　　金额单位：人民币元（列至角分）

行次	投资企业信息							被投资企业信息				备注
	技术成果名称	技术成果类型	技术成果编号	公允价值	计税基础	取得股权时间	递延所得	企业名称	纳税人识别号	主管税务机关	与投资方是否为关联企业	
	1	2	3	4	5	6	7=4-5	8	9	10	11	
1												
2												
3												
4												
…												
合计												

谨声明：本人知悉并保证本表填报内容及所附证明材料真实、完整，并承担因资料虚假而产生的法律和行政责任。

　　　　　　　　　　　　　　　　　　　　　　　　法定代表人签章：

　　　　　　　　　　　　　　　　　　　　　　　　　　　　年　月　日

填表人：　　　　　　　　　　　　　　　填报日期：

表4-5 企业所得税汇总纳税分支机构所得税分配表

税款所属期间：　　年　月　日至　　年　月　日

总机构名称（盖章）：

总机构纳税人识别号（统一社会信用代码）：　　　　　　　　　　　　金额单位：元（列至角分）

应纳所得税额	总机构分摊所得税额	总机构财政集中分配所得税额				分支机构分摊所得税额	
	分支机构纳税人识别号（统一社会信用代码）	分支机构名称	三项因素			分配比例	分配所得税额
			营业收入	职工薪酬	资产总额		
分支机构情况							
	合计						

填表时表中蓝色背景的为纳税人可以手工填写的；白色背景的，为系统自动计算或自动带出的。填完后确认附表数据信息，每张报表都确认后，才可申报成功。

纳税人填写完所有报表后，单击"风险提示服务"按钮，系统会对纳税人填写的内容进行逻辑性、申报数据的合理性、税收与财务指标的关联性等进行扫描、比对和分析，并为纳税人提供风险提示。扫描出的风险提示供参考，纳税人可以选择按提示进行修改，也可选择暂不修改。

单击"申报"后，系统自动跳转到申报等待界面，倒计时结束后进入申报结果查询界面。可在其中查看申报是否成功。若申报失败，也可以查看失败原因，根据具体原因进行处理。在"快速链接"中可以选择"申报作废"—"缴款/查询"—"查看申报表"进入相关界面。同属期、同税款属性不允许重复申报，在未扣缴成功的情况下，如需更正可进行申报作废，再进行申报；若已申报缴款，可进行更正。

2．查账征收汇算清缴纳税申报

在"企业所得税申报"界面选择"企业所得税查账汇算清缴"。在"基础设置"界面修改税款所属期为当前申报期间，进入基础设置界面。填报《企业所得税年度纳税申报基础信息表》，本表包括基本经营情况、有关涉税事项情况、主要股东及分红情况三部分内容，如表4-6所示。

表4-6 企业所得税年度纳税申报基础信息表

基本经营情况（必填项目）		
101 纳税申报企业类型（填写代码）	102 分支机构就地纳税比例（%）	
103 资产总额（填写平均值，单位：万元）	104 从业人数（填写平均值，单位：人）	
105 所属国民经济行业（填写代码）	106 从事国家限制或禁止行业	□是□否
107 适用会计准则或会计制度（填写代码）	108 采用一般企业财务报表格式（2019年版）	□是□否
109 小型微利企业	□是□否　110 上市公司	是（□境内□境外）□否
有关涉税事项情况（存在或者发生下列事项时必填）		
201 从事股权投资业务	□是　202 存在境外关联交易	□是

续表

有关涉税事项情况（存在或者发生下列事项时必填）			
203 境外所得 信息	203-1 选择采用的境外所得抵免方式	□分国（地区）不分项 □不分国（地区）不分项	
	203-2 新增境外直接投资信息	□是（产业类别：□旅游业 □现代服务业 □高新技术产业）	
204 有限合伙制创业投资企业的法人合伙人	□是	205 创业投资企业	□是
206 技术先进型服务企业类型（填写代码）		207 非营利组织	□是
208 软件、集成电路企业类型（填写代码）		209 集成电路生产项目类型	□130 纳米 □65 纳米 □28 纳米
210 科技型 中小企业	210-1 ____年（申报所属期年度）入库编号 1	210-2 入库时间 1	
	210-3 ____年（所属期下一年度）入库编号 2	210-4 入库时间 2	
211 高新技术企业申报所属期年度有效的高新技术企业证书	211-1 证书编号 1	211-2 发证时间 1	
	211-3 证书编号 2	211-4 发证时间 2	
212 重组事项税务处理方式	□一般性 □特殊性	213 重组交易类型（填写代码）	
214 重组当事方类型（填写代码）		215 政策性搬迁开始时间	____年__月
216 发生政策性搬迁且停止生产经营无所得年度	□是	217 政策性搬迁损失分期扣除年度	□是
218 发生非货币性资产对外投资递延纳税事项	□是	219 非货币性资产对外投资转让所得递延纳税年度	□是
220 发生技术成果投资入股递延纳税事项	□是	221 技术成果投资入股递延纳税年度	□是
222 发生资产（股权）划转特殊性税务处理事项	□是	223 债务重组所得递延纳税年度	□是
224 研发支出辅助账样式	□2015 版 □2021 版 □自行设计		

主要股东及分红情况（必填项目）					
股东名称	证件种类	证件号码	投资比例 （%）	当年（决议日）分配的股息、红利等权益性投资收益金额	国籍 （注册地址）
其余股东合计	—	—			—

下一步选择《企业所得税年度纳税申报表填报表单》，根据企业的涉税业务，选择是否填报。选择填报的，在"□"内打"√"，并完成该表单内容的填报。未选择填报的表单，无须向税务机关报送。《企业所得税年度纳税申报表填报表单》如表 4-7 所示。

表 4-7　企业所得税年度纳税申报表填报表单

表单编号	表单名称	是否填报
A000000	企业所得税年度纳税申报基础信息表	√
A100000	企业所得税年度纳税申报主表	√
A101010	一般企业收入明细表	□
A101020	金融企业收入明细表	□
A102010	一般企业成本支出明细表	□
A102020	金融企业支出明细表	□

续表

表单编号	表单名称	是否填报
A103000	事业单位、民间非营利组织收入、支出明细表	☐
A104000	期间费用明细表	☐
A105000	纳税调整项目明细表	☐
A105010	视同销售和房地产开发企业特定业务纳税调整明细表	☐
A105020	未按权责发生制确认收入纳税调整明细表	☐
A105030	投资收益纳税调整明细表	☐
A105040	专项用途财政性资金纳税调整明细表	☐
A105050	职工薪酬支出及纳税调整明细表	☐
A105060	广告费和业务宣传费等跨年度纳税调整明细表	☐
A105070	捐赠支出及纳税调整明细表	☐
A105080	资产折旧、摊销及纳税调整明细表	☐
A105090	资产损失税前扣除及纳税调整明细表	☐
A105100	企业重组及递延纳税事项纳税调整明细表	☐
A105110	政策性搬迁纳税调整明细表	☐
A105120	贷款损失准备金及纳税调整明细表	☐
A106000	企业所得税弥补亏损明细表	☐
A107011	符合条件的居民企业之间的股息、红利等权益性投资收益优惠明细表	☐
A107012	研发费用加计扣除优惠明细表	☐
A107020	所得减免优惠明细表	☐
A107030	抵扣应纳税所得额明细表	☐
A107041	高新技术企业优惠情况及明细表	☐
A107042	软件、集成电路企业优惠情况及明细表	☐
A107050	税额抵免优惠明细表	☐
A108000	境外所得税收抵免明细表	☐
A108010	境外所得纳税调整后所得明细表	☐
A108020	境外分支机构弥补亏损明细表	☐
A108030	跨年度结转抵免境外所得税明细表	☐
A109000	跨地区经营汇总纳税企业年度分摊企业所得税明细表	☐
A109010	企业所得税汇总纳税分支机构所得税分配表	☐

说明：企业应当根据实际情况选择需要填报的表单。

实行查账征收的纳税人年终汇算清缴时需向税务机关报送的资料有《企业所得税年度纳税申报主表》及其附表、按照规定附送的财务会计报告和其他有关资料。对一般企业而言，收入、成本、费用明细表是纳税申报的必填表，也是企业进行纳税调整的主要数据来源。小型微利企业免于填报上述财务信息表，相关数据应当在主表中直接填写。《职工薪酬支出及纳税调整明细表》《资产折旧、摊销及纳税调整明细表》《资产损失税前扣除及纳税调整明细表》只要有相应税前扣除事项发生，即使不需进行纳税调整，纳税人也需要填报。

选好表单后单击"申报表填写"，填写主表及相关附表。申报的表单按

《中华人民共和国企业所得税年度纳税申报表（A类，2017年版）》部分表单及填报说明（2024年修订）

照先附表再主表的原则填写，例如一般企业主表第一个项目"一、营业收入"的填列，应先填附表《一般企业收入明细表》，保存附表后数据会汇总到主表。《企业所得税年度纳税申报主表》及主要附表《一般企业收入明细表》《一般企业成本支出明细表》《期间费用明细表》分别如表4-8、表4-9、表4-10、表4-11所示。

表4-8　企业所得税年度纳税申报主表

行次	类别	项目	金额
1	利润总额计算	一、营业收入（填写A101010/101020/103000）	
2		减：营业成本（填写A102010/102020/103000）	
3		减：税金及附加	
4		减：销售费用（填写A104000）	
5		减：管理费用（填写A104000）	
6		减：研发费用（填写A104000）	
7		减：财务费用（填写A104000）	
8		加：其他收益	
9		加：投资收益（损失以'-'号填列）	
10		加：净敞口套期收益（损失以'-'号填列）	
11		加：公允价值变动收益（损失以'-'号填列）	
12		加：信用减值损失（损失以'-'号填列）	
13		加：资产减值损失（损失以'-'号填列）	
14		加：资产处置收益（损失以'-'号填列）	
15		二、营业利润（亏损以'-'号填列）	
16		加：营业外收入（填写A101010/101020/103000）	
17		减：营业外支出（填写A102010/102020/103000）	
18		三、利润总额（15+16-17）	
19	应纳税所得额计算	减：境外所得（填写A108010）	
20		加：纳税调整增加额（填写A105000）	
21		减：纳税调整减少额（填写A105000）	
22		减：免税、减计收入及加计扣除（22.1+22.2+…）	
22.1		（填写优惠事项名称）	
22.2		（填写优惠事项名称）	
23		加：境外应税所得抵减境内亏损（填写A108000）	
24		四、纳税调整后所得（18-19+20-21-22+23）	
25		减：所得减免（填写A107020）	
26		减：弥补以前年度亏损（填写A106000）	
27		减：抵扣应纳税所得额（填写A107030）	
28		五、应纳税所得额（24-25-26-27）	
29	应纳税额计算	税率（25%）	
30		六、应纳所得税额（28×29）	
31		减：减免所得税额（31.1+31.2+…）	
31.1		（填写优惠事项名称）	
31.2		（填写优惠事项名称）	
32		减：抵免所得税额（填写A107050）	
33		七、应纳税额（30-31-32）	
34		加：境外所得应纳所得税额（填写A108000）	
35		减：境外所得抵免所得税额（填写A108000）	
36		八、实际应纳所得税额（33+34-35）	

续表

行次	类别	项目	金额
37	实际应补（退）税额计算	减：本年累计预缴所得税额	
38		九、本年应补（退）所得税额（36-37）	
39		其中：总机构分摊本年应补（退）所得税额（填写 A109000）	
40		财政集中分配本年应补（退）所得税额（填写 A109000）	
41		总机构主体生产经营部门分摊本年应补（退）所得税额（填写 A109000）	
42		减：民族自治地区企业所得税地方分享部分：（□ 免征 □ 减征：减征幅度___%）	
43		减：稽查查补（退）所得税额	
44		减：特别纳税调整补（退）所得税额	
45		十、本年实际应补（退）所得税额（38-42-43-44）	

表4-9　一般企业收入明细表

行次	项目	金额
1	一、营业收入（2+9）	
2	（一）主营业务收入（3+5+6+7+8）	
3	1. 销售商品收入	
4	其中：非货币性资产交换收入	
5	2. 提供劳务收入	
6	3. 建造合同收入	
7	4. 让渡资产使用权收入	
8	5. 其他	
9	（二）其他业务收入（10+12+13+14+15）	
10	1. 销售材料收入	
11	其中：非货币性资产交换收入	
12	2. 出租固定资产收入	
13	3. 出租无形资产收入	
14	4. 出租包装物和商品收入	
15	5. 其他	
16	二、营业外收入（17+18+19+20+21+22+23+24+25+26）	
17	（一）非流动资产处置利得	
18	（二）非货币性资产交换利得	
19	（三）债务重组利得	
20	（四）政府补助利得	
21	（五）盘盈利得	
22	（六）捐赠利得	
23	（七）罚没利得	
24	（八）确实无法偿付的应付款项	
25	（九）汇兑收益	
26	（十）其他	

表4-10　一般企业成本支出明细表

行次	项目	金额
1	一、营业成本（2+9）	
2	（一）主营业务成本（3+5+6+7+8）	
3	1. 销售商品成本	
4	其中：非货币性资产交换成本	
5	2. 提供劳务成本	
6	3. 建造合同成本	
7	4. 让渡资产使用权成本	
8	5. 其他	
9	（二）其他业务成本（10+12+13+14+15）	
10	1. 销售材料成本	
11	其中：非货币性资产交换成本	
12	2. 出租固定资产成本	
13	3. 出租无形资产成本	
14	4. 包装物出租成本	
15	5. 其他	
16	二、营业外支出（17+18+19+20+21+22+23+24+25+26）	
17	（一）非流动资产处置损失	
18	（二）非货币性资产交换损失	
19	（三）债务重组损失	
20	（四）非常损失	
21	（五）捐赠支出	
22	（六）赞助支出	
23	（七）罚没支出	
24	（八）坏账损失	
25	（九）无法收回的债券股权投资损失	
26	（十）其他	

表4-11　期间费用明细表

行次	项目	销售费用	其中：境外支付	管理费用	其中：境外支付	财务费用	其中：境外支付
		1	2	3	4	5	6
1	一、职工薪酬						
2	二、劳务费						
3	三、咨询顾问费						
4	四、业务招待费						
5	五、广告费和业务宣传费						
6	六、佣金和手续费						
7	七、资产折旧摊销费						
8	八、财产损耗、盘亏及损毁损失						
9	九、办公费						
10	十、董事会费						
11	十一、租赁费						
12	十二、诉讼费						
13	十三、差旅费						

续表

行次	项目	销售费用	其中：境外支付	管理费用	其中：境外支付	财务费用	其中：境外支付
		1	2	3	4	5	6
14	十四、保险费						
15	十五、运输、仓储费						
16	十六、修理费						
17	十七、包装费						
18	十八、技术转让费						
19	十九、研究费用						
20	二十、各项税费						
21	二十一、利息收支						
22	二十二、汇兑差额						
23	二十三、现金折扣						
24	二十四、党组织工作经费						
25	二十五、其他						
26	合计（1+2+3+…+25）						

检查无误后保存所填数据，单击"申报"按钮，在弹出的"你确定要提交申报吗？"对话框中单击"确定"按钮，在申报成功后可以选择立即缴款或者预约缴款等方式缴纳本次申报涉及的税费。

（二）核定征收纳税申报

实行核定征收的纳税人在月（季）度预缴纳税申报时或实行核定应税所得率方式的纳税人在年度纳税申报时，需报送《中华人民共和国企业所得税月（季）度预缴和年度纳税申报表（B类）》，如表4-12所示。

在"企业所得税申报"界面选择"居民企业（核定征收）企业所得税月（季）度申报季年度申报"，填完报表信息后单击"申报"按钮，在申报成功查验本期税款显示无误之后，可以选择立即缴款或者预约缴款等方式缴纳本次申报涉及的税费。

《中华人民共和国企业所得税月（季）度预缴和年度纳税申报表（B类）》填报说明

表4-12　中华人民共和国企业所得税月（季）度预缴和年度纳税申报表（B类）

税款所属期间：		年 月 日至 年 月 日				

纳税人识别号（统一社会信用代码）：	□□□□□□□□□□□□□□□□□□	

纳税人名称：	金额单位：人民币元（列至角分）

核定征收方式	核定应税所得率（能核算收入总额的）核定应税所得率（能核算成本费用总额的）核定应纳所得税额

按季度填报信息

项目	一季度		二季度		三季度		四季度		季度平均值
	季初	季末	季初	季末	季初	季末	季初	季末	
从业人数									
资产总额（万元）									
国家限制或禁业行业	□是 □否			小型微利企业			□是 □否		

续表

按年度填报信息

从业人数 （填写平均值）		资产总额（填写平均值，单位：万元）	
国家限制或禁止 行业	□是□否	小型微利企业	□是□否

行次	项目	本年累计金额
1	收入总额	
2	减：不征税收入	
3	减：免税收入（4+5+10+11）	
4	国债利息收入免征企业所得税	
5	符合条件的居民企业之间的股息、红利等权益性投资收益免征企业所得税（6+7.1+7.2+8+9）	
6	其中：一般股息红利等权益性投资收益免征企业所得税	
7.1	通过沪港通投资且连续持有H股满12个月取得的股息红利所得免征企业所得税	
7.2	通过深港通投资且连续持有H股满12个月取得的股息红利所得免征企业所得税	
8	居民企业持有创新企业CDR取得的股息红利所得免征企业所得税	
9	符合条件的居民企业之间属于股息、红利性质的永续债利息收入免征企业所得税	
10	投资者从证券投资基金分配中取得的收入免征企业所得税	
11	取得的地方政府债券利息收入免征企业所得税	
12	应税收入额（1-2-3）/成本费用总额	
13	税务机关核定的应税所得率（%）	
14	应纳税所得额（第12×13行）/[第12行÷（1-第13行）×第13行]	
15	税率（25%）	
16	应纳所得税额（14×15）	
17	减：符合条件的小型微利企业减免企业所得税	
18	减：实际已缴纳所得税额	
L19	减：符合条件的小型微利企业延缓缴纳所得税额（是否延缓缴纳所得税□是□否）	
19	本期应补（退）所得税额（16-17-18-L19）/税务机关核定本期应纳所得税额	
20	民族自治地方的自治机关对本民族自治地方的企业应缴纳的企业所得税中属于地方分享的部分减征或免征（□免征□减征：减征幅度____%）	
21	本期实际应补（退）所得税额	

谨声明：本纳税申报表是根据国家税收法律法规及相关规定填报的，是真实的、可靠的、完整的。

纳税人（签章）：　　年　月　日

经办人： 经办人身份证号： 代理机构签章： 代理机构统一社会信用代码：	受理人： 受理税务机关（章）： 受理日期：　　年　月　日

【任务实施】

宝丽公司企业所得税季度预缴具体申报操作如下。

第一步：进入企业所得税办税界面。

纳税人登录新电子税务局，选择"我要办税"—"税费申报及缴纳"—"企业所得税申报"—"居民企业（查账征收）企业所得税按月（季）度申报"，进入办税界面，如图 4-2 所示。

图 4-2

第二步：纳税申报。

分别填写主表《中华人民共和国企业所得税月（季）度预缴纳税申报表（A 类）》、附表《资产加速折旧、摊销（扣除）优惠明细表》、附表《技术成果投资入股企业所得税递延纳税备案表》，分别如图 4-3、图 4-4、图 4-5 所示。

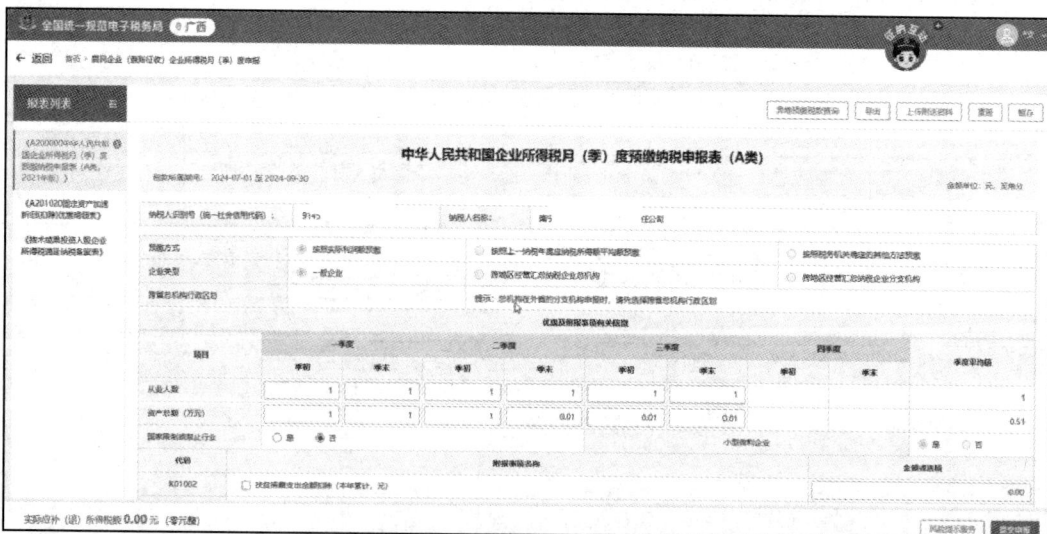

图 4-3

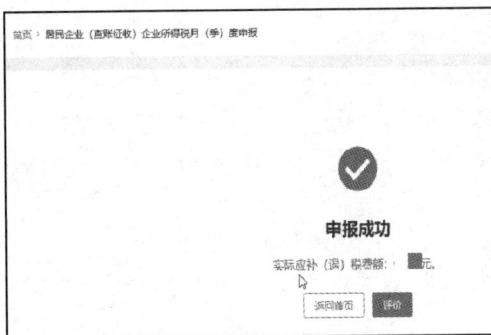

图 4-4

图 4-5

纳税人填写完所有报表后，单击"风险提示服务"按钮，系统询问"扫描通过，确定提交申报？"，单击"确定"按钮，如图4-6所示。单击"申报"按钮进行申报，申报成功后，可以通过单击"立即缴款"按钮进行税款缴纳，缴纳本次申报涉及的税款，如图4-7所示。

任务评价7

微课视频

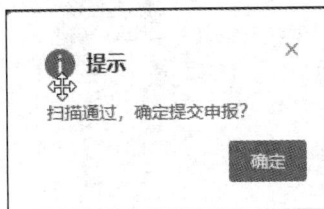

图 4-6

图 4-7

企业所得税汇算清缴申报流程

风险案例

人为控制利润

珠海市某公司在 2018 年至 2020 年，人为按收入的 5% 作为当期利润，倒算出当期成本费用后入账，但在实际进行纳税申报时，申报的收入、成本又与账上记载的不相符，进行虚假纳税申报，少缴企业所得税。税务稽查部门依据相关规定，依法追缴该公司少缴税款17 864 246.28 元，并对该公司处以 8 932 123.14 元的罚款。

政策解析：《国家税务总局关于发布〈企业所得税税前扣除凭证管理办法〉的公告》（国家税务总局公告 2018 年第 28 号）第五条"企业发生支出，应取得税前扣除凭证，作为计算企业所得税应纳税所得额时扣除相关支出的依据"，第十二条"企业取得私自印制、伪造、变造、作废、开票方非法取得、虚开、填写不规范等不符合规定的发票，以及取得不符合国家法律、法规等相关规定的其他外部凭证，不得作为税前扣除凭证"，第十六条"企业在规定的期限未能补开、换开符合规定的发票、其他外部凭证，并且未能按照本办法第十四条的规定提供相关资料证实其支出真实性的，相应支出不得在发生年度税前扣除"。

风险案例

虚报研发费用

2025 年 1 月山西省吕梁市税务局稽查局依法查处一起虚报研发费用加计扣除偷税案件。经查，山西省某焦煤有限公司通过虚报研发动力电费、研发耗用材料费、设备维修费等研发支出，违规享受研发费用加计扣除税收优惠政策，少缴企业所得税 796 万元。国家税务总局吕梁市税务局稽查局依据《中华人民共和国企业所得税法》《中华人民共和国税收征收管理法》《中华人民共和国行政处罚法》等相关规定依法追缴税款、加收滞纳金并处罚款共计 1 354 万元。

政策解析：《国家税务总局发布关于〈进一步完善研发费用税前加计扣除政策〉的公告》（国家税务总局公告 2023 年第 7 号）第一条"企业开展研发活动中实际发生的研发费用，未形成无形资产计入当期损益的，在按规定据实扣除的基础上，自 2023 年 1 月 1 日起，再按照实际发生额的 100% 在税前加计扣除；形成无形资产的，自 2023 年 1 月 1 日起，按照无形资产成本的 200% 在税前摊销"。

AI 小课堂 10

利用文心一言、DeepSeek、豆包、讯飞星火等 AI 工具，探索"随着'金税工程'不断升级，大数据、人工智能在企业所得税征管中深度应用，税务部门风险监控能力显著提升。但企业担心过度的数据采集与监控会侵犯商业隐私，如何在强化征管效能与保护企业合法权益间寻得平衡"的答案。

AI 小课堂 10

扫二维码查看使用文心一言进行搜索的结果。

巩固练习

一、选择题

本部分包括即测即评和初级会计师考试拓展练习，请扫描下方二维码进行答题。

即测即评　　初级会计师考试拓展练习

二、计算题

甲公司为居民企业（注册地不在中关村国家自主创新示范区特定区域内），主要从事小汽车的生产和销售业务，甲公司2024年度有关经营情况如下。

（1）销售小汽车取得含增值税销售额67 800万元。

（2）取得符合条件的生产技术转让所得1 200万元。

（3）发生未形成无形资产计入当期损益的新技术研发费用300万元。

（4）发生合理的工资、薪金支出2 500万元，职工福利费支出330万元。

研发费用在按照规定据实扣除的基础上，再按照实际发生额的100%在税前加计扣除；职工福利费支出不超过工资、薪金总额14%的部分，准予扣除。

要求：根据上述资料，不考虑其他因素，分析回答下列问题。

（1）计算甲公司2024年度符合条件的生产技术转让所得应当进行纳税调整的金额。

（2）计算甲公司2024年度允许加计扣除的新技术研发费用。

（3）计算允许扣除的职工福利费支出。

个人所得税智慧化申报与管理

学习目标

知识目标

掌握个人所得税征税范围、纳税人、适用税率和税收优惠政策；掌握个人所得税综合所得和分类所得的计算方法；掌握个人所得税纳税时间和纳税申报的内容和要求。

技能目标

能判断居民纳税人和非居民纳税人、个人所得税应税业务及适用的税率；能正确计算个人所得税应纳税额；能正确填制个人所得税纳税申报表，进行个人所得税网上申报；能正确办理个人所得税汇算清缴。

素养目标

了解个人所得税在我国税制体系中的重要地位；具备严谨规范的财经法律意识，诚信纳税；熟悉我国个人所得税相关法律法规；了解个人所得税改革历程及意义。

导　图

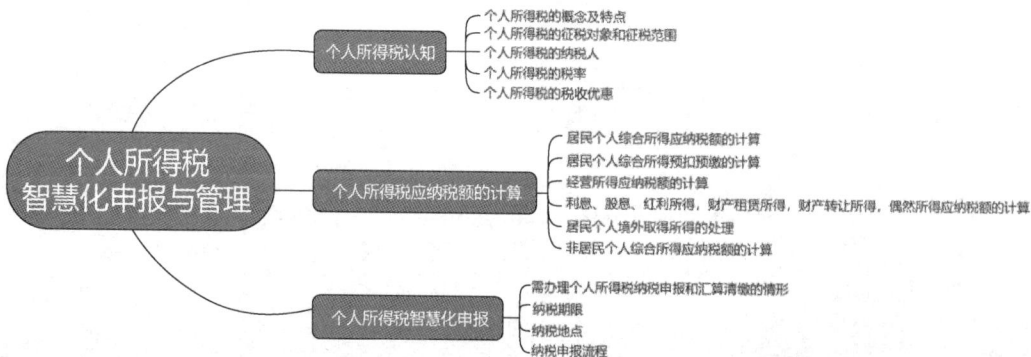

历史课堂

国际上公认的最早征收个人所得税的国家是英国，它从 1799 年起开始计征个人所得税，征收的原因是拿破仑战争使英国的军事支出大幅度增加，入不敷出。在英国之后，美国为了筹措南北战争期间的战争费用，也开始征收个人所得税。随后，世界各国相继出台了个人所得税制度。现在，个人所得税已成为西方国家的第一大税种。

在我国，早在两千多年前的汉武帝时期就开始征个人所得税了。公元前 119 年，为增加财政收入，汉武帝开始推行"算缗"政策。令商贾、手工业者、高利贷者，都向官府自报资产价值，资产价值每值 2000 钱，纳税一算，一算就是 120 钱（相当于 6% 的税率）；经营盐、铁、铸钱（当时尚未国营）已纳租者，其财产每 4000 钱再纳一算；商贾的轺车一辆纳二算，船五丈以上纳一算。当时大部分商人都隐瞒财产，"偷税漏税"。汉武帝一看这情况就怒了，规定匿财不报，或报而不实者，一经查出，判戍边一年，没收全部资产；有揭发的，奖给所没收资产之半。当时"告缗遍天下，中家以上大抵皆遇告"。"算缗"政策算是我国税收政策的最早模式，也是我国实行财产公开的源头。自此个人所得税在我国延续下来。

中华人民共和国成立以后，个人所得税制度主要经历了以下阶段。

1950 年 7 月，政务院公布的《全国税政实施要则》中，涉及个人所得税的主要是薪给报酬所得税和存款利息所得税。但由于当时人均收入水平低，虽然设立了税种，却一直没有开征。

1980 年 9 月，颁布《中华人民共和国个人所得税法》，我国的个人所得税制度开始建立，当时的扣除额为 800 元。

2005 年 10 月 27 日，第十届全国人民代表大会常务委员会第十八次会议表决通过全国人大常委会《关于修改〈中华人民共和国个人所得税法〉的决定》，免征额从 800 元提高到 1600 元，于 2006 年 1 月 1 日起施行。

2007 年 12 月 29 日，第十届全国人民代表大会常务委员会第三十一次会议表决通过了《关于修改〈中华人民共和国个人所得税法〉的决定》，免征额从 1600 元提高到 2000 元。

2011 年 6 月 30 日，第十一届全国人民代表大会常务委员会第二十一次会议表决通过了《关于修改〈中华人民共和国个人所得税法〉的决定》，免征额从 2000 元提高到 3500 元。

2018 年 8 月 31 日，第十三届全国人民代表大会常务委员会第五次会议表决通过《关于修改〈中华人民共和国个人所得税法〉的决定》，免征额从 3500 元提高到 5000 元。

自此，个人所得税免征额自最初的 800 元提高到了 5000 元，反映了我国城镇居民人均基本消费支出、就业者平均负担与居民消费价格指数的变化，也从侧面反映了改革开放以来我国居民收入水平和生活水平的提高。

任务一 个人所得税认知

【任务导入】

1. 纳税人相关信息

鑫鑫股份有限公司，经营第三代及后续移动通信系统手机、新型电子元器件、计算机、通信、消费电子、数位内容、汽车零组件、通路等产业，生产经营地址为广西壮族自治区南宁市武鸣区某某路6号。

2．业务资料

（1）鑫鑫股份有限公司员工基础信息及专项附加扣除信息。

雇员李天磊，男，身份证号450106000000000001，任职日期为2024年1月1日。

（2）鑫鑫股份有限公司非雇员人员信息。

外籍人员斯帝芬（国籍为美国；证照类型为外国护照；证照号码为P778956；性别男；出生日期为1985年9月11日；出生国家为美国；任职受雇从业类型为其他；涉税事由为提供临时劳务）是一名手机制造专业人员，受A公司邀请来协助研发一款手机，该公司给予斯帝芬50 000元报酬，根据工作安排，其预计在中国境内工作约1个月，项目完成后返回美国。斯帝芬于2024年10月25日入境，2024年12月30日离境（备注：非居民个人所得不考虑享受税收协定待遇）。

任务要求：根据资料信息完成下列工作任务。

① 判断李天磊、斯帝芬个人所得税的纳税人身份。

② 确定李天磊、斯帝芬个人所得税的征税对象。

【知识准备】

❋ 一、个人所得税的概念及特点

个人所得税是对个人（自然人）取得的各项应税所得征收的一种税。

我国个人所得税具有以下四个特点：综合征收与分类征收相结合；比例税率和累进税率并用；费用扣除面宽；采用多样化征收方式。

❋ 二、个人所得税的征税对象和征税范围

个人所得税对个人的应税所得项目征税。个人的应税所得项目包括"工资、薪金所得""劳务报酬所得""稿酬所得""特许权使用费所得"（以下统称"综合所得"）；"经营所得""利息、股息、红利所得""财产租赁所得""财产转让所得""偶然所得"（以下统称"其他分类所得"）。

（一）工资、薪金所得

工资、薪金所得是指个人因任职或者受雇而取得的工资、薪金、奖金、年终加薪、劳动分红、津贴、补贴以及与任职或受雇有关的其他所得。不征收的项目有：独生子女补贴，执行公务员工资制度未纳入基本工资总额的补贴、津贴差额和家属成员的副食品补贴，托儿补助费，差旅费津贴、误餐补助。

（二）劳务报酬所得

劳务报酬所得是指个人从事劳务取得的所得，包括从事设计、装潢、安装、制图、化验、测试、医疗、法律、会计、咨询、讲学、翻译、审稿、书画、雕刻、影视、录音、录像、演出、表演、广告、展览、技术服务、介绍服务、经纪服务、代办服务以及其他劳务

取得的所得。这种所得是基于个人所提供的服务或技能而获得的，与服务接受者之间不存在雇佣关系。

个人担任公司董事、监事且不在公司任职、受雇的，其从公司取得的所得属于劳务报酬所得。

学生参加勤工俭学取得收入、个人兼职收入，属于劳务报酬所得。

（三）稿酬所得

稿酬所得是指个人因其作品以图书、报刊等形式出版、发表而取得的所得。作品包括文字作品、书画作品、摄影作品以及其他作品。

作者去世后，对取得其遗作稿酬的个人，按稿酬所得征收个人所得税，并入综合所得进行年度汇算。

（四）特许权使用费所得

特许权使用费所得是指个人提供专利权、商标权、著作权、非专利技术以及其他特许权的使用权取得的所得；提供著作权的使用权取得的所得，不包括稿酬所得。

下列所得计入"特许权使用费所得"项目。

① 作者将自己的文字作品手稿原件或复印件公开拍卖（竞价）取得的所得。

② 个人取得特许权的经济赔偿收入。

③ 编剧从电视剧的制作单位取得的剧本使用费。

（五）经营所得

经营所得是指特定主体从事生产、经营活动取得的所得。特定主体如下。

（1）个体工商户。

（2）个人独资企业投资者。

（3）合伙企业的个人合伙人。

（4）其他自然人个人，从事的主要活动为：①个人依法从事办学、医疗、咨询以及其他有偿服务活动；②个人对企业、事业单位承包经营、承租经营以及转包、转租取得的所得；③个人从事其他生产、经营活动取得的所得。

（六）利息、股息、红利所得

利息、股息、红利所得是指个人拥有债权、股权等而取得的利息、股息、红利所得。

（七）财产租赁所得

财产租赁所得是指个人出租不动产、机器设备、车船以及其他财产取得的所得。

个人取得的房屋转租收入，应按"财产租赁所得"项目征收个人所得税。

（八）财产转让所得

财产转让所得是指个人转让有价证券、股权、合伙企业中的财产份额、不动产、机器设备、车船以及其他财产取得的所得。

（九）偶然所得

偶然所得是指个人得奖、中奖以及其他偶然性质的所得。

房屋产权所有人将房屋产权无偿赠与他人的，受赠人因无偿受赠房屋取得的受赠收入，按照"偶然所得"项目纳税。

个人为单位或他人提供担保获得收入的，按照"偶然所得"项目纳税。

业务宣传广告活动、年会庆典中向本单位以外人员赠送礼品（包括网络红包），个人取得的礼品收入按照"偶然所得"项目纳税。

企业对累计消费达到一定额度的顾客，给予额外抽奖机会，个人的获奖所得，按照"偶然所得"项目纳税。

微课视频

个人所得税的征税范围

📖 **AI 小课堂 11**

利用文心一言、DeepSeek、豆包、讯飞星火等 AI 工具，探索"在综合与分类相结合的个人所得税制度改革后，如何更好地实现税收公平和调节收入分配"的答案。

扫二维码查看使用文心一言进行搜索的结果。

AI 小课堂 11

❋ 三、个人所得税的纳税人

个人所得税的纳税人是个人，也称自然人，包括中国公民（含中国香港、中国澳门、中国台湾同胞）、个体工商户、个人独资企业投资者和合伙企业自然人合伙人等。

个人所得税以所得人为纳税人，以支付所得的单位或者个人为扣缴义务人。

按住所和居住时间两个标准，个人所得税的纳税人分为居民个人和非居民个人，分别承担不同的纳税义务。

（一）居民个人

在中国境内有住所，或者无住所而一个纳税年度内在中国境内居住累计满 183 天的个人，为居民个人。

在中国境内有住所的个人，指因户籍、家庭、经济利益关系，而在中国境内习惯性居住的个人。习惯性居住是判定纳税人是居民个人还是非居民个人的一个重要依据。

（二）非居民个人

在中国境内无住所又不居住，或者无住所而一个纳税年度内在中国境内居住累计不满 183 天的个人，为非居民个人。

居民个人负有无限纳税义务，应就来源于境内外的所得缴纳个人所得税；非居民个人负有有限纳税义务，仅就来源于中国境内的所得缴纳个人所得税。

除国务院财政、税务主管部门另有规定外，下列所得，不论支付地点是否在中国境内，均为来源于中国境内的所得。

（1）因任职、受雇、履约等在中国境内提供劳务取得的所得。

（2）将财产出租给承租人在中国境内使用而取得的所得。

（3）许可各种特许权在中国境内使用而取得的所得。

（4）转让中国境内的不动产等财产或者在中国境内转让其他财产取得的所得。

（5）从中国境内企业、事业单位、其他组织以及居民个人取得的利息、股息、红利所得。

例如，当某一外籍个人受其雇主派遣到中国境内从事业务活动，即便其所得是由雇主在境外支付的，我国税法也认定该笔所得为来源于中国境内的所得。

知识拓展
无住所个人在中国境内的居住天数判定标准

无住所个人一个纳税年度内在中国境内累计居住天数，按照个人在中国境内累计停留的天数计算。在中国境内停留的当天满 24 小时的，计入中国境内居住天数，在中国境内停留的当天不足 24 小时的不计入中国境内居住天数。

无住所个人在中国境内居住累计满 183 天的年度连续不满 6 年的，经向主管税务机关备案，其来源于中国境外且由境外单位或者个人支付的所得，免予缴纳个人所得税；在中国境内居住累计 183 天的任一年度中有一次离境超过 30 天的，其在中国境内居住累计满 183 天的年度的连续年限应重新起算。

无住所个人一个纳税年度在中国境内累计居住满 183 天的，如果此前 6 年在中国境内每年累计居住天数都满 183 天而且没有任何 1 年单次离境超过 30 天，该纳税年度来源于中国境内、境外所得应当缴纳个人所得税；如果此前 6 年的任 1 年在中国境内累计居住天数不满 183 天或者单次离境超过 30 天，该纳税年度来源于中国境外且由境外单位或者个人支付的所得，免予缴纳个人所得税。

此前 6 年是指该纳税年度的前 1 年至前 6 年的连续 6 个年度，此前 6 年的起始年度自 2019 年（含）以后年度开始计算。

知识拓展
彩票机构为中奖人的代扣代缴义务人

彩票机构负责代扣代缴个人所得税，为计算机彩票一次中奖收入超过 3 000～10 000 元（含）的个人办理免税申报，为计算机彩票和即开型彩票一次中奖收入超过 10 000 元的个人办理纳税申报。

彩票机构和销售网点兑付计算机彩票时，兑奖金额超过 3 000 元的，应登记中奖人相关实名信息和兑奖信息，中奖人应主动配合做好登记工作。

四、个人所得税的税率

（1）综合所得，居民个人工资、薪金所得预扣预缴，适用 3%～45% 的七级超额累进税率，如表 5-1 所示。

表 5-1 个人所得税税率表（一）
（综合所得，居民个人工资、薪金所得预扣预缴适用）

级数	全年应纳税所得额/累计预扣预缴应纳税所得额	税率	速算扣除数
1	不超过 36 000 元的	3%	0
2	超过 36 000～144 000 元的部分	10%	2 520
3	超过 144 000～300 000 元的部分	20%	16 920
4	超过 300 000～420 000 元的部分	25%	31 920

续表

级数	全年应纳税所得额/累计预扣预缴应纳税所得额	税率	速算扣除数
5	超过420 000～660 000元的部分	30%	52 920
6	超过660 000～960 000元的部分	35%	85 920
7	超过960 000元的部分	45%	181 920

（2）经营所得，适用5%～35%的五级超额累进税率，如表5-2所示。

表5-2 个人所得税税率表（二）

（经营所得适用）

级数	全年应纳税所得额	税率	速算扣除数
1	不超过30 000元的	5%	0
2	超过30 000～90 000元的部分	10%	1 500
3	超过90 000～300 000元的部分	20%	10 500
4	超过300 000～500 000元的部分	30%	40 500
5	超过500 000元的部分	35%	65 500

（3）居民个人劳务报酬所得预扣预缴适用20%～40%三级超额累进税率，如表5-3所示。

表5-3 个人所得税税率表（三）

（居民个人劳务报酬所得预扣预缴适用）

级数	预扣预缴应纳税所得额	税率	速算扣除数
1	不超过20 000元的	20%	0
2	超过20 000～50 000元的部分	30%	2 000
3	超过50 000元的部分	40%	7 000

（4）非居民个人取得工资、薪金所得，劳务报酬所得，稿酬所得和特许权使用费所得，适用3%～45%的七级超额累进税率，如表5-4所示。

表5-4 个人所得税税率表（四）

（非居民个人取得工资、薪金所得，劳务报酬所得，稿酬所得和特许权使用费所得，居民个人全年一次性奖金所得适用）

级数	全月应纳税所得额	税率	速算扣除数
1	不超过3 000元的	3%	0
2	超过3 000～12 000元的部分	10%	210
3	超过12 000～25 000元的部分	20%	1 410
4	超过25 000～35 000元的部分	25%	2 660
5	超过35 000～55 000元的部分	30%	4 410
6	超过55 000～80 000元的部分	35%	7 160
7	超过80 000元的部分	45%	15 160

（5）利息、股息、红利所得，财产租赁所得，财产转让所得和偶然所得适用比例税率，税率为20%。

📖 AI 小课堂 12

利用文心一言、DeepSeek、豆包、讯飞星火等AI工具，探索"随着共享经济的发展，如网约车司机、外卖配送员等自由职业者群体日益壮大，现行个人所得税法在对这类群体收入的界定、扣除项目及税率适用上存在哪些问题""该如何完善优化个人所得税法以适应新就业形态"的答案。

扫二维码查看使用文心一言进行搜索的结果。

AI 小课堂 12

❋ 五、个人所得税的税收优惠

目前，个人所得税的税收优惠主要有以下内容。

（一）免税项目

1．法定免税项目

（1）省级人民政府、国务院部委和中国人民解放军军以上单位，以及外国组织、国际组织颁发的科学、教育、技术、文化、卫生、体育、环境保护等方面的奖金。

（2）国债和国家发行的金融债券利息。

（3）按照国家统一规定发给的补贴、津贴。

（4）福利费、抚恤金、救济金。

（5）保险赔款。

（6）军人的转业费、复员费、退役金。

（7）按照国家统一规定发给干部、职工的安家费、退职费、基本养老金或者退休费、离休费、离休生活补助费。

2．其他免税项目

（1）企事业单位按照规定实际缴付的基本养老保险费、基本医疗保险费和失业保险费，个人实际领（支）取原提存的基本养老保险金、基本医疗保险金、失业保险金和住房公积金。

（2）对符合地方政府规定条件的城镇住房保障家庭从地方政府领取的住房租赁补贴。

（3）对工伤职工及其近亲属按照《工伤保险条例》规定领取的工伤保险待遇。

（4）企业按照国家有关法律规定宣告破产，企业职工从该破产企业取得的一次性安置费收入。

（5）对被拆迁人按照国家有关城镇房屋拆迁管理办法规定的标准取得的拆迁补偿款。

（6）对个人因建设需要被国家征用住房而取得的补偿费收入。

（7）个人与用人单位解除劳动关系取得一次性补偿收入，在当地上年职工平均工资3倍数额以内的部分。

（8）在中国境内无住所，但是在一个纳税年度中在中国境内连续或者累计居住不超过90日的个人，其来源于中国境内的所得，由境外雇主支付并且不由该雇主在中国境内的机构、场所负担的部分。

（9）特定来源的外籍专家工资、薪金。

（二）减税项目

（1）残疾、孤老人员和烈属的所得，因自然灾害遭受重大损失的，可以减征个人所得税，具体幅度和期限，由省、自治区、直辖市人民政府规定，并报同级人民代表大会常务委员会备案。

（2）自2023年1月1日至2027年12月31日，对个体工商户年应纳税所得额不超过200万元的部分，减半征收个人所得税。

（3）依法批准设立的非营利性研究开发机构和高等学校根据《中华人民共和国促进科技成果转化法》规定，从职务科技成果转化收入中给予科技人员的现金奖励，可减按50%计入科技人员当月"工资、薪金所得"，依法缴纳个人所得税。

（4）一个纳税年度内在船航行时间累计满 183 天的远洋船员，其取得的工资薪金收入减按 50%计入应纳税所得额。

（三）暂免征税项目

（1）个人、个体工商户、个人独资企业、合伙企业或个人从事种植业、养殖业、饲养业、捕捞业取得的所得，暂不征收个人所得税。

（2）自 2008 年 10 月 9 日（含）起，对储蓄存款利息所得，暂免征收个人所得税。

（3）自 2015 年 9 月 8 日起，个人从公开市场和转让市场取得的上市公司股票，持股期限超过 1 年的，股息红利所得暂免征收个人所得税。

（4）自 2024 年 7 月 1 日起至 2027 年 12 月 31 日，个人持有挂牌公司的股票，持股期限超过 1 年的，对股息红利所得暂免征收个人所得税。挂牌公司是指股票在全国中小企业股份转让系统公开转让的非上市公众公司。

（5）个人举报、协查各种违法、犯罪行为而获得的奖金，暂免征收个人所得税。

（6）个人办理代扣代缴税款，按规定取得的扣缴手续费，暂免征收个人所得税。

（7）个人转让自用达 5 年以上，并且是唯一的家庭生活用房取得的所得，暂免征收个人所得税。

（8）个人购买福利彩票、赈灾彩票、体育彩票，一次中奖收入不超过 10 000 元（含 10 000 元）的所得，暂免征收个人所得税；超过 10 000 元的，全额征收个人所得税。

（9）个人取得单张有奖发票所得不超过 800 元（含 800 元）的所得，暂免征收个人所得税。

（10）军人的 5 项暂不征税的补贴、津贴：军人职业津贴；军队设立的艰苦地区补助；专业性补助；基层军官岗位津贴（营连排长岗位津贴）；伙食补贴。

（四）其他不征税的项目

（1）涉及家庭财产分割的个人无偿转让不动产、土地使用权，对当事双方不征个人所得税。家庭财产分割，包括无偿赠与配偶、父母、子女、祖父母、外祖父母、孙子女、外孙子女、兄弟姐妹；无偿赠与对其承担直接抚养或者赡养义务的抚养人或者赡养人；房屋产权所有人死亡，法定继承人、遗嘱继承人或者受遗赠人依法取得房屋产权。

（2）企业在销售商品（产品）和提供服务过程中向个人赠送礼品，属于下列情形之一的，不征收个人所得税：①企业通过价格折扣、折让方式向个人销售商品（产品）和提供服务；②企业在向个人销售商品（产品）和提供服务的同时给予赠品，如通信企业对个人购买手机赠话费、入网费，或者购话费赠手机等；③企业对累积消费达到一定额度的个人按消费积分反馈礼品。

（3）科研机构、高等学校转化职务科技成果以股份或出资比例等股权形式给予科技人员个人奖励，经主管税务机关审核后，暂不征收个人所得税。

> **知识拓展**
>
> ### 居民换购住房有关个人所得税政策
>
> 自 2024 年 1 月 1 日至 2025 年 12 月 31 日，对出售自有住房并在现住房出售后 1 年内在市场重新购买住房的纳税人，对其出售现住房已缴纳的个人所得税予以退税优惠。其中，新购住房金额大于或等于现住房转让金额的，全部退还已缴纳的个人所得税；新购住房金额小于现住房转让金额的，按新购住房金额占现住房转让金额的比例退还出售现住房已缴

纳的个人所得税。

现住房转让金额为该房屋转让的市场成交价格。新购住房为新房的，购房金额为纳税人在住房城乡建设部门网签备案的购房合同中注明的成交价格；新购住房为二手房的，购房金额为房屋的成交价格。

享受该优惠政策的纳税人须同时满足以下条件。

（1）纳税人出售和重新购买的住房应在同一城市范围内。同一城市范围是指同一直辖市、副省级城市、地级市（地区、州、盟）所辖全部行政区划范围。

（2）出售自有住房的纳税人与新购住房之间须直接相关，应为新购住房产权人或产权人之一。

【任务实施】

任务一的完成情况如下。

（1）李天磊为我国个人所得税居民纳税人；斯帝芬为我国个人所得税非居民纳税人。

（2）李天磊个人所得税的征税对象为中国境内、境外所有所得；斯帝芬个人所得税的征税对象为来自中国境内的所得。

任务二　个人所得税应纳税额的计算

【任务导入】

李天磊家庭情况：兄妹两人（妹妹李沁），需共同赡养父亲（李大富）和母亲（王秀娟），赡养费由赡养人平均分摊。妻子（苏如）是家庭主妇，家中独子（杨雨浩）正在南宁市实验中学上初二。

李天磊购有 2 套住房。一套是 2021 年在本市购买的，位于南宁市江南区滨河路某某某号 1-503 室，证书类型为房产所有权，房屋证书号为 123123。他从长安银行贷款 60 万元，贷款期限 20 年，贷款合同编号为 20212562，2021 年 9 月 10 日首次偿还贷款。另一套是 2023 年在本市购买的，位于南宁市青秀区黄河路某某某号 5-205 室，证书类型为房产所有权，房屋证书号为 369369。他从柳州银行贷款 100 万元，贷款期限 20 年，贷款合同编号为 20230202，2023 年 12 月 10 日首次偿还贷款。李天磊为借款人。

李天磊从中国平安保险有限公司购买了商业健康保险，全年保险费为 1 200 元，保险期间为 2024 年 1 月 1 日至 2024 年 12 月 31 日，税优识别码为 AS0054。

李天磊于 2023 年 9 月在广西大学开始攻读硕士研究生，预计 2025 年 5 月拿到学位证书。

李天磊 2024 年各项所得信息如下。

（1）2024 年 1—12 月，李天磊每月应得工资 25 000 元，"三险一金"支出 5 500 元。

（2）李天磊于 2024 年 3 月、4 月分别取得 2 次劳务报酬——3 000 元和 22 000 元；2024 年 4 月取得一次稿酬 40 000 元。

（3）2024 年 6 月李天磊购买福利彩票取得一次中奖收入 100 000 元，购买彩票支出 1 000 元。

（4）2024 年 7 月李天磊取得从公开发行和转让市场购入的上市公司股票的股息红利 9 000 元，之后李天磊将该股票转让，李天磊持有该股票的期限为 7 个月。

（5）2024 年 8 月李天磊出租房屋取得当月租金 20 000 元，房屋租赁过程中发生相关税费 400 元，当月支付水电费 100 元、房屋修缮费 1 000 元。

（6）2024 年 10 月李天磊转让其 2 套普通住房中的一套，取得转让收入 188 万元，支付合理费用 8.4 万元。该住房为李天磊购入，房产原值为 136 万元。计算李天磊转让该套住房应缴纳的个人所得税税额。

（7）2024 年 11 月，李天磊通过本市红十字会（统一社会信用代码：913300000000000001）向农村义务教育捐赠 2 000 元，取得公益性捐赠票据，票据凭证号为 786523356。

任务要求：根据上述资料计算李天磊 **2024** 年各月个人所得税预扣预缴税款和汇算清缴税款。

【知识准备】

居民个人取得综合所得，按纳税年度计算个人所得税；非居民个人取得综合所得，按月或者按次分项计算个人所得税。纳税人取得其他分类所得，依照法律规定分别计算个人所得税。

一、居民个人综合所得应纳税额的计算

居民个人的综合所得，包括工资、薪金所得，劳务报酬所得，稿酬所得和特许权使用费所得。其计算公式为：

应纳税额=应纳税所得额×适用税率-速算扣除数

= （每一纳税年度的收入额-减除费用-专项扣除-专项附加扣除-依法确定的其他扣除）×适用税率-速算扣除数

（1）每一纳税年度的收入额。

每一纳税年度的收入额=工资、薪金所得+劳务报酬所得+稿酬所得+特许权使用费所得

其中，工资、薪金所得以全部收入为收入额，劳务报酬所得、稿酬所得和特许权使用费所得以收入减除 20%的费用后的余额为收入额，稿酬所得的收入额在按劳务报酬所得等确认收入额的规则的基础上再减按 70%计算。

（2）减除费用。

根据税法规定，减除费用为 60 000 元/年。

（3）专项扣除。

专项扣除包括居民个人按照国家规定的范围和标准缴纳的基本养老保险、基本医疗保险、失业保险等社会保险费和住房公积金等。

（4）专项附加扣除。

专项附加扣除包括 3 岁以下婴幼儿照护、子女教育、继续教育、大病医疗、住房贷款利息、住房租金、赡养老人七大项。

① 3 岁以下婴幼儿照护。

纳税人照护 3 岁以下婴幼儿子女的相关支出，按照每个婴幼儿每年 24 000 元（每月 2 000 元）的标准定额扣除。婴幼儿子女包括婚生子女、非婚生子女、继子女、养子女等受到本人监护的 3 岁以下婴幼儿。扣除主体为 3 岁以下婴幼儿的法定监护人，包括生父母、继父母、养父母，父母之外的其他人担任未成年人的法定监护人的。多个 3 岁以下婴幼儿照护可以累加扣除。

父母可以选择由其中一方按扣除标准的 100% 扣除，也可以选择由双方分别按扣除标准的 50% 扣除，具体扣除方式在一个纳税年度内不能变更。

② 子女教育。

纳税人的子女接受全日制学历教育的相关支出、年满 3 岁至小学入学前处于学前教育阶段的子女，按照每个子女每年 24 000 元（每月 2 000 元）的标准定额扣除。多个子女可累加扣除。

学历教育包括义务教育（小学、初中教育）、高中阶段教育（普通高中、中等职业、技工教育）、高等教育（大学专科、大学本科、硕士研究生、博士研究生教育）。

扣除主体为子女的法定监护人，包括生父母、继父母、养父母，父母之外的其他人担任未成年人的法定监护人的。

父母可以选择由其中一方按扣除标准的 100% 扣除，也可以选择由双方分别按扣除标准的 50% 扣除，具体扣除方式在一个纳税年度内不能变更。

子女在境内接受教育的，不需留存任何资料，在境外接受教育的，应当留存境外学校录取通知书、留学签证等境外教育佐证资料。

③ 继续教育。

纳税人在中国境内接受学历（学位）继续教育的支出，在学历（学位）继续教育期间按照每年 4 800 元（每月 400 元）定额扣除。同一学历（学位）继续教育的扣除期限最长不得超过 48 个月。纳税人接受技能人员职业资格继续教育、专业技术人员职业资格继续教育的支出，在取得相关证书的当年，按照 3 600 元定额扣除。

继续教育主要包括自学考试、网络远程教育以及成人高考等教育形式。参加夜大、函授、现代远程教育、广播电视大学等教育，所读学校为其建立学籍档案的，可以享受学历（学位）继续教育扣除。

扣除主体以纳税人本人为主。个人接受大学本科及以下的学历继续教育，符合规定扣除条件的，可以由其父母按照子女教育扣除。但对于同一教育事项，不得重复扣除。

一个纳税年度内，多个学历（学位）继续教育、职业资格继续教育费用扣除额不能累加享受，只能按一项学历（学位）继续教育和一项职业资格教育享受扣除。例如，纳税人在接受学历继续教育的同时取得一项技能人员职业资格证书和一项专业技术人员职业资格证书，且符合扣除条件的，该纳税人当年继续教育共计可扣除 8 400（4 800+3 600）元。

④ 大病医疗。

在一个纳税年度内，纳税人发生的与基本医保相关的医药费用支出，扣除医保报销后个人负担（指医保目录范围内的自付部分）累计超过 15 000 元的部分，由纳税人在办理年度汇算清缴时，在 80 000 元限额内据实扣除。

纳税人发生的医药费用支出可以选择由本人或者其配偶扣除；未成年子女发生的医药费用支出可以选择由其父母一方扣除。

例如，2024 年小王生病产生了医疗费用支出 10 万元，其中医保报销了 6 万元，自付部分为 4 万元，那么小王在进行 2024 年度个人所得税汇算清缴时可以扣除的金额为 4-1.5=2.5（万元）。如果小王自付费用 1 万元，因为未达 1.5 万元的扣除起点，所以不能享受大病医疗扣除。

⑤ 住房贷款利息。

纳税人本人或者配偶单独或者共同使用商业银行或者住房公积金个人住房贷款为本人或者其配偶购买中国境内住房，发生的首套住房贷款利息支出，在实际发生贷款利息的年度，按照每月 1 000 元的标准定额扣除，扣除期限最长不超过 240 个月。

纳税人只能享受一次首套住房贷款的利息扣除。

> **小贴士**
>
> ### 如何理解"纳税人只能享受一次首套住房贷款的利息扣除"
>
> 只要纳税人申报扣除过一套住房贷款利息，在个人所得税专项附加扣除的信息系统中就存有扣除住房贷款利息的记录，无论扣除时间长短，也无论该住房的产权归属情况，纳税人不得再就其他房屋享受住房贷款利息扣除。

首套住房贷款是指购买住房享受首套住房贷款利率的住房贷款。

对住房贷款利息，经夫妻双方约定，可以选择由其中一方扣除，具体扣除方式在一个纳税年度内不能变更。夫妻双方婚前分别购买住房发生的首套住房贷款，其贷款利息支出，婚后可以选择其中一套购买的住房，由购买方按扣除标准的 100%扣除，也可以由夫妻双方对各自购买的住房分别按扣除标准的 50%扣除，具体扣除方式在一个纳税年度内不能变更。

⑥ 住房租金。

纳税人在主要工作城市没有自有住房而发生的住房租金支出，扣除标准按所在城市不同分为三档：直辖市、省会（首府）城市、计划单列市以及国务院确定的其他城市，扣除标准为每月 1 500 元；除第一项所列城市以外，市辖区户籍人口超过 100 万人的城市，扣除标准为每月 1 100 元；市辖区户籍人口不超过 100 万人（含）的城市，扣除标准为每月 800 元。市辖区户籍人口数以国家统计局公布的数据为准。

夫妻双方主要工作城市相同的，只能由一方扣除住房租金支出。夫妻双方工作主要城市不相同的，且各自在其主要工作城市没有住房的，可以分别扣除住房租金支出。

纳税人及其配偶在一个纳税年度内不能同时分别享受住房贷款利息和住房租金专项附加扣除。

⑦ 赡养老人。

纳税人赡养一位及以上被赡养人的赡养支出，统一按照以下标准定额扣除。

纳税人为独生子女的，按照每月 3 000 元的标准定额扣除；纳税人为非独生子女的，由其与兄弟姐妹分摊每月 3 000 元的扣除额度，每人分摊的额度不能超过每月 1 500 元。

被赡养人是指年满 60 岁的父母，以及子女均已去世的年满 60 岁的祖父母、外祖父母。

父母其中一位年满 60 岁，纳税人即可按照规定标准享受赡养老人专项附加扣除。

扣除额度可以由赡养人均摊或者约定分摊，也可以由被赡养人指定分摊。约定或者指定分摊的须签订书面分摊协议，指定分摊优先于约定分摊。具体分摊方式和额度在一个纳税年度内不能变更。

（5）其他扣除。

其他扣除包括个人缴付符合国家规定的企业年金、职业年金，个人购买符合国家规定的商业健康保险、税收递延型商业养老保险支出，以及国务院规定可以扣除的其他项目。

① 企业年金、职业年金。

企业和事业单位根据国家有关政策规定的办法和标准，为在本单位任职或者受雇的全体职工缴付的企业年金或职业年金"单位缴费部分"，在计入个人账户时，个人暂不缴纳个人所得税。个人根据国家有关政策规定缴付的年金"个人缴费部分"，在不超过本人缴费工资计税基数的 4%标准内的部分，暂从个人当期的应纳税所得额中扣除。

超过标准的缴付的年金单位缴费和个人缴费部分，应并入个人当期的工资、薪金所得，

微课视频

个人所得税的专项
附加扣除

依法计征个人所得税。

② 商业健康保险。

对个人购买符合规定的商业健康保险产品的支出，允许在当年（月）计算应纳税所得额时予以税前扣除，扣除限额为 2 400 元/年（200 元/月）。个人购买的商业健康保险必须具有税优识别码。

单位统一为员工购买符合规定的商业健康保险产品的支出，视同个人购买，按上述限额扣除。

③ 税收递延型商业养老保险。

取得工资薪金、连续性劳务报酬所得的个人，其缴纳的保费准予在申报扣除当月计算应纳税所得额时予以限额据实扣除，扣除限额按照当月工资薪金、连续性劳务报酬收入的 6%和 1 000 元孰低办法确定。

④ 个人养老金。

自 2022 年 1 月 1 日起，在个人养老金先行城市（含广州等 36 个城市或地区）实施递延纳税优惠政策。在缴费环节，个人向个人养老金资金账户的缴费，按 12 000 元/年的限额标准，在综合所得或经营所得中据实扣除。

⑤ 公益性捐赠。

个人通过中国境内公益性社会组织、县级以上人民政府及其部门等国家机关，向教育、扶贫、济困等公益慈善事业的捐赠，发生的公益捐赠支出，可以在计算应纳税所得额时进行扣除，扣除限额为应纳税所得额的 30%。

自然人通过非营利的社会团体和国家机关向农村义务教育、红十字会、公益性青少年活动场所等的捐赠，允许在个人所得税前全额扣除。

【例 5-1】2024 年居民个人蒋某取得全年工资、薪金所得 300 000 元，全年专项扣除 40 000 元，全年专项附加扣除 36 000 元，无其他扣除。计算蒋某 2024 年综合所得应缴纳个人所得税税额。

知识拓展

全年一次性奖金个人所得税政策

全年一次性奖金是指行政机关、企事业单位等扣缴义务人根据其全年经济效益和对雇员全年工作业绩的综合考核情况，向雇员发放的一次性奖金，包括年终加薪、实行年薪制和绩效工资办法的单位根据考核情况兑现的年薪和绩效工资。

雇员取得除全年一次性奖金以外的其他各种名目的奖金，如半年奖、季度奖、加班奖、先进奖、考勤奖等，一律与当月工资、薪金收入合并，按税法规定缴纳个人所得税。

全年一次性奖金个人所得税的计算有两种计税办法。

（1）居民个人取得全年一次性奖金，不并入当年综合所得，以全年一次性奖金收入除以 12 个月得到的数额，按照按月换算后的综合所得税率表，确定适用税率和速算扣除数，单独计算纳税。计算公式为：

应纳税额=全年一次性奖金收入×适用税率-速算扣除数

（2）居民个人取得全年一次性奖金，并入当年综合所得计算纳税。

在一个纳税年度内，对每一个纳税人，该计税办法只允许采用一次。

全年一次性奖金个人所得税的计算

【例 5-2】赵某任职受雇于甲公司，2024 年 12 月取得全年一次性奖金 36 000 元，计算赵某全年一次性奖金应缴纳的个人所得税。

✳ 二、居民个人综合所得预扣预缴的计算

扣缴义务人向居民个人支付工资、薪金所得时，应当按照累计预扣法计算预扣税款，并按月办理扣缴申报；支付劳务报酬所得、稿酬所得、特许权使用费所得时，按次或者按月预扣预缴个人所得税。

（一）居民个人工资、薪金所得的预扣预缴

计算公式为：

本期应预扣预缴税额=累计预扣预缴应纳税所得额×预扣率-速算扣除数-累计减免税额-累计已预扣预缴税额

累计预扣预缴应纳税所得额=累计收入-累计免税收入-累计减除费用-累计专项扣除-累计专项附加扣除-累计依法确定的其他扣除

其中累计减除费用，按照 5 000 元/月乘以纳税人当年截至本月在本单位的任职受雇月份数计算。预扣率见表 5-3。

自 2021 年 1 月 1 日起，对上一完整纳税年度内每月均在同一单位预扣预缴工资、薪金所得个人所得税且全年工资、薪金收入不超过 60 000 元的居民个人，扣缴义务人在预扣预缴本年度工资、薪金所得个人所得税时，累计减除费用自 1 月起直接按照全年 60 000 元计算扣除。即，在纳税人累计收入不超过 60 000 元的月份，暂不预扣预缴个人所得税；在其累计收入超过 60 000 元的当月及年内后续月份，再预扣预缴个人所得税。对按照累计预扣法预扣预缴劳务报酬所得个人所得税的居民个人，扣缴义务人比照上述规定执行。

当本期应预扣预缴的税额余额为负值时，暂不退税。纳税年度终了后余额仍为负值时，由纳税人通过办理综合所得年度汇算清缴，税款多退少补。

> 微课视频
>
> 居民个人工资、薪金所得预扣预缴的计算

（二）居民个人劳务报酬所得、稿酬所得、特许权使用费所得的预扣预缴

（1）每次收入不超过 4 000 元，计算公式为：

劳务报酬所得应预扣预缴税额=（每次收入-800）×预扣率-速算扣除数

稿酬所得应预扣预缴税额=（每次收入-800）×70%×预扣率

特许权使用费所得应预扣预缴税额=（每次收入-800）×预扣率

（2）每次收入超过 4 000 元，计算公式为：

劳务报酬所得应预扣预缴税额=每次收入×（1-20%）×预扣率-速算扣除数

稿酬所得应预扣预缴税额=每次收入×（1-20%）×70%×预扣率

特许权使用费所得应预扣预缴税额=每次收入×（1-20%）×预扣率

其中，劳务报酬所得预扣率见表 5-3，稿酬所得、特许权使用费所得的预扣率为 20%。

【例 5-3】2024 年 8 月李某为甲公司提供咨询服务，取得劳务报酬 3 000 元。计算李某该笔劳务报酬所得应预扣预缴的个人所得税税额。

【例 5-4】2024 年 9 月李某出版小说取得稿酬 40 000 元。为创作该小说，李某发生资料购买费等各种费用 5 000 元。计算李某该笔稿酬所得应预扣预缴的个人所得税税额。

【例 5-5】2024 年 1 月中国居民张某将一项专利权的使用权提供给甲公司，取得收入 50 000 元。计算张某该笔所得应预扣预缴的个人所得税税额。

> 微课视频
>
> 居民个人劳务报酬所得、稿酬所得、特许权使用费所得预扣预缴的计算

✳ 三、经营所得应纳税额的计算

取得经营所得的个人，没有综合所得的，在计算其每一纳税年度的应纳税所得额时，应减除费用 60 000 元、专项扣除、专项附加扣除以及依法确定的其他扣除。专项附加扣除在办理汇算清缴时减除。其计算公式为：

应纳税额＝（每一纳税年度的收入总额－成本、费用、损失等－减除费用－专项扣除－
专项附加扣除－依法确定的其他扣除）×适用税率－速算扣除数

经营所得适用的个人所得税税率见表 5-2。

（一）收入总额

收入总额是指个体工商户、个人独资企业、合伙企业以及个人从事其他生产、经营活动所取得的各项收入的总额。

（二）准予扣除的项目

1．生产经营费用和个人、家庭费用

个体工商户生产经营活动中，应分别核算生产经营费用和个人、家庭费用。对于分别核算、划分清晰的生产经营费用可据实扣除；对于生产经营费用与个人、家庭费用混用、难以分清的，其 40%视为与生产经营有关的费用，准予扣除。

2．以前年度亏损

发生年度亏损，准予向以后年度结转，用以后年度的生产经营所得弥补，但最长时间不能超过 5 年。

3．工资、薪金

个体工商户实际支付给从业人员的、合理的工资、薪金支出，允许在税前据实扣除。业主的工资、薪金支出不得税前扣除。

4．基本保险

（1）五险一金。个体工商户按照国务院有关主管部门或者省级人民政府规定的范围和标准为其业主和从业人员缴纳的基本养老保险费、基本医疗保险费、失业保险费、生育保险费、工伤保险费和住房公积金，准予扣除。

（2）补充养老保险费和补充医疗保险费。员工：分别在不超过从业人员工资总额 5%标准内的部分据实扣除；超过部分，不得扣除。业主：以当地（地级市）上年度社会平均工资的 3 倍为计算基数，分别在不超过该计算基数 5%标准内的部分据实扣除；超过部分，不得扣除。

（3）商业保险费。特殊工种从业人员：依照国家有关规定为特殊工种从业人员支付的人身安全保险费和财政部、国家税务总局规定可以扣除的其他商业保险费，可以扣除。其他人员：除上述以外，为业主本人或者为从业人员支付的商业保险费，不得扣除。

（4）财产保险。按照规定缴纳的保险费，准予扣除。

5．借款费用

个体工商户在生产经营活动中发生的合理的不需要资本化的借款费用，准予扣除。

6．利息支出

在生产、经营期间向金融企业借款的利息支出，准予扣除；向非金融企业和个人借款的

利息支出，未超过金融企业同期同类贷款利率计算的数额部分，准予扣除。

7．汇兑损失

在货币交易中，以及纳税年度终了时将人民币以外的货币性资产、负债按照期末即期人民币汇率中间价折算为人民币时产生的汇兑损失，除已经计入有关资产成本部分外，准予扣除。

8．工会经费、职工福利费、职工教育经费

个体工商户：分别在工资、薪金总额的 2%、14%、2.5%的标准内据实扣除；职工教育经费超过部分，准予在以后纳税年度结转扣除。

个体工商业业主本人：以当地（地级市）上年度社会平均工资的 3 倍为计算基数，分别按 2%、14%、2.5%的标准据实扣除。

9．业务招待费

与其生产经营业务直接相关的业务招待费支出，按照发生额的 60%扣除，但最高不得超过当年销售（营业）收入的 5‰。

10．广告费和业务宣传费

广告费和业务宣传费不超过当年销售（营业）收入 15%的部分，可据实扣除；超过部分，准予在以后纳税年度结转扣除。

11．固定资产租赁费

经营租赁方式：按照租赁期限均匀扣除。

融资租赁方式：按照规定构成融资租入固定资产价值的部分应当提取折旧费用，分期扣除。

12．捐赠支出

通过公益性社会团体或者县级以上人民政府及其部门，用于《中华人民共和国公益事业捐赠法》规定的公益事业的捐赠，捐赠额不超过其应纳税所得额 30%的部分据实扣除；可以全额在个人所得税前扣除的捐赠支出项目，按有关规定执行。

13．研究开发费用

研究开发新产品、新技术、新工艺所发生的开发费用，以及研究开发新产品、新技术而购置单台价值在 10 万元以下的测试仪器和试验性装置的购置费，准予直接扣除。

单台价值在 10 万元以上（含 10 万元）的测试仪器和试验性装置，按固定资产管理，不得在当期直接扣除。

14．开办费

个体工商户自申请营业执照之日起至开始生产经营之日止所发生符合规定的费用，除为取得固定资产、无形资产的支出，以及应计入资产价值的汇兑损益、利息支出外，作为开办费，个体工商户可以选择在开始生产经营的当年一次性扣除，也可自生产经营月份起在不短于 3 年期限内摊销扣除，但一经选定，不得改变。

15．劳动支出

合理的劳动保护支出，准予扣除。

（三）不得扣除的项目

（1）个人所得税税款。

（2）税收滞纳金。

（3）罚金、罚款和被没收财物的损失。

（4）不符合扣除规定的捐赠支出。

（5）赞助支出。

（6）用于个人和家庭的支出。

（7）与取得收入无关的其他支出。

（8）国家税务总局规定不准扣除的支出（如未经核准计提的各种准备金）。

【例5-6】胡某与吴某在上海共同创办了甲合伙企业，合伙协议约定利润分配比例：胡某为60%，吴某为40%。2024年甲合伙企业的收入总额为1 000万元，成本费用为600万元，其中，列支胡某工资12万元，其他事项纳税调整增加额为38万元。

胡某2024年无任何综合所得，实际缴纳基本养老保险和基本医疗保险2.4万元，符合条件的专项附加扣除3.6万元。吴某在一家公司上班，2024年的工资、薪金为20万元，实际缴纳的"三险一金"为4万元，符合条件的专项附加扣除为3万元，已由单位在发放工资预扣预缴个人所得税时进行了扣除，另外吴某从经营所得中拿出50万元捐赠给公益慈善事业。

请问：胡某与吴某来源于甲合伙企业的经营所得应该缴纳多少个人所得税？

❋ 四、利息、股息、红利所得，财产租赁所得，财产转让所得，偶然所得应纳税额的计算

（一）利息、股息、红利所得应纳税额的计算

计算公式为：

$$应纳税额=应纳税所得额×20\%=每次收入额×20\%$$

以每次收入额为应纳税所得额的利息、股息、红利所得，不得扣除任何费用。

（二）财产租赁所得应纳税额的计算

计算公式为：

$$应纳税额=应纳税所得额×20\%$$

以一个月内取得的收入为一次，按次计征个人所得税。

根据费用扣除标准不同，应纳税所得额的计算分两种情况。

1．每次（月）收入≤4 000元的计算公式

应纳税所得额=每次收入额-800

　　　　　=每次（月）收入额（不含增值税）-财产租赁过程中缴纳的税费-由纳税人负担的租赁财产实际开支的修缮费用（800元为限）-800

2．每次（月）收入>4 000元的计算公式

应纳税所得额=每次收入额×（1-20%）

　　　　　=[每次（月）收入额（不含增值税）-财产租赁过程中缴纳的税费-由纳税人负担的租赁财产实际开支的修缮费用（800元为限）]×（1-20%）

> 🌱 **小贴士**
>
> 对个人出租房屋取得的所得暂减按10%的税率征收个人所得税。

（三）财产转让所得应纳税额的计算

计算公式为：

$$应纳税额=应纳税所得额×20\%$$
$$=（不含增值税的收入总额-财产原值-合理费用）×20\%$$

合理费用是指卖出财产时按照规定支付的有关税费。

知识拓展

转让股权和取得股息的个人所得税政策

个人股权是指自然人股东投资于在中国境内成立的企业或组织的股权或股份。

个人转让股权和取得股息的个人所得税应纳税额对比情况如表5-5所示。

表5-5 个人转让股权和取得股息的个人所得税应纳税额对比情况

具体情形		适用税目	应纳税额	
卖掉	转让上市公司股票所得	财产转让所得	免征个人所得税	
	转让有限责任公司股权		（收入总额-财产原值-合理费用）×20%	
分钱	持有上市公司股票分得的股息红利	利息、股息、红利所得	持股期限≤1个月	每次收入额全额×20%
			1个月<持股期限≤1年	每次收入额全额×50%×20%
			持股期限>1年	暂免征收个人所得税
	持有有限责任公司股权分得的股息红利		每次收入额全额×20%	

【例5-7】2024年6月居民个人王某取得从公开发行和转让市场购入的上市公司股票的股息红利9 000元，之后王某将该股票转让，扣除原买入价和相关税费后的转让所得为100 000元，王某持有该股票的期限为7个月。计算王某取得该股息红利应缴纳的个人所得税税额。

【例5-8】2024年6月李某出租自有住房取得当月不含增值税租金5 000元，房屋租赁过程中缴纳税费100元。计算李某当月因出租自有住房应缴纳的个人所得税税额。

【例5-9】2024年10月黄某转让其两套普通住房中的一套，取得转让收入588万元，支付合理费用24.4万元。该住房为黄某六年前购入，房产原值为336万元。计算黄某转让该套住房应缴纳的个人所得税税额。

（四）偶然所得应纳税额的计算

计算公式为：

$$应纳税额=应纳税所得额×20\%=每次收入额×20\%$$

偶然所得以每次收入额为应纳税所得额，不得扣除任何费用。

【例5-10】2024年5月张某购买福利彩票取得一次性中奖收入100 000元，购买彩票支出1 000元。计算张某当月该笔中奖收入应缴纳的个人所得税税额。

五、居民个人境外取得所得的处理

（一）中国境外应纳税所得额的计算

（1）居民个人来源于中国境外的综合所得（包括工资、薪金所得，劳务报酬所得，稿酬所得，特许权使用费所得），应当与境内综合所得合并计算应纳税额。

（2）居民个人来源于中国境外的经营所得，应当与境内经营所得合并计算应纳税额。

（3）居民个人来源于中国境外的利息、股息、红利所得，财产租赁所得，财产转让所得和偶然所得不与境内所得合并，应当分别单独计算应纳税额。

（二）中国境外所得抵免限额的计算

居民个人在一个纳税年度内来源于中国境外的所得，依照所得来源国家（地区）税收法律规定在中国境外已缴纳的所得税税额允许在抵免限额内从其该纳税年度应纳税额中抵免，但抵免额不得超过该纳税人境外所得依照我国个人所得税法规定计算的应纳税额。计算公式为：

来源于一国（地区）综合所得的抵免限额=中国境内和境外综合所得应纳税额×来源于该国（地区）的综合所得收入额÷中国境内和境外综合所得收入额合计

来源于一国（地区）经营所得的抵免限额=中国境内和境外经营所得应纳税额×来源于该国（地区）的经营所得应纳税所得额÷中国境内和境外经营所得应纳税所得额合计

来源于一国（地区）其他分类所得的抵免限额=该国（地区）的其他分类所得依照规定计算的应纳税额

来源于一国（地区）所得的抵免限额=来源于该国（地区）综合所得抵免限额+来源于该国（地区）经营所得抵免限额+来源于该国（地区）其他分类所得抵免限额

居民个人一个纳税年度内来源于一国（地区）的所得实际已经缴纳的所得税税额，低于抵免限额的，应以实际缴纳税额作为抵免额进行抵免；超过来源于该国（地区）该纳税年度所得的抵免限额的，应在限额内进行抵免，超过部分可以在以后5个纳税年度内结转抵免。

【例5-11】居民小王2024年全年取得工资、薪金收入240 000元，全年取得境外A国支付的劳务报酬100 000元，已按该国税法缴纳所得税5 500元，取得境外A国支付的股息所得50 000元，已按该国税法缴纳所得税20 000元。已知小王全年可扣除的符合规定的专项扣除和专项附加扣除合计33 600元，无其他扣除。计算小王2024年全年应纳个人所得税税额。

六、非居民个人综合所得应纳税额的计算

非居民个人取得工资、薪金所得，劳务报酬所得，稿酬所得和特许权使用费所得，按月或者按次分项计算个人所得税。有扣缴义务人的，由扣缴义务人按月或者按次代扣代缴税款，不办理汇算清缴。

非居民个人当月取得工资、薪金所得，以当月收入额减去税法规定的减除费用后的余额，为应纳税所得额，取得来源于境内的劳务报酬所得、稿酬所得、特许权使用费所得，以税法规定的每次收入额为应纳税所得额，适用按月换算后的税率表（见表5-4）计算应纳税额。计算公式为：

非居民个人工资、薪金所得的应纳税所得额=每月收入额−5 000

非居民个人劳务报酬所得、特许权使用费所得的应纳税所得额=每次收入额=每次收入×（1−20%）

非居民个人稿酬所得的应纳税所得额=每次收入额=每次收入×（1−20%）×70%

【例5-12】非居民个人杰克2024年10月许可甲企业在境内使用其发明专利，取得甲企业支付的报酬23 000元。计算杰克该笔报酬应缴纳的个人所得税税额。

【任务实施】

根据李天磊的个人情况，可以判断他每个月的扣除金额为：

专项扣除=5 500元；

专项附加扣除=1 500+2 000+400+1 000=4 900（元）；

2024年1—10月其他扣除=100元，11月其他扣除100+2 000=2 100（元），12月其他扣除=100元。

1．李天磊2024年各月个人所得税预缴

（1）1月：工资、薪金预扣预缴应纳税所得额=25 000-5 000-5 500-4 900-100=9 500（元），应预扣预缴税额=9 500×3%=285（元）。

（2）2月：工资、薪金预扣预缴应纳税所得额=25 000×2-5 000×2-5 500×2-4 900×2-100×2=19 000（元），应预扣预缴税额=19 000×3%-285=285（元）。

（3）3月：计算原理相同，工资、薪金应预扣预缴税额285元。

劳务报酬所得应预扣预缴税额=（3 000-800）×20%=440（元）

（4）4月：工资、薪金预扣预缴应纳税所得额=25 000×4-5 000×4-5 500×4-4 900×4-100×4=38 000（元），应预扣预缴税额=38 000×10%-2 520-285×3=425（元）。

劳务报酬所得应预扣预缴税额=22 000×（1-20%）×20%=3 520（元）

（5）5月：工资、薪金预扣预缴应纳税所得额=25 000×5-5 000×5-5 500×5-4 900×5-100×5=47 500（元），应预扣预缴税额=47 500×10%-2 520-285×3-425=950（元）。

稿酬所得应预扣预缴税额=40 000×（1-20%）×70%×20%=4 480（元）

（6）6月：计算原理相同，工资、薪金应预扣预缴税额950元。

中奖收入应缴纳的个人所得税税额=100 000×20%=20 000（元）

（7）7月：计算原理相同，工资、薪金应预扣预缴税额950元。

取得股息红利应缴纳个人所得税税额=9 000×50%×20%=900（元）

（8）8月：计算原理相同，工资、薪金应预扣预缴税额950元。

出租房屋应缴纳个人所得税=（20 000-400-800）×（1-20%）×10%=1 504（元）

（9）9月：计算原理相同，工资、薪金应预扣预缴税额950元。

（10）10月：计算原理相同，工资、薪金应预扣预缴税额950元。

转让该套住房应缴纳个人所得税税额=（188-136-8.4）×20%=8.72（万元）

（11）11月：工资、薪金预扣预缴应纳税所得额=25 000×11-5 000×11-5 500×11-4 900×11-100×2-2 000=102 500（元），应预扣预缴税额=102 500×10%-2 520-285×3-425-950×6=750（元）。

（12）12月：工资、薪金预扣预缴应纳税所得额=25 000×12-5 000×12-5 500×12-4 900×12-100×12=114 000（元），应预扣预缴税额=114 000×10%-2 520-285×3-425-950×6-750=1 150（元）。

2．李天磊2024年综合所得汇算清缴

工资、薪金所得应纳税所得额=25 000×12=300 000（元）

劳务报酬所得应纳税所得额=3 000×（1-20%）+22 000×（1-20%）=20 000（元）

稿酬所得应纳税所得额=40 000×（1-20%）×70%=22 400（元）

减除费用=5 000×12=60 000（元）

专项扣除=5 500×12=66 000（元）

专项附加扣除=4 900×12=58 800（元）

其他扣除=100×12+2 000=3 200（元）

李天磊2024年综合所得应纳税所得额=300 000+20 000+22 400-60 000-66 000-58 800-3 200=154 400（元）

李天磊2024年综合所得应纳税额=154 400×20%-16 920=13 960（元）

李天磊2024年综合所得已预扣预缴税额=285×3+425+950×6+750+1 150+440+3 520+4 480=17 320（元）

李天磊2024年综合所得应补（退）税额=13 960-17 320=-3 160（元）

> **📖 AI 小课堂 13**
>
> 利用文心一言、DeepSeek、豆包、讯飞星火等 AI 工具，探索"新《中华人民共和国个人所得税法》在哪些方面加强了对高收入群体的税收调节，存在哪些问题需要解决"的答案。
>
> 扫二维码查看使用豆包进行搜索的结果。

任务三　个人所得税智慧化申报

📖【任务导入】

任务要求：结合任务一、任务二，完成鑫鑫股份有限公司代扣代缴李天磊2024年1—12月个人所得税预缴申报，并完成李天磊2024年个人所得税汇算清缴申报。

📖【知识准备】

❋ 一、需办理个人所得税纳税申报和汇算清缴的情形

（一）纳税人应当依法办理纳税申报的情形

（1）取得综合所得需要办理汇算清缴。

（2）取得应税所得没有扣缴义务人。

（3）取得应税所得，扣缴义务人未扣缴税款。

（4）取得境外所得。

（5）因移居境外注销中国户籍。

（6）非居民个人在中国境内从两处以上取得工资、薪金所得。

（7）国务院规定的其他情形。

（二）个人所得税汇算清缴

年度汇算清缴，就是在平时已预缴税款的基础上"查遗补漏，汇总收支，按年算账，多退少补"。

年度汇算的主体，仅指依据个人所得税法规定的居民个人。非居民个人，无须办理年度汇算。年度汇算的范围和内容，仅指纳入综合所得范围的工资、薪金所得，劳务报酬所得，稿酬所得，特许权使用费所得。利息、股息、红利所得，财产租赁所得等分类所得均不纳入年度汇算。同时，按照有关文件规定，纳税人取得的可以不并入综合所得计算纳税的收入，也不在年度汇算范围内。

1. 需要办理汇算清缴的情形

（1）预缴税额高于应纳税额，需要申请退税的纳税人。依法申请退税是纳税人的权利。只要纳税人预缴税额大于纳税年度应纳税额，就可以依法申请年度汇算退税。

（2）预缴税额小于应纳税额，应当补税且补税金额超过 400 元的纳税人。

（3）因适用所得项目错误或者扣缴义务人未依法履行扣缴义务造成上一年度少申报或未依法履行扣缴义务，造成上一年度少申报或者未申报综合所得的纳税人，应当依法据实办理汇算。

2. 不需要办理年度汇算的情形

（1）汇算需补税但综合所得收入全年不超过 12 万元的。

（2）汇算需补税金额不超过 400 元的。

（3）已预缴税额与汇算应纳税额一致的。

（4）符合汇算退税条件但不申请退税的。

知识拓展

税务部门如何应对纳税人错误填报甚至虚假填报专项附加扣除

对于未按照规定填报专项附加扣除的情形，比如夫妻双方各自按照 100%比例填报子女教育专项附加扣除或者篡改佐证资料享受大病医疗专项附加扣除等，一经发现，税务机关将通过个人所得税 App、网站或扣缴义务人等渠道进行提示提醒。纳税人新增享受扣除或者税收优惠的，应当一并填报相关信息，提供佐证材料。纳税人拒不更正或者不说明情况的，税务机关将按照《财政部 税务总局关于个人所得税综合所得汇算清缴涉及有关政策问题的公告》（财政部 税务总局公告 2019 年第 94 号）规定，暂停其享受专项附加扣除。纳税人按规定更正相关信息或者说明情况后，可继续享受专项附加扣除。

知识拓展

对未申报补税或未足额补税纳税人采取的监管措施

汇算需补税的纳税人，汇算期结束后未申报补税或未足额补税的，一经发现，税务机关将依法责令限期改正并向纳税人送达有关税务文书，对已签订《税务文书电子送达确认书》的，通过个人所得税 App 及网站等渠道进行电子文书送达；对未签订《税务文书电子送达确认书》的，以其他方式送达。同时，税务机关将依法加收滞纳金，并在其个人所得税《纳税记录》中予以标注。

✳ 二、纳税期限

居民个人取得综合所得，按年计算个人所得税；有扣缴义务人的，由扣缴义务人按月或者按次预扣预缴税款；需要办理汇算清缴的，应当在取得所得的次年三月一日至六月三十日内办理汇算清缴。

非居民个人取得工资、薪金所得，劳务报酬所得，稿酬所得和特许权使用费所得，有扣缴义务人的，由扣缴义务人按月或者按次代扣代缴税款，不办理汇算清缴。

纳税人取得经营所得，按年计算个人所得税，由纳税人在月度或者季度终了后十五日内向税务机关报送纳税申报表，并预缴税款；在取得所得的次年三月三十一日前办理汇算清缴。

纳税人取得利息、股息、红利所得，财产租赁所得，财产转让所得和偶然所得，按月或者按次计算个人所得税，有扣缴义务人的，由扣缴义务人按月或者按次代扣代缴税款。

纳税人取得应税所得没有扣缴义务人的，应当在取得所得的次月十五日内向税务机关报送纳税申报表，并缴纳税款。

纳税人取得应税所得，扣缴义务人未扣缴税款的，纳税人应当在取得所得的次年六月三十日前，缴纳税款；税务机关通知限期缴纳的，纳税人应当按照期限缴纳税款。

居民个人从中国境外取得所得的，应当在取得所得的次年三月一日至六月三十日内申报纳税。

非居民个人在中国境内从两处以上取得工资、薪金所得的，应当在取得所得的次月十五日内申报纳税。

纳税人因移居境外注销中国户籍的，应当在注销中国户籍前办理税款清算。

扣缴义务人每月或者每次预扣、代扣的税款，应当在次月十五日内缴入国库，并向税务机关报送扣缴个人所得税申报表。

个人所得税纳税限期

❋ 三、纳税地点

在中国境内有任职、受雇单位的，应当向任职、受雇单位所在地税务机关申报。

在中国境内有两处以上任职、受雇单位的，应当选择并固定向其中一处单位所在地税务机关申报。

在中国境内无任职、受雇单位，年所得项目中有个体工商户的生产、经营所得或者对企事业单位的承包经营、承租经营所得（以下统称生产、经营所得）的，应当向其中一处实际经营所在地税务机关申报。

在中国境内无任职、受雇单位，年所得项目中无生产、经营所得的，应当向户籍所在地税务机关申报。在中国境内有户籍，但是户籍所在地与中国境内经常居住地不一致的，应当选择并固定向其中一地税务机关申报。在中国境内没有户籍的，应当向中国境内经常居住地税务机关申报。

纳税人不得随意变更个人所得税纳税申报地点。由于特殊情况变更的，须报原主管税务机关备案。

❋ 四、纳税申报流程

（一）预缴申报流程

第一步：下载并安装自然人电子税务局（扣缴端）。

第二步：人员信息采集。

第三步：专项附加扣除信息采集。

第四步：填写综合所得预扣预缴表。

第五步：税款计算。

第六步：填写附表。

第七步：提交申报表。

第八步：缴纳税款。

（二）汇算清缴申报流程

1. 汇算主要有 3 种方式

一是自行办理，即纳税人自行办理。税务机关提供了高效、快捷的网络办税渠道，建议纳税人优先选择通过网上税务局办理年度汇算，特别是可通过个人所得税 App 进行掌上办税。对于独立完成年度汇算存在困难的年长、行动不便等特殊人群，由纳税人提出申请，税务机关还可以提供个性化年度汇算服务。

二是通过任职受雇单位代为办理。纳税人提出代办要求的，单位应当代为办理，或者培训、辅导纳税人进行汇算申报和退（补）税。

由单位代为办理的，纳税人应提前与单位以书面或者电子等方式进行确认，补充提供当年在本单位以外取得的综合所得收入、相关扣除、享受税收优惠等信息资料，并对所提交信息的真实性、准确性、完整性负责。纳税人未与单位确认请其代为办理的，单位不得代办。

三是委托受托人办理，如涉税专业服务机构或其他单位及个人，纳税人需与受托人签订授权书。

单位或受托人为纳税人办理汇算后，应当及时将办理情况告知纳税人。纳税人发现汇算申报信息存在错误的，可以要求单位或受托人更正申报，也可自行更正申报。

2. 汇算清缴具体操作

第一步：进入汇算办税界面。有 2 种方式：一是网页登录，即登录自然人电子税务局网页端；二是下载并安装个人所得税 App。

第二步：添加专项附加扣除信息。需每年提交一次，每项需提交相应的佐证材料。

第三步：填写申报表。有 2 种填写方式：一是使用已申报数据填写（数据来源于自行申报及支付方扣缴申报），二是自行填写（根据实际情况自行填写）。

【任务实施】

李天磊 2024 年 1—12 月个人所得税由所在单位代为申报，其自行在个人所得税 App 进行 2024 年综合所得汇算清缴申报，具体操作如下。

1. 李天磊所在单位代扣代缴 2024 年 1—12 月个人所得税

以代扣代缴 2024 年 7 月税款为例。

登录自然人电子税务局（扣缴端）进入主界面，如图 5-1 所示。

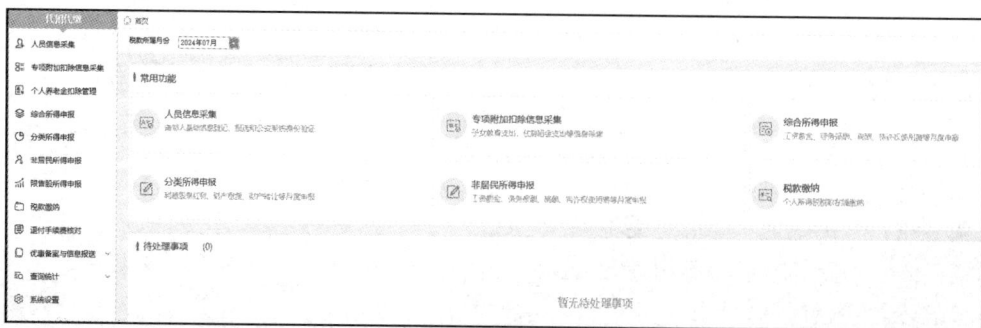

图 5-1

人员信息和专项附加扣除信息没有变动，直接在左边列表中选择"综合所得申报"，如图 5-2 所示。

图 5-2

在"综合所得申报"界面单击"填写"按钮，有三种填写方式，可任意选择其一。此处选中"生成零工资记录，用户手工修改"，单击"导入"按钮，如图 5-3 所示。

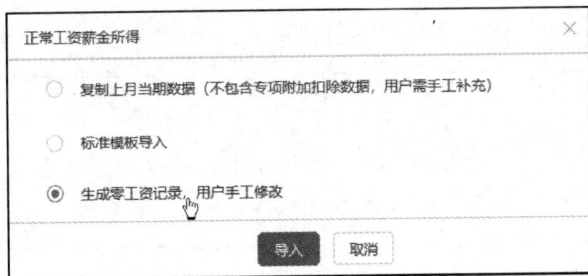

图 5-3

输入李天磊的本期收入、各项专项扣除和专项附加扣除项目等信息后，单击"预填扣除信息"按钮，勾选确认需要进行自动预填，并选择预填人员范围，单击"确认"按钮，可自动将采集的专项扣除信息下载到对应纳税人名下，自动填入申报表，如图 5-4 所示。

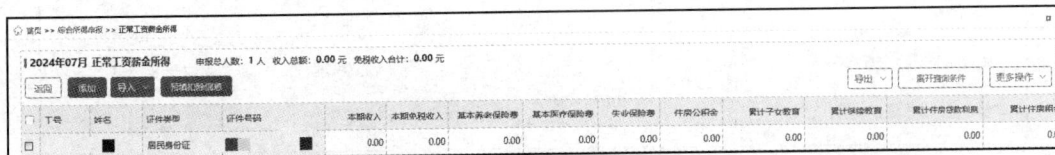

图 5-4

选择"综合所得申报"回到"综合所得申报"界面，单击"税款计算"按钮，系统会自动计算应纳税额，如图 5-5、图 5-6 所示。

图 5-5

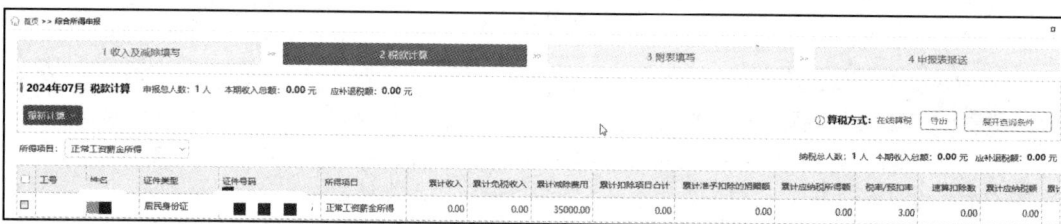

图 5-6

若有减免事项、商业健康保险或准予扣除的捐赠，则单击"附表填写"按钮，输入相关数据，如图 5-7 所示。该任务无，因此跳过该步骤。

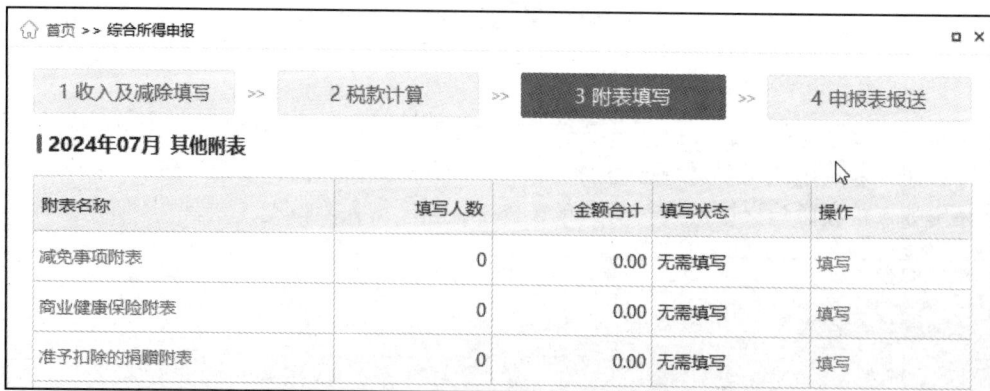

图 5-7

根据李天磊实际计算的应纳税额，核对申报表，无误后单击"申报表报送"按钮（见图 5-8），在弹出的界面中单击"立即获取"按钮（见图 5-9），获取申报结果，在弹出的"提示信息"对话框中单击"确定"按钮（见图 5-10），即申报成功。

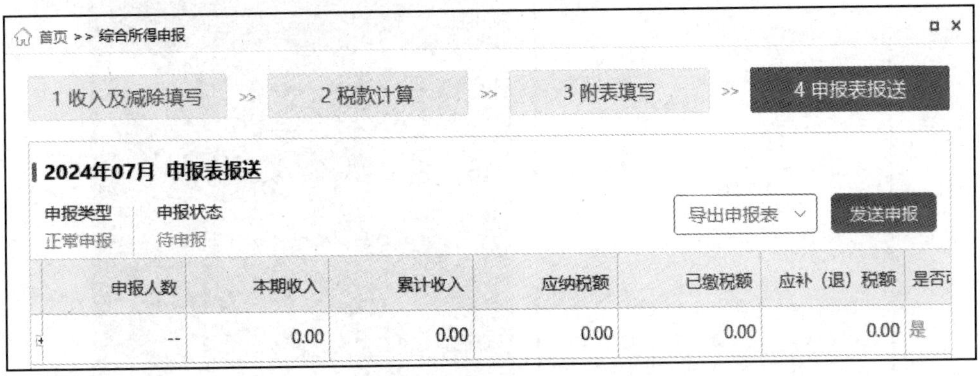

图 5-8

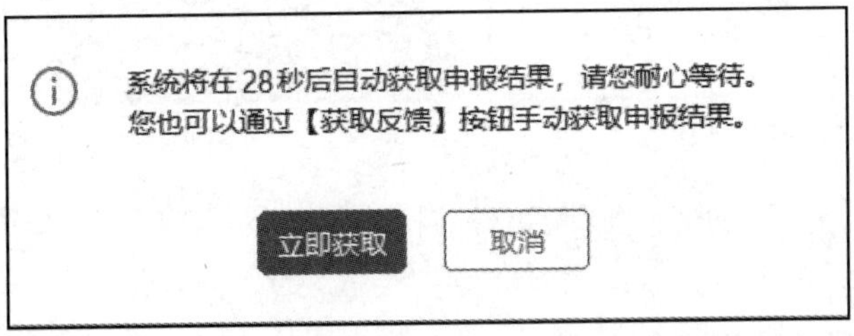

图 5-9

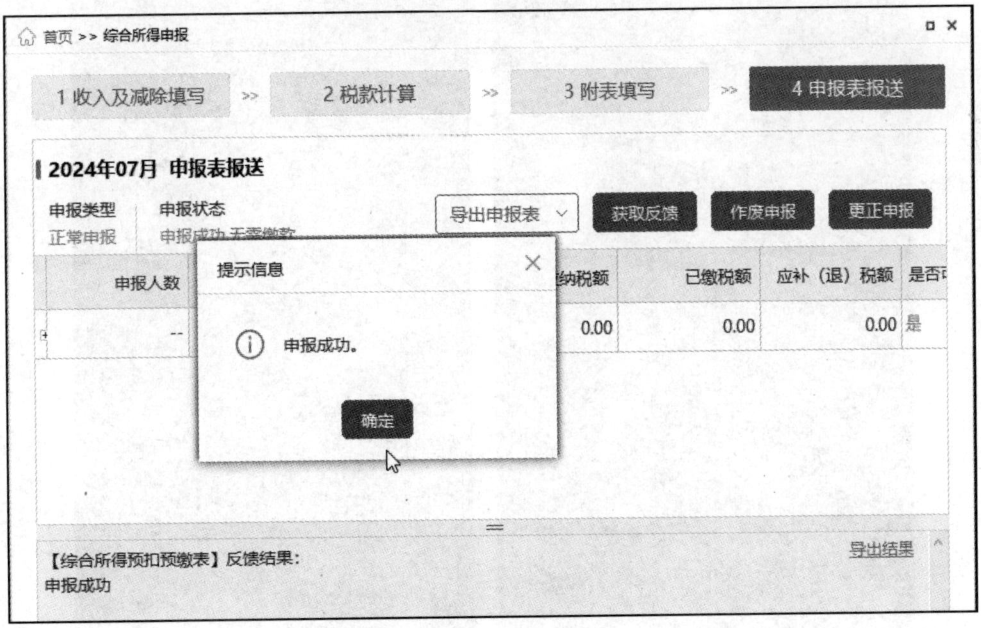

图 5-10

2．李天磊自行申报 2024 年综合所得汇算

登录个人所得税 App，选择"综合所得年度汇算"（见图 5-11），选择申报年度"2024年"，如图 5-12 所示。

图 5-11

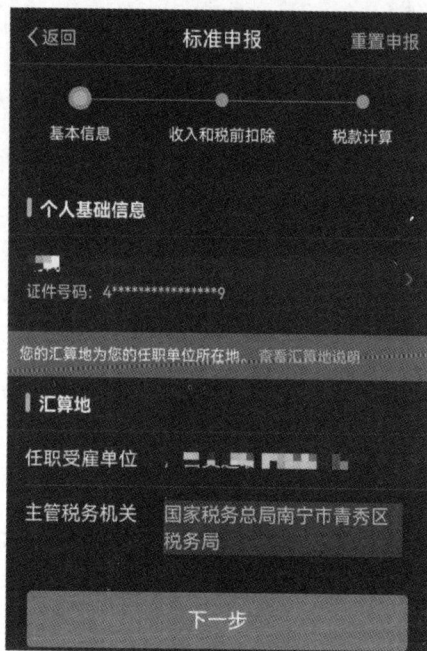

图 5-12

点击"下一步"按钮，进入"收入和税前扣除"环节，可以看到年度收入和应纳税所得额，如图 5-13、图 5-14 所示。点击"下一步"按钮进行汇算清缴。

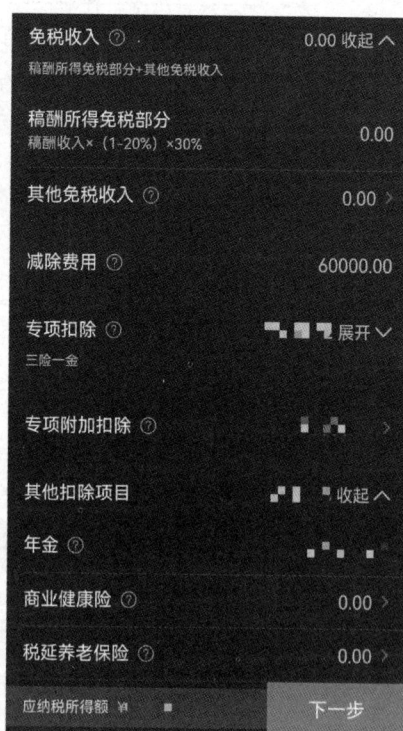

图 5-13

图 5-14

进入"税款计算"环节，可以看到结算金额，如图 5-15 所示。点击"下一步"按钮，如果需退税系统会提示"申请退税"或"放弃退税"（见图 5-16），可自行选择。点击"申请退税"按钮则需要输入银行账号等个人信息。点击"提交"按钮则进入税务审核过程。如果审核通过，退税款将由国库转入个人账户。

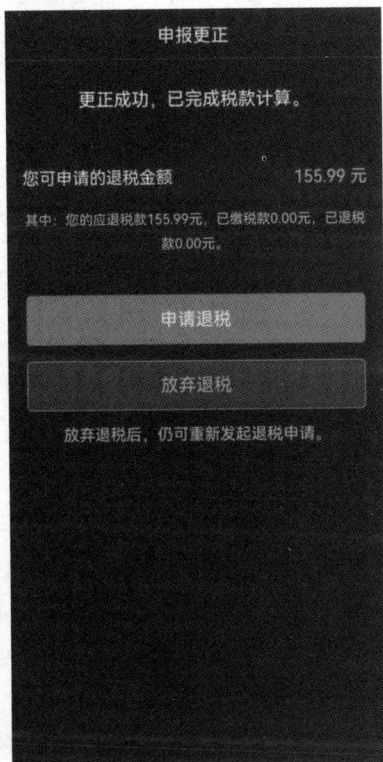

图 5-15　　　　　　　　　　图 5-16

任务评价 9

风险提示 1

多项收入合并计算　补税退税都可能

　　纳税人小李全年工资、薪金 32 万元，在杂志上发表文章取得稿酬收入 2 万元，扣除符合条件的减除费用和各项扣除后，在办理综合所得年度汇算时发现需要补税 560 元。小李觉得，无论是工资、薪金还是稿酬，单位和杂志社都已经给自己交过税了，没必要再补一笔钱，而且身边的朋友大多数都是退税，怎么自己就是补税呢？于是迟迟未办理年度汇算。税务机关发现后向他讲解了税收政策，督促他及时办理了补税申报。

　　温馨提示：2019 年个人所得税法修订后，我国开始实行综合与分类相结合的个人所得税制度。居民个人取得的工资、薪金，劳务报酬，稿酬和特许权使用费四项综合所得，需要在平时已预缴税款的基础上"查遗补漏，汇总收支，按年算账，多退少补"，该制度使得一个纳税年度内同等收入水平的人税负相同，促进了分配公平，是国际通行做法。一般来讲，纳税人除工资、薪金外，还可能有劳务报酬、稿酬、特许权使用费所得的，各项收入加总后导致适用的税率高于预缴时的税率，就会产生补税。小李预缴工资、薪金所得个人所得税适用 25% 税率，预缴稿酬所得个人所得税适用 20% 税率，合并计算后，稿酬所得也要适用 25% 的税率，因此需要补税 560 元。办理年度汇算有补有退，都是正常情况，纳税人要用平常心看待。

风险提示 2

子女身份要真实 信息核验无遁形

小冯和小陈是一对新婚夫妇，暂时未养育子女。但在汇算时，小冯为了少缴税款，填写了其同事子女的身份信息并享受子女教育专项附加扣除。税务机关在年度汇算中发现，其填写的专项附加扣除信息存在疑点，发送短信请其更正申报信息或提供佐证材料。抱着侥幸心理，小冯对税务机关的提醒未予理睬。税务机关又电话联系他，为其讲解政策规定，明确告知其存在的问题和需要承担的法律责任。在小冯迟迟未更正信息也没有提供佐证资料的情况下，税务机关依法暂停其享受专项附加扣除。

温馨提示：少部分纳税人在年度汇算时为了多退或者少缴税款，进行了专项附加扣除不实申报。为构建个人所得税管理闭环，税务机关与其他部门建立了信息核验机制，利用税收大数据对纳税人申报情况进行分析；对发现的涉税风险，与纳税人进行沟通，引导纳税人更正错误，对拒不改正的，税务机关将依法依规进行处理。

风险提示 3

老人身份莫虚填 知晓规定是前提

小楚今年 25 岁，在办理年度汇算时，看到周围年纪大的同事都填了赡养老人专项附加扣除并获得了退税款，小楚也很想填报，可是其父母都还不到 60 岁，不符合填报条件。小楚就把自己祖母的信息当作自己母亲的信息填报了赡养老人专项附加扣除。没过几天，税务机关在退税审核时就发现了异常，要求小楚提交佐证资料。小楚自知理亏，赶紧心虚地撤销了退税申请，更正了年度汇算申报。

温馨提示：赡养老人专项附加扣除有一定的填报条件，如果被赡养人为父母，则父母一方需年满 60 岁。如果纳税人父母及其兄弟姐妹均已离世，且由纳税人履行祖父母或外祖父母的赡养义务，纳税人才可以填报赡养老人专项附加扣除。对于虚假填报赡养老人专项附加扣除的纳税人，税务机关在与其他部门进行信息核验的基础上，还将利用税收大数据进行分析；对发现的涉税风险，与纳税人进行沟通，引导纳税人更正错误，对拒不改正的，税务机关将依法依规进行处理。

巩固练习

一、选择题

本部分包括即测即评和初级会计师考试拓展练习，请扫描下方二维码进行答题。

即测即评

初级会计师考试
拓展练习

二、计算题

甲出版社员工何某 2024 年 1 月工资、薪金为 14 200 元；张某撰写的文章经甲出版社审稿后发表，出版社按合同约定向张某支付稿费 7 200 元；郑某为甲出版社即将出版的图书完成整套插画创作，出版社按合同约定向郑某支付特许权使用费 130 000 元。

已知：工资、薪金所得预扣预缴个人所得税累计减除费用为每月 5 000 元。何某 2024 年每月专项扣除金额为 2 602 元，专项附加扣除金额为：子女教育专项附加扣除按照每个子女每月 2 000 元的标准定额扣除，赡养老人专项附加扣除按照每月 3 000 元的标准定额扣除。特许权使用费所得预扣预缴个人所得税每次收入 4 000 元以上的，减除费用按 20%计算；稿酬所得预扣预缴个人所得税每次收入 4 000 元以上的，减除费用按 20%计算，收入额减按 70%计算；稿酬所得、特许权使用费所得适用 20%的比例预扣率；个人所得税综合所得预扣率（略）。

要求：根据上述资料，不考虑其他因素，分析回答下列问题。

（1）计算甲出版社应预扣预缴何某 2024 年 1 月工资、薪金所得个人所得税税额。

（2）计算甲出版社应预扣预缴郑某特许权使用费所得个人所得税税额。

（3）计算甲出版社应预扣预缴张某稿酬所得个人所得税税额。

项目六 其他税种智慧化申报与管理

学习目标

知识目标

了解各小税种的概念；熟悉各小税种的纳税人、征税范围与税率；熟悉各小税种的税收优惠政策；掌握各小税种应纳税额的计算方法；熟悉各小税种征收管理政策。

技能目标

能正确计算各小税种的应纳税额；能准确申报各小税种；能帮助企业优化各小税种的管理。

素养目标

了解我国的绿色税收制度体系，通过传达国家政策导向、营造良好外部舆论环境等，引导社会资源向绿色税收制度转型和聚集。

导 图

任务一 城镇土地使用税智慧化申报与管理	任务七 土地增值税智慧化申报与管理
任务二 房产税智慧化申报与管理	任务八 契税智慧化申报与管理
任务三 车船税智慧化申报与管理	任务九 环境保护税智慧化申报与管理
任务四 印花税智慧化申报与管理	任务十 烟叶税智慧化申报与管理
任务五 耕地占用税智慧化申报与管理	任务十一 车辆购置税智慧化申报与管理
任务六 资源税智慧化申报与管理	任务十二 关税智慧化申报与管理

其他税种
智慧化申报与管理

任务一　城镇土地使用税智慧化申报与管理

历史课堂

土地是人类生存和生产必不可少的物质条件。我国人多地少，节约用地是一项重要的国策。我国古代的各个时期，都把对土地课税，作为主要的收入来源。

1986 年 6 月 25 日，第六届全国人民代表大会常务委员会第十六次会议通过并颁布我国第一部专门调整土地关系的大法——《中华人民共和国土地管理法》。为纪念这一天，我国把每年的 6 月 25 日确定为全国土地日。1988 年 9 月，国务院发布了《中华人民共和国城镇土地使用税暂行条例》，于 2006 年 12 月 31 日修订并自 2007 年 1 月 1 日起施行。此后，国务院于 2011 年、2013 年、2019 年又先后对其进行了修订。

【任务导入】

甲企业 2024 年占地 60 000 平方米，其中办公占地 5 000 平方米，冲压、涂装、总装车间共占地 44 000 平方米，企业内部道路及绿化占地 11 000 平方米。企业所在地城镇土地使用税适用标准为 17 元/平方米，按年征收，分上半年、下半年两期申报缴纳。

任务要求：根据甲企业的相关信息完成下列工作任务。

（1）判断该企业是否属于城镇土地使用税纳税人。

（2）判断该企业内部道路及绿化占地是否需要缴纳城镇土地使用税。

（3）计算该企业全年应缴纳的城镇土地使用税。

【知识准备】

一、城镇土地使用税认知及应纳税额的计算

（一）城镇土地使用税的概念及作用

城镇土地使用税，是国家在城市、县城、建制镇和工矿区范围内对使用土地的单位和个人，以其实际占用的土地面积为计税依据，按照规定的税额计算征收的一种税。

城镇土地使用税能够促进土地资源的合理配置和节约使用，提高土地使用效益；能够调节不同地区因土地资源的差异而形成的级差收入；能够为企业和个人之间的竞争创造公平的环境。

（二）城镇土地使用税的征税范围

城镇土地使用税的征税范围，包括在城市、县城、建制镇和工矿区内的国家所有和集体所有的土地。

（三）城镇土地使用税纳税人

城镇土地使用税的纳税人，是指在税法规定的范围之内使用土地的单位和个人。城镇土地使用税的纳税人的具体规定如表 6-1 所示。

表 6-1　城镇土地使用税纳税人具体规定

土地使用者情况	纳税人
一般情况	拥有土地使用权的单位和个人
土地使用权拥有者不在土地所在地	代管人或实际使用人
土地使用权未确定或权属有纠纷的	实际使用人
土地使用权共有的	共有各方为纳税人，由共有各方分别纳税

（四）城镇土地使用税的计税依据

城镇土地使用税以纳税人实际占用的土地面积为计税依据，土地面积计量标准为每平方米。纳税人实际占用的土地面积按下列办法确定。

（1）由省、自治区、直辖市人民政府确定的单位组织测定土地面积的，以测定的面积为准。

（2）尚未组织测量，但纳税人持有政府部门核发的土地使用证书的，以证书确认的土地面积为准。

（3）尚未核发土地使用证书的，应由纳税人申报土地面积，据以纳税，待核发土地使用证以后再作调整。

（4）对在城镇土地使用税征税范围内单独建造的地下建筑用地，按规定征收城镇土地使用税。其中，已取得地下土地使用权证的，按土地使用权证确认的土地面积计算应征税款，未取得地下土地使用权证或地下土地使用权证上未标明土地面积的，按地下建筑垂直投影面积计算应征税款。

对上述地下建筑用地暂按应征税款的 50%征收城镇土地使用税。

（五）城镇土地使用税的税率

城镇土地使用税采用定额税率，按大、中、小城市和县城、建制镇、工矿区分别规定每平方米城镇土地使用税年应纳税额。其中城市按照市区和郊区的非农业人口总数，划分为三级。具体税率如表 6-2 所示。

表 6-2　城镇土地使用税税率表

土地所在地	人口规模	定额税率/（元/每平方米）
大城市	人口≥50 万	1.5～30
中等城市	20 万≤人口<50 万	1.2～24
小城市	人口<20 万	0.9～18
县城、建制镇、工矿区		0.6～12

（六）城镇土地使用税应纳税额的计算公式

城镇土地使用税的应纳税额等于纳税人实际使用的土地面积乘以该土地所在地的适用税额，计算公式为：

$$全年应纳税额=实际占用应税土地面积×适用税额$$

（七）税收优惠

1．免征城镇土地使用税

（1）国家机关、人民团体、军队自用的土地。

（2）由国家财政部门拨付事业经费的单位自用的土地。企业办的各类学校、托儿所、幼儿园，其自用的土地免征城镇土地使用税。

（3）宗教寺庙、公园、名胜古迹自用土地。但是，公园、名胜古迹中附设的营业场所，如影剧院、饮食部、茶社、照相馆等地，应征收城镇土地使用税。

（4）市政街道、广场、绿化地带等公共用地。但是，非社会性的公共用地不能免税，如企业内的广场、道路、绿化等占用的土地。

（5）直接用于农、林、牧、渔业的生产用地。农副产品加工厂占地和从事农、林、牧、渔业生产单位的生活、办公用地不包括在内。

（6）经批准开山填海整治的土地和改造的废弃土地，从使用的月份起免缴城镇土地使用税5年至10年。

（7）由财政部另行规定免税的能源、交通、水利设施用地和其他用地。

2．其他规定

（1）凡是缴纳了耕地占用税的，从批准征用之日起满1年后征收城镇土地使用税。

（2）企业的铁路专用线、公路等用地除另有规定外，如在厂区以外，与社会公用地段未加隔离的，暂免征城镇土地使用税。

（3）老年服务机构自用的土地免征城镇土地使用税。

（4）自2023年1月1日至2027年12月31日，对物流企业自有（包括自用和出租）或承租的大宗商品仓储设施用地，减按所属土地等级适用税额标准的50%计征城镇土地使用税。

（5）对城市公交站场、道路客运站场、城市轨道交通系统运营用地，免征城镇土地使用税。

（6）体育场馆。

① 国家机关、军队、人民团体、财政补助事业单位、居民委员会、村民委员会拥有的体育场馆，用于体育活动的房产、土地，免征房产税和城镇土地使用税。

② 经费自理事业单位、体育社会团体、体育基金会、体育类民办非企业单位拥有并运营管理的体育场馆，符合条件的，其用于体育活动的房产、土地，免征房产税和城镇土地使用税。

③ 企业拥有并运营管理的大型体育场馆，其用于体育活动的房产、土地，减半征收房产税和城镇土地使用税。

（7）农产品批发市场。对农产品批发市场、农贸市场专门用于经营农产品的房产、土地，暂免征收房产税和城镇土地使用税。该政策执行至2027年12月31日。

（8）商品储备管理公司及其直属库务。自2024年1月1日至2027年12月31日，对商品储备管理公司及其直属库务的房产、土地，免征房产税、城镇土地使用税。

（9）民用航空发动机和民用飞机。对纳税人及其全资子公司从事大型民用客机发动机、中大功率民用涡轴涡桨发动机研制项目自用的科研、生产、办公房产及土地，免征房产税、城镇土地使用税；对纳税人及其全资子公司从事空载重量大于45吨的民用客机研制项目自用的科研、生产、办公房产及土地，免征房产税、城镇土地使用税。该政策执行至2027年12月31日。

（10）六税两费。对增值税小规模纳税人、小型微利企业和个体工商户可以在50%的税额幅度内减征资源税、城市维护建设税、房产税、城镇土地使用税、印花税（不含证券交易印花税）、耕地占用税和教育费附加、地方教育附加。该政策执行至2027年12月31日。

微课视频

城镇土地使用税认知及应纳税额的计算

☀ 二、城镇土地使用税的纳税申报

（一）纳税义务发生时间

（1）纳税人购置新建商品房，自房屋交付使用之次月起，缴纳城镇土地使用税。

（2）纳税人购置存量房，自办理房屋权属转移、变更登记手续，房地产权属登记机关签发房屋权属证书之次月起，缴纳城镇土地使用税。

（3）纳税人出租、出借房产，自交付出租、出借房产之次月起，缴纳城镇土地使用税。

（4）以出让或转让方式有偿取得土地使用权的，应由受让方从合同约定交付土地时间之次月起缴纳城镇土地使用税；合同未约定交付土地时间的，由受让方从合同签订之次月起缴纳城镇土地使用税。

（5）纳税人新征收的耕地，自批准征收之日起满1年时开始缴纳城镇土地使用税。

（6）纳税人新征收的非耕地，自批准征收次月起缴纳城镇土地使用税。

（二）纳税期限

城镇土地使用税实行按年计算、分期缴纳的征收方法，具体纳税期限由省、自治区、直辖市人民政府确定。

（三）纳税地点

城镇土地使用税由土地所在地的税务机关征收。纳税人使用的土地不属于同一个（自治区、直辖市）管辖范围的，由纳税人分别向土地所在地的税务机关申报缴纳。在同一省（自治区、直辖市）管辖范围内，纳税人跨地区使用的土地，如何确定纳税地点，由各省、自治区、直辖市税务机关确定。

（四）纳税申报流程

《国家税务总局关于简并税费申报有关事项的公告》（国家税务总局公告2021年第9号）规定，自2021年6月1日起，纳税人申报缴纳城镇土地使用税、房产税、车船税、印花税、耕地占用税、资源税、土地增值税、契税、环境保护税、烟叶税中一个或多个税种时，使用《财产和行为税纳税申报表》进行合并申报。该申报表由一张主表（如表6-3所示）和一张减免税附表（如表6-4所示）组成，主表反映纳税情况，附表反映申报享受的各类减免税情况。

纳税人首次申报或税源信息变更时，应进行财产和行为税税源信息报告，即填报《财产和行为税税源明细表》，税源信息没有变化的，确认无变化后直接进行纳税申报。

城镇土地使用税纳税申报流程具体如下。

第一步：税源信息采集。

首次申报城镇土地使用税，或土地信息有变化，应填写《城镇土地使用税 房产税税源明细表》，如表6-5所示。

第二步：纳税申报。

征管系统根据税源明细表自动生成《财产和行为税纳税申报表》，纳税人确认后即可完成申报。申报成功后，单击"立即缴款"按钮进行税款缴纳，完成本次申报涉及的税款缴纳。

《城镇土地使用税税源明细》填表说明

表 6-3 财产和行为税纳税申报表

纳税人识别号（统一社会信用代码）：□□□□□□□□□□□□□□□□□□
纳税人名称：

金额单位：人民币元（列至角分）

序号	税种	税目	税款所属期起	税款所属期止	计税依据	税率	应纳税额	减免税额	已缴税额	应补（退）税额
1										
2										
3	合计	—	—	—	—	—				

声明：此表是根据国家税收法律法规及相关规定填写的，本人（单位）对填报内容（及附带资料）的真实性、可靠性、完整性负责。

纳税人（签章）：　　　年　月　日

经办人：
经办人身份证号：
代理机构签章：
代理机构统一社会信用代码：

受理人：
受理税务机关（章）：
受理日期：　　年　月　日

171

表6-4 财产和行为税减免税明细申报附表

纳税人识别号（统一社会信用代码）：□□□□□□□□□□□□□□□□□□
纳税人名称：

金额单位：人民币元（列至角分）

	增值税小规模纳税人：□是□否	
本期是否适用小微企业"六税两费"减免政策 □是□否	增值税一般纳税人：□个体工商户□小型微利企业	
减免政策适用主体		
适用减免政策起止时间	年 月至 年 月	

合计减免税额

城镇土地使用税

序号	土地编号	税款所属期起	税款所属期止	减免性质代码和项目名称	减免税额
1					
2					
小计	—			—	

房产税

序号	房产编号	税款所属期起	税款所属期止	减免性质代码和项目名称	减免税额
1					
2					
小计	—			—	

车船税

序号	车辆识别代码/船舶识别码	税款所属期起	税款所属期止	减免性质代码和项目名称	减免税额
1					
2					
小计	—			—	

印花税

序号	税目	税款所属期起	税款所属期止	减免性质代码和项目名称	减免税额
1					
2					
小计	—			—	

续表

资源税

序号	税目	子目	税款所属期起	税款所属期止	减免性质代码和项目名称	减免税额
1						
2						
小计	—	—			—	

耕地占用税

序号	税源编号	税款所属期起	税款所属期止	减免性质代码和项目名称	减免税额
1					
2					
小计	—			—	

契税

序号	税源编号	税款所属期起	税款所属期止	减免性质代码和项目名称	减免税额
1					
2					
小计	—			—	

土地增值税

序号	项目编号	税款所属期起	税款所属期止	减免性质代码和项目名称	减免税额
1					
2					
小计	—			—	

环境保护税

序号	税源编号	污染物类别	污染物名称	税款所属期起	税款所属期止	减免性质代码和项目名称	减免税额
1							
2							
小计	—					—	

声明：此表是根据国家税收法律法规及相关规定填写的，本人（单位）对填报内容（及附带资料）的真实性、可靠性、完整性负责。

纳税人（签章）： 年 月 日

受理人：
受理税务机关（章）：
受理日期： 年 月 日

经办人：
经办人身份证号：
代理机构签章：
代理机构统一社会信用代码：

表6-5 城镇土地使用税 房产税税源明细表

纳税人识别号（统一社会信用代码）：□□□□□□□□□□□□□□□□□□
纳税人名称：

金额单位：人民币元（列至角分）；面积单位：平方米

一、城镇土地使用税税源明细

*纳税人类型	土地使用权人□集体土地使用人□无偿使用人□代管人□实际使用人□（必选）	土地使用权人纳税人识别号（统一社会信用代码） / 土地使用权人名称
*土地编号		土地名称 / 宗地号
不动产单元代码		不动产权证号
*土地取得方式	划拨□出让□转让□租赁□其他□（必选）	*土地用途 工业□商业□居住□综合□房地产开发企业开发用地□其他□（必选） / *土地性质 国有□集体□（必选）
*土地坐落地址（详细地址）	省（自治区、直辖市） 市（区） 县（区） 乡镇（街道）（必填）	
*土地所属主管税务所（科、分局）		
*土地取得时间	年 月	信息项变更（土地面积变更□土地等级变更□土地权属变更□其他□）纳税义务终止（权属转移□其他□） / 变更类型 / 变更时间 年 月
*占用土地面积	地价	*土地等级

减免税部分

序号	减免性质代码和项目名称	减免起止时间（减免起始月份 年 月 / 减免终止月份 年 月）	*税额标准	减免税土地面积	月减免金额
1					
2					

二、房产税税源明细

（一）从价计征房产税税源明细

*纳税人类型	产权所有人□经营管理人□承典人□房屋代管人□房屋使用人□融资租赁承租人□（必选）	所有权人纳税人识别号（统一社会信用代码） / 所有权人名称
*房产编号		房产名称

续表

不动产权证号		不动产单元代码	
*房屋坐落地址（详细地址）		省（自治区、直辖市） 市（区） 县（区） 乡镇（街道）（必填）	
*房产所属主管税务所（科、分局）			
房屋所在土地编号			
*房产取得时间	年 月		
*房产用途		工业□商业及办公□住房□其他□（必选）	
信息项变更（房产原值变更□出租房产原值变更□减免税收入变更□） 纳税义务终止（权属转移□其他□）	变更类型		变更时间 年 月
*建筑面积		其中：出租房产面积	
*房产原值		其中：出租房产原值	计税比例

减免税部分	序号	减免性质代码和项目名称	减免起止时间		减免税房产原值	月减免税金额
			减免起始月份	减免终止月份		
	1		年 月	年 月		
	2					

（二）从租计征房产税明细

*房产编号		房产名称	
*房产所属主管税务所（科、分局）			
承租方纳税人识别号（统一社会信用代码）		承租方名称	
*出租面积		*申报租金收入	
*申报租金所属租赁期起		*申报租金所属租赁期止	

减免税部分	序号	减免性质代码和项目名称	减免起止时间		减免税租金收入	月减免税金额
			减免起始月份	减免终止月份		
	1		年 月	年 月		
	2					

> 🧑‍💼 **知识拓展**
>
> **纳税人的房产相关信息发生变化，应申报税源变更明细信息的具体情形**
>
> 1. 房屋、土地权属发生转移或变更的，如出售、分割、赠与、继承等。
> 2. 减免税信息发生变化的。
> 3. 土地纳税等级或税额标准发生变化的，房产原值或租金发生变化的。
> 4. 面积、用途、坐落地址等基础信息发生变化的。
> 5. 其他导致税源信息变化的情形。

> 📝 **风险案例**
>
> **不清楚城镇土地使用税纳税义务发生时间引起的风险**
>
> A 公司 2023 年 10 月以出让方式取得 X 地块土地使用权，并于当月签订土地出让合同，合同未约定土地交付时间。由于种种原因，X 地块一直未交付给 A 公司，因此 A 公司一直未申报城镇土地使用税。2024 年 6 月 A 公司收到税务预警，预警原因是 A 公司 X 地块未缴纳城镇土地使用税。
>
> 政策解析：以出让或转让方式有偿取得土地使用权的，应由受让方从合同约定交付土地时间的次月起缴纳城镇土地使用税；合同未约定交付土地时间的，由受让方从合同签订的次月起缴纳城镇土地使用税。

🔖【任务实施】

完成甲企业 2024 年上半年的城镇土地使用税的计算、申报工作。

一、具体分析和计算

（1）甲企业注册地在市区，且占用了城镇土地用于正常经营，属于城镇土地使用税纳税人。

（2）对企业厂区以外的公共绿化用地和向社会开放的公园用地，暂免征收城镇土地使用税，企业厂区以内的道路及绿化用地照章征收城镇土地使用税。

（3）甲企业 2024 年上半年应纳城镇土地使用税=60 000×17÷2=510 000（元）。

二、申报操作

甲企业非首次申报城镇土地使用税，且土地信息没有变化，不需要进行财产和行为税税源信息报告。根据系统自动生成《财产和行为税纳税申报表》，审核确认后即可完成申报。

采用确认式申报模式，具体操作如下。

登录新电子税务局，在首页选择"我要办税"—"税费申报及缴纳"—"财产和行为税税源采集及合并申报"，如图 6-1 所示，进入办税界面。

系统根据税源信息自动生成《财产和行为税纳税申报表》数据，与企业实际数据核对无误后单击"提交申报"按钮，如图 6-2 所示，完成申报。申报成功的提示信息如图 6-3 所示。

图 6-1

任务评价 10

图 6-2

申报成功

您申请的城镇土地使用税申报成功，应补（退）税费额合计为510,000.00元。

评价　　返回首页

图 6-3

📖 **AI 小课堂 14**

利用文心一言、DeepSeek、豆包、讯飞星火等 AI 工具，探索"随着城市更新、老旧小区改造等项目的推进，一些原本闲置或低效利用的土地被重新盘活，在城镇土地使用税征收上，如何精准界定这类土地的纳税义务起止时间及计税依据，以平衡改造激励与税收征管"的答案。

扫二维码查看使用文心一言进行搜索的结果。

AI 小课堂 14

任务二　房产税智慧化申报与管理

中国房产税的雏形最早可以追溯到周朝，在《礼记·王制》中就有记载："廛，市物邸舍，税其舍而不税物。"这是历史上最早有关房产税征收的条例。到了西汉，国家向百姓征收一种叫"赀算"（zī suàn）的赋税，稽核标准以房屋和田产为统计对象。到了唐德宗时期，开始征收间架税，但征收范围是在长安城内，房屋每两架为一间，分三等征税。唐以后的五代十国时，后晋、后周依然征收过类似的税，其名称为"屋税"。而北宋则是对典卖的田地和房舍开征契税，征收范围与西汉时期有些相似。到了元代，房产税的叫法变成了"产钱"，即税钱。而明代则是征收房屋交易契税。在清朝，除征收房屋交易契税外，光绪二十四年（1898 年）还开始征收"房捐"。

我国当前房产税的法律法规依据为《中华人民共和国房产税暂行条例》，于 1986 年 9 月 15 日发布，2011 年 1 月 8 日对其进行修订。

【任务导入】

甲企业为增值税一般纳税人，2024 年房产资料如下。

甲企业在市区有房屋 1 幢，2017 年 1 月 1 日该房屋建成投入使用，建筑面积共 12 000 平方米，共 6 层，假设每层结构、价值相等，原值 30 000 万元，已提折旧 1 200 万元。2024 年 6 月 30 日，甲企业将第一层和第二层出租给 A 公司，租期 5 年，出租房产原值 10 000 万元，出租房产面积 4 000 平方米，租金每年 1 000 万元；剩余 4 层用于生产经营。当地政府规定允许按房产原值一次扣除 30%，企业以半年为期缴纳税款。

任务要求：完成甲企业 2024 年下半年的房产税的计算、申报工作。

【知识准备】

一、房产税认知及应纳税额的计算

（一）房产税的概念和作用

房产税是以房屋为征税对象，按房屋的计税余值或租赁收入为计税依据，向产权所有人征收的一种财产税。

房产税的作用主要体现在：①增加地方政府财政收入；②调控楼市供求关系；③调节收入分配。

（二）房产税的征税对象和征税范围

房产税的征税对象是房产。所谓房产，是指有屋面和围护结构，能够遮风避雨，可供人们在其中生产、学习、工作、娱乐、居住或储藏物资的场所。独立于房屋之外的建筑物，如围墙、烟囱、水塔、变电塔、油池油柜、酒窖菜窖、酒精池、糖蜜池、室外游泳池、玻璃暖房、砖瓦石灰窑以及各种油气罐等，不属于房产，但室内游泳池属于房产。

房产税在城市、县城、建制镇和工矿区征收。

（三）房产税的纳税人

房产税的纳税人是指负有缴纳房产税义务的单位与个人。房产税由产权所有人缴纳。产权属于全民所有的，由经营管理单位缴纳。产权出典的，由承典人缴纳。产权所有人、承典人不在房产所在地的，或者产权未确定及租典纠纷未解决的，由房产代管人或使用人缴纳。因此，上述产权所有人、经营管理单位、承典人、房产代管人或者使用人，统称房产税的纳税人。具体情形如下。

（1）产权属国家所有的，由经营管理单位纳税；产权属集体和个人所有的，由集体单位和个人纳税。

（2）产权出典的，由承典人纳税。

（3）产权所有人、承典人不在房屋所在地的，由房产代管人或者使用人纳税。

（4）产权未确定及租典纠纷未解决的，由房产代管人或者使用人纳税。

（5）纳税单位和个人无租使用房产管理部门、免税单位及纳税单位的房产，应由使用人代为缴纳房产税。

（6）产权属于集体所有制的，由实际使用人纳税。

（四）房产税的计税依据

1．从价计征

按照房产余值征税的，称为从价计征，房产税依照房产原值一次减除 10%～30% 后的余值计算缴纳。扣除比例由省、自治区、直辖市人民政府在税法规定的减除幅度内自行确定。

房产原值应包括与房屋不可分割的各种附属设备或一般不单独计算价值的配套设施，主要有：暖气、卫生、通风、照明、煤气等设备；各种管线，如蒸气、压缩空气、石油、给水排水等管道及电力、电讯、电缆导线；电梯、升降机、过道、晒台等。对于更换房屋附属设备和配套设施的，在将其价值计入房产原值时，可扣减原来相应设备和设施的价值；对附属设备和配套设施中易损坏、需要经常更换的零配件，更新后不再计入房产原值。

融资租赁的房产，由承租人自融资租赁合同约定开始日的次月起依照房产余值缴纳房产税。合同未约定开始日的，由承租人自合同签订的次月起依照房产余值缴纳房产税。

2．从租计征

按照房产租金收入计征的，称为从租计征。房产出租的，以房产租金收入为房产税的计税依据。

> 🏛 **小贴士**
>
> 对单位和个人将租用的房产再转租所取得的租金收入不征房产税。

> 🏛 **小贴士**
>
> 对投资联营的房产，在计征房产税时应予以区别对待。共担风险的，按房产余值作为计税依据，计征房产税；对收取固定收入，不承担联营风险的，应由出租方按租金收入计缴房产税。

> 🏦 **小贴士**
>
> 对出租房产，租赁双方签订的租赁合同约定有免收租金期限的，免收租金期间由产权所有人按照房产原值缴纳房产税。

> 🏦 **小贴士**
>
> 无租使用其他单位房产的应税单位和个人，依照房产余值代缴房产税。

> 🌏 **知识拓展**
>
> ### 部分省、自治区、直辖市房产原值减除比例及政策变化
>
> 1. 上海市，30%。自 2019 年 1 月 1 日起，上海市按照房产余值计算缴纳房产税的纳税人，房产原值减除比例由 20%调整为 30%。
>
> 2. 湖北省，30%。自 2020 年 1 月 1 日起，湖北省按照房产余值计算缴纳房产税的纳税人，房产原值减除比例由城市 20%、县城 25%、建制镇和工矿区 30%，统一调整为 30%。
>
> 3. 陕西省，20%。
>
> 4. 其余各省多为 30%。
>
> 从多个地区关于房产原值减除比例政策可看出，绝大部分地区都通过制定较高的房产原值减除比例进一步优化税收营商环境，减轻企业负担。

（五）房产税的税率

（1）从价计征，年税率为 1.2%。

（2）从租计征，税率为 12%。个人出租住房，企事业单位、社会团体以及其他组织按市场价格向个人出租用于居住的住房，减按 4%的税率征收房产税。

（六）房产税应纳税额的计算公式

1. 以房产原值为计税依据

$$应纳税额=房产原值×（1-10\%或30\%）×税率（1.2\%）$$

2. 以房产租赁收入为计税依据

$$应纳税额=不含增值税的租金收入×税率（12\%）$$

个人出租住房，企事业单位、社会团体以及其他组织按市场价格向个人出租用于居住的住房，计算公式为：

$$应纳税额=房产租金收入×4\%$$

上海、重庆对特定住房征收房产税

（七）税收优惠

房产税的税收优惠主要有以下情形。

（1）国家机关、人民团体、军队自用的房产免征房产税。但上述免税单位的出租房产不属于免税范围。

（2）由国家财政部门拨付事业经费的单位自用的房产免征房产税。但如学校的工厂、商店、招待所等应照章纳税。

（3）宗教寺庙、公园、名胜古迹自用的房产免征房产税。但经营用的房产不属于免税范围。

（4）对非营利性的医疗机构、疾病控制机构和妇幼保健机构等卫生机构自用的房产，免征房产税。

（5）个人所有非营业用的房产免征房产税。但个人拥有的营业用房或出租的房产，应照章纳税。

（6）对高校学生公寓免征房产税。

（7）老年服务机构自用的房产免征房产税。

（8）在基建工地为基建工地服务的各种工棚、材料棚、休息棚和办公室、食堂、茶炉房、汽车房等临时性房屋，在施工期间，一律免征房产税。但工程结束后，施工企业将这种临时性房屋交还或估价转让给基建单位的，应从基建单位接收的次月起，照章纳税。

（9）供热企业。向居民供热并向居民收取采暖费的供热企业的生产用房，暂免征收房产税。该政策执行至 2027 年 12 月 31 日供暖期结束，范围适用于"三北地区"。

（10）体育场馆。同城镇土地使用税。

（11）公共租赁住房。对公共租赁住房免征房产税。公共租赁住房经营管理单位应单独核算公共租赁住房的租金收入，未单独核算的，不得享受免征房产税优惠政策。该政策执行至 2025 年 12 月 31 日。

（12）农产品批发市场。同城镇土地使用税。

（13）商品储备管理公司及其直属库务。同城镇土地使用税。

（14）民用航空发动机和民用飞机。同城镇土地使用税。

（15）"六税两费"。同城镇土地使用税。

微课视频 房产税你知多少（上）　微课视频 房产税你知多少（下）

✿ 二、房产税的纳税申报

（一）纳税义务发生时间

（1）纳税人将原有房产用于生产经营，从生产经营之月起，缴纳房产税。

（2）纳税人自行新建房屋用于生产经营，从建成之次月起，缴纳房产税。

（3）纳税人委托施工企业建设的房屋，从办理验收手续之次月起，缴纳房产税。

（4）纳税人购置新建商品房，自房屋交付使用之次月起，缴纳房产税。

（5）纳税人购置存量房，自办理房屋权属转移、变更登记手续，房地产权属登记机关签发房屋权属证书之次月起，缴纳房产税。

（6）纳税人出租、出借房产，自交付出租、出借房产之次月起，缴纳房产税。

（7）房地产开发企业自用、出租、出借该企业建造的商品房，自房屋使用或交付之次月起，缴纳房产税。

（二）纳税期限

房产税实行按年计算、分期缴纳的征收方法，具体纳税期限由省、自治区、直辖市人民政府确定。

> **知识拓展**
>
> ### 部分省、自治区、直辖市房产税纳税期限
>
> 1. 北京：纳税期限为每年的 4 月 1 日至 4 月 15 日和 10 月 1 日至 10 月 15 日。
> 2. 上海：纳税期限为每年的 12 月 31 日之前。
> 3. 广东：依照房产余值计算缴纳的房产税，实行按年征收，一次申报缴纳，申报缴纳期限为税款所属年度的 10 月 1 日至 12 月 31 日。依照租金收入计算缴纳的房产税，按月申报的，缴纳期限为月度终了之日起 15 日内；按季申报的，缴纳期限为季度终了之日起 15 日内；按年申报的，缴纳期限为次年 1 月 15 日前。
> 4. 陕西：按年计算，分季征收，纳税人应在季度终了 15 日内申报纳税。
> 5. 广西：按年征收，分上半年、下半年两期申报缴纳；上半年申报缴纳期限为 6 月 1 日—12 月 15 日，下半年申报缴纳期限为 12 月 1 日—12 月 15 日。

（三）纳税地点

房产税由房产所在地税务机关征收。房产不在同一地方的纳税人，应按房产的坐落地点分别向房产所在地的税务机关纳税。

（四）纳税申报流程

第一步：税源信息采集。首次申报房产税，或房产信息有变化，应填写《城镇土地使用税 房产税税源明细表》，如表 6-3 所示。

房产税税源明细
填写说明

第二步：纳税申报。征管系统根据税源明细表自动生成《财产和行为税纳税申报表》，纳税人确认后即可完成申报。申报成功后，单击"立即缴款"按钮进行税款缴纳，完成本次申报涉及的税款缴纳。

【任务实施】

完成甲企业 2024 年下半年的房产税的计算、申报工作。

一、具体分析和计算

生产经营用的 4 层，采用从价计征方式征收房产税，计税依据为房产余值，税率为 1.2%，应纳税额=20 000×（1-30%）×1.2%÷2=84（万元）。

出租的 2 层，采用从租计征方式征收房产税，计税依据为租金收入，税率为 12%，应纳税额=1 000×12%÷2=60（万元）。

二、申报操作

甲企业非首次申报房产税，且房产信息没有变化，不需要进行财产和行为税税源信息报告。系统自动生成《财产和行为税纳税申报表》，审核确认后即可完成申报。

采用确认式申报模式，具体操作如下。

登录新电子税务局，在首页选择"我要办税"—"税费申报及缴纳"—"财产和行为税税源采集及合并申报"，如图 6-1 所示，进入办税界面。

系统根据税源信息自动生成《财产和行为税纳税申报表》数据，与企业实际数据核对无误后单击"提交申报"按钮，如图 6-4 所示，完成申报。申报成功的提示信息如图 6-5 所示。

图 6-4

任务评价 11

图 6-5

风险案例

免租期未申报缴纳房产税

丙公司是一家房地产开发公司，为增值税一般纳税人。丙公司拥有一栋售楼处，房产原值为 2 000 万元，房产税原值扣除比例为 30%。丙公司将部分房产租赁给其他公司，合同约定，租赁期为 2023 年 6 月—2024 年 12 月，月租金为 5 万元（不含增值税），并约定 2023 年 6 月—8 月为免租期，总租金 80 万元于 2023 年 9 月一次性支付。丙公司认为，免租期未获得收入，未缴纳 2023 年 6 月—8 月的房产税。

政策解析：《财政部 国家税务总局关于安置残疾人就业单位城镇土地使用税等政策的通知》（财税〔2010〕121 号）规定，对出租房产，租赁双方签订的租赁合同约定有免收租金期限的，免收租金期间由产权所有人按照房产原值缴纳房产税。因此，丙公司应按照房产原值缴纳房产税，2023 年 6 月—8 月需缴纳的房产税=2 000×（1-30%）÷12×3×1.2%=4.2（万元）；2023 年 9 月—12 月需缴纳房产税=5×4×12%=2.4（万元）；2024 年须缴纳房产税=5×12×12%=7.2（万元）。

📖 AI 小课堂 15

利用文心一言、DeepSeek、豆包、讯飞星火等 AI 工具，探索"我国地域广阔，各地经济发展程度和居民居住条件差别大，房产税立法在统一累进层级的基础上，如何更好地授权地方政府确定具体税率数值""地方政府在确定税率时应考虑哪些因素"的答案。

扫二维码查看使用文心一言进行搜索的结果。

AI 小课堂 15

任务三　车船税智慧化申报与管理

历史课堂

　　我国车船税历史悠久，可以追溯到汉武帝时期。公元前 129 年，我国就开征了算商车。明清时，曾对内河商船征收船钞。中华人民共和国成立后，政务院于 1951 年颁布了《中华人民共和国车船使用牌照税暂行条例》，对车船征收车船使用牌照税。1986 年 9 月国务院在实施工商税制改革时，发布了《中华人民共和国车船使用税暂行条例》，本着简化税制、公平税负、拓宽税基，方便税收征管的原则，国务院将《中华人民共和国车船使用牌照税暂行条例》和《中华人民共和国车船使用税暂行条例》进行了合并修订，于 2006 年 12 月 29 日颁布了《中华人民共和国车船税暂行条例》，对各类企业、行政事业单位和个人统一征收车船税。2012 年 1 月 1 日起，我国施行《中华人民共和国车船税法》，原《中华人民共和国车船税暂行条例》同时废止。《中华人民共和国车船税法》于 2019 年进行修订。

【任务导入】

　　甲企业 2024 年 1 月新增自有车辆和船舶信息如下。

　　拥有载货汽车 10 辆（每辆整车质量均为 5 吨）；大型客车 4 辆；中型客车 2 辆；小型客车 8 辆；摩托车 5 辆；净吨位为 100 吨的机动船 1 艘。

　　当地政府规定载货汽车每吨年应纳税额为 80 元，大型客车每辆年应纳税额为 1 000 元，中型客车年应纳税额为 800 元，小型客车年应纳税额为 600 元，摩托车每辆年应纳税额为 60 元，船舶净吨位每吨年应纳税额为 4 元。

　　任务要求：完成甲企业 2024 年的车船税的计算、申报工作。

【知识准备】

一、车船税认知及应纳税额的计算

（一）车船税的概念及作用

　　车船税是对在中国境内属于《中华人民共和国车船税法》所附《车船税税目税额表》所规定的车辆、船舶的所有人或者管理人征收的一种税。

　　车船税是在车、船的保有阶段征收的一种财产税。车船在某种程度上是财富积聚的象征，车船税蕴含着促进社会财富分配公平的社会功能。现行车船税以排量作为计税依据，燃油消耗中对环境造成污染越重的车被征收的车船税越高，因此车船税还具有促进经济社会绿色发展的作用。一方面，车辆税从税法角度对乘用车尾气排放量进行柔性引导，用税收手段引导消费者的消费行为，将消费者的注意力吸引到小排量乘用车型上，加强消费者的环保节能意识；另一方面，车船税也可以引导乘用车生产厂家参考市场需求，通过技术研发不断生产出更加环保的乘用车，并对新能源汽车有一系列优惠政策。

（二）车船税的征税范围

车船税的征税范围指在中国境内属于《中华人民共和国车船税法》所附《车船税税目税额表》规定的车辆、船舶。具体包括以下车辆、船舶。

（1）依法应当在车船管理部门登记的机动车辆和船舶。

（2）依法不需要在车船管理部门登记、在单位内部场所行驶或者作业的机动车辆和船舶。

（三）车船税的纳税人

车船税的纳税人，是指在中国境内拥有或者管理《车船税税目税额表》规定的车船的单位和个人，即车船的所有人或者管理人。车船的所有人或者管理人未缴纳车船税的，使用人应当代为缴纳车船税。

从事机动车第三者责任强制保险业务的保险机构为机动车车船税的扣缴义务人，应当在收取保险费时依法代收车船税，并出具代收税款凭证。

（四）车船税的计税依据

（1）乘用车、商用车中的客车、摩托车以**辆**为计税依据。

（2）商用车中的货车、挂车、其他车辆以**整备质量每吨**为计税依据。整备质量指机动车的自重吨位。

（3）船舶中的机动船舶以**净吨位（每吨）**为计税依据。净吨位一般是额定装运货物和载运旅客的船舱所占用的空间容积，即船舶各个部位的总容积，扣除按税法规定的非营业用所占容积，包括驾驶室、轮机间、业务办公室、船员生活用房等容积。

（4）船舶中的游艇以**艇身长度（每米）**为计税依据。

（5）拖船按照发动机功率每 1 千瓦折合净吨位 0.67 吨计算征收车船税。

车船税法及其实施条例所涉及的排气量、整备质量、核定载客人数、净吨位、千瓦、艇身长度，确定顺序如下：①以车船登记管理部门核发的车船登记证书或者行驶证相应项目所载数据为准；②依法不需要办理登记、依法应当登记而未办理登记或者不能提供车船登记证书、行驶证的，以车船出厂合格证明或者进口凭证相应项目标注的技术参数、所载数据为准；不能提供车船出厂合格证明或者进口凭证的，由主管税务机关参照国家相关标准核定，没有国家相关标准的参照同类车船核定。

（五）车船税的税率

车船税实行定额幅度税率，其税目及税率见表6-6。

表6-6 车船税税目税额表

税目		计税单位	每年税额/元	备注
乘用车	排气量≤1.0升	每辆	60～360	核定载客人数 9 人（含）以下
	1.0升<排气量≤1.6升		300～540	
	1.6升<排气量≤2.0升		360～660	
	2.0升<排气量≤2.5升		660～1 200	
	2.5升<排气量≤3.0升		1 200～2 400	
	3.0升<排气量≤4.0升		2 400～3 600	
	排气量>4.0升		3 600～5 400	

续表

税目		计税单位	每年税额/元	备注
摩托车	—	每辆	36～180	
商用车	客车	每辆	480～1 440	核定载客人数9人以上，包括电车
	货车	整备质量每吨	16～120	包括半挂牵引车、三轮汽车和低速载货汽车等
挂车	—		按货车税额的50%计算	
其他车辆	专用作业车		16～120	不包括拖拉机
	轮式专用机械车			
船舶	机动船舶	净吨位≤200吨	净吨位每吨	3	拖船按照发动机功率每1千瓦折合净吨位0.67吨计算征收车船税；拖船和非机动驳船分别按船舶税额的50%计算
		200吨<净吨位≤2 000吨		4	
		2 000吨<净吨位≤10 000吨		5	
		净吨位>10 000吨		6	
	游艇	艇身长度≤10米	艇身长度每米	600	
		10米<艇身长度≤18米		900	
		18米<艇身长度≤30米		1 300	
		艇身长度>30米		2 000	
		辅助动力帆艇		600	

注：车辆的具体适用税额由省、自治区、直辖市人民政府在规定的税额幅度内按国务院的规定确定；船舶的具体适用税额由国务院在规定的税额幅度内确定。

（六）车船税应纳税额的计算公式

车船税的应纳税额计算公式为：

$$应纳税额=应税数量×适用税率$$

购置的新车船，购置当年的应纳税额自纳税义务发生的当月起按月计算。计算公式为：

$$应纳税额=（年应纳税额÷12）×应纳税月份数$$

$$应纳税月份数=12-纳税义务发生时间（取月份）+1$$

知识拓展

车船税应纳税额特殊情形下的规定

1. 在一个纳税年度内，已完税的车船被盗抢、报废、灭失的，纳税人可以凭有关管理机关出具的证明和完税证明，向纳税所在地的主管税务机关申请退还自被盗抢、报废、灭失月份起至该纳税年度终了期间的税款。

2. 已办理退税的被盗抢车船失而复得的，纳税人应当从公安机关出具相关证明的当月起计算缴纳车船税。

3. 已经缴纳车船税的车船，因质量原因，车船被退回生产企业或者经销商的，纳税人可以向纳税所在地的主管税务机关申请退还自退货月份起至该纳税年度终了期间的税款。退货月份以退货发票所载日期的当月为准。

4. 已缴纳车船税的车船在同一纳税年度内办理转让过户的，不另纳税，也不退税。

【例6-1】王某2024年4月12日购买一辆发动机气缸容量为1.6升的乘用车，已知适用年基准税额为480元。计算王某2024年应缴纳的车船税税额。

微课视频

车船税认知及应纳税额的计算

（七）税收优惠

1. 免税项目

下列车辆、船舶免征车船税。

（1）捕捞、养殖渔船。

（2）军队、武装警察部队专用的车船。

（3）警用车船。

（4）悬挂应急救援专用号牌的国家综合性消防救援车辆和国家综合性消防救援专用船舶。

（5）依照法律规定应当予以免税的外国驻华使领馆、国际组织驻华代表机构及其有关人员的车船。

2. 其他税收优惠

（1）对节约能源、使用新能源的车船可以减征或者免征车船税。

（2）对受地震、洪涝等严重自然灾害影响纳税困难以及其他特殊原因确需减免税的，可以在一定期限内减征或者免征车船税。具体办法由国务院规定并报全国人民代表大会常务委员会备案。

（3）省、自治区、直辖市人民政府根据当地实际情况，可以对公共交通车船农村居民拥有并主要在农村地区使用的摩托车、三轮汽车和低速载货汽车定期减征或者免征车船税。

> **知识拓展**
>
> ### 湖南省免征中小学幼儿园校车车船税
>
> 国家税务总局湖南省税务局于2023年10月发出通知明确，自2023年1月1日至2027年12月31日，全省范围内的中小学幼儿园校车免征车船税。
>
> 该通知所称"中小学幼儿园校车"是指符合《湖南省实施〈校车安全管理条例〉办法》（湖南省人民政府令第277号）规定，依法取得校车使用许可，用于接送义务教育阶段学生和幼儿园儿童上下学的7座以上载客汽车。

❋ 二、车船税的纳税申报

（一）纳税义务发生时间

车船税纳税义务发生时间为取得车船所有权或者管理权的当月（以购买车船的发票或者其他证明文件所载日期的当月为准）。

（二）纳税期限

车船税按年申报，分月计算，一次性缴纳（纳税年度为公历年度）。具体申报纳税期限由省、自治区、直辖市人民政府规定。

对于保险机构代收代缴机动车车船税的，纳税人应当在购买机动车交通事故责任强制保险的同时缴纳车船税。

（三）纳税地点

纳税人自行申报缴纳车船税的，纳税地点为车船登记地的主管税务机关所在地。

扣缴义务人（保险公司）代收代缴车船税的，纳税地点为扣缴义务人所在地。

依法不需要办理登记的车船，纳税地点为车船所有人或者管理人主管税务机关所在地。

（四）纳税申报流程

第一步：税源信息采集。

若首次申报车船税，或车船信息有变化，应填写《车船税税源明细表》，如表 6-7 所示。

第二步：纳税申报。

征管系统根据税源明细表自动生成《财产和行为税纳税申报表》，纳税人审核确认后即可完成申报。申报成功后，单击"立即缴款"按钮进行税款缴纳，完成本次申报涉及的税费款缴纳。

车船税税源明细填写说明

表 6-7 车船税税源明细表

纳税人识别号（统一社会信用代码）：□□□□□□□□□□□□□□□□□□

纳税人名称： 体积单位：升；质量单位：吨；功率单位：千瓦；长度单位：米

车辆税源明细											
序号	车牌号码	*车辆识别代码（车架号）	*车辆类型	车辆品牌	车辆型号	*车辆发票日期或注册登记日期	排（气）量	核定载客	整备质量	*单位税额	减免性质代码和项目名称	纳税义务终止时间
1												
2												
3												

船舶税源明细													
序号	船舶登记号	*船舶识别号	*船舶种类	*中文船名	初次登记号码	船籍港	发证日期	取得所有权日期	建成日期	净吨位	主机功率	艇身长度（总长）	*单位税额	减免性质代码和项目名称	纳税义务终止时间
1															
2															
3															

【任务实施】

完成甲企业 2024 年车船税的计算、申报工作。

一、具体分析和计算

（1）载货汽车应缴纳车船税=80×5×10=4 000（元）

（2）大型客车应缴纳车船税=1 000×4=4 000（元）

（3）中型客车应缴纳车船税=800×2=1 600（元）

（4）小型客车应缴纳车船税=600×8=4 800（元）

（5）摩托车应缴纳车船税=60×5=300（元）

（6）机动船应缴纳车船税=4×100=400（元）

甲企业全年应缴纳车船税=4 000+4 000+1 600+4 800+300+400=15 100（元）

二、申报操作

甲企业首次申报车船税，录入车船税税源信息后，系统自动生成《财产和行为税纳税申报表》，确认后即可完成申报。

采用确认式申报模式，具体操作如下。

登录新电子税务局，在首页选择"我要办税"—"税费申报及缴纳"—"财产和行为税税源采集及合并申报"，如图6-1所示，进入办税界面。单击"新增税种"按钮，如图6-6所示，在弹出的界面选择"车船税"，然后单击"确定"按钮，如图6-7所示。在"车船税"界面单击"税源采集"按钮，如图6-8所示，打开车船税税源明细表录入界面，依次录入载货汽车、大型客车、中型客车、小型客车、摩托车、机动船的税源明细，载货汽车的税源明细录入如图6-9所示，最后单击"保存"按钮。

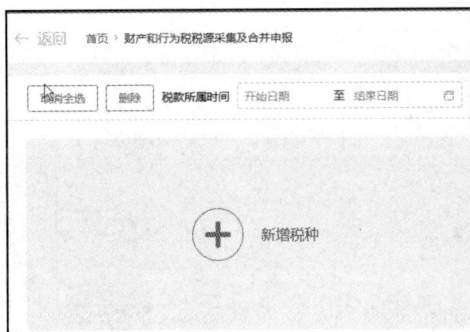

图6-6

图6-7

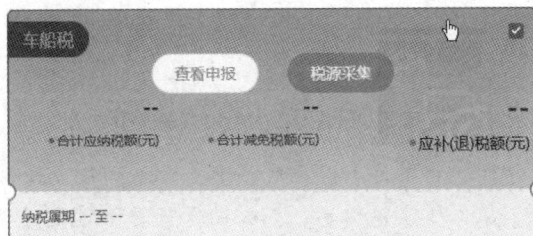

图6-8

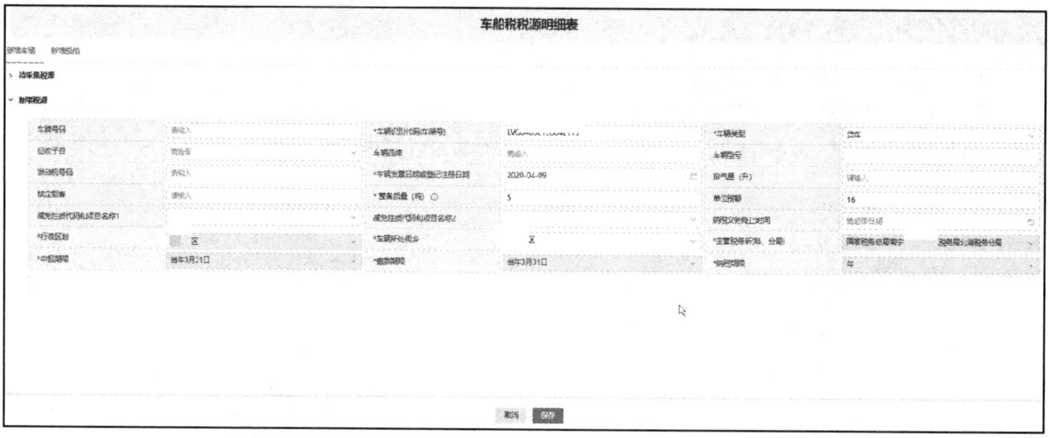

车船税税源明细表

图 6-9

所有税源信息采集完后，系统根据税源信息自动生成《财产和行为税纳税申报表》数据，与企业实际数据核对无误后单击"提交申报"按钮，如图 6-10 所示，完成申报。申报成功的提示信息如图 6-11 所示。

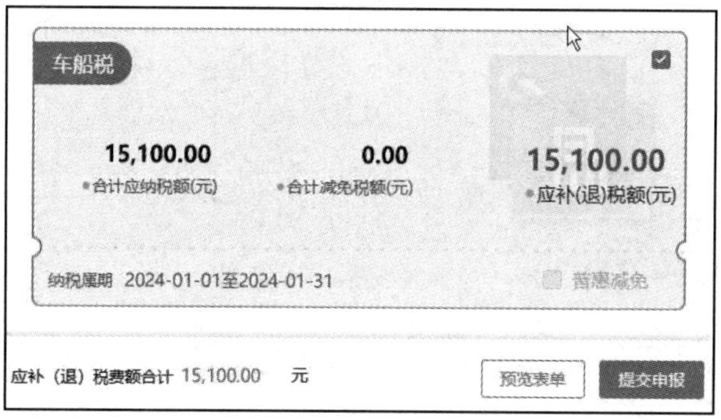

图 6-10

图 6-11

任务评价 12

风险案例

误录车船信息少缴纳车辆税

李先生购买了一辆新车，车型为丰田花冠，排量为 1 399L，并在保险公司的官方平台上自助投保车辆交强险，录入了车辆信息，在缴纳保费的同时进行车船税的缴纳。然而，由于李先生对车辆型号和排量不熟悉，误将车型排量录为 1 000L，导致车船税的计税错误。

按照正确的车型和排量，李先生应当缴纳的车船税为 360 元，但由于录入错误，李先生仅缴纳了 300 元，少缴纳了 60 元的车船税。

政策解析：根据《中华人民共和国车船税法》及其相关规定，车主作为车辆的所有人或管理人，是车船税的纳税义务人。车主需要按照车辆的种类、排量、购买时间等因素缴纳相应的车船税。税务部门会对车船税的缴纳情况进行严格的监管和执法，对未按照规定缴纳车船税的车主，税务部门会依法进行处罚，并要求车主补缴税款和滞纳金。

📖 AI 小课堂 16

利用文心一言、DeepSeek、豆包、讯飞星火等 AI 工具，探索"目前对节能与新能源汽车的税收优惠政策在促进产业发展方面效果如何，是否需要扩大优惠范围或加大优惠力度""对于一些新型的、环保性能更优的交通工具，如氢燃料电池汽车等，应如何制定更精准的税收优惠政策"的答案。

扫二维码查看使用豆包进行搜索的结果。

AI 小课堂 16

任务四 印花税智慧化申报与管理

🕮 历史课堂

1949 年以后，国务院颁布《中华人民共和国印花税暂行条例》，规定对 25 种因商运、产权等行为所书立使用的凭证应缴纳印花税。1953 年，由于对 22 种主要产品实行从产到销的一次性征收商品流通税而部分停征印花税。1958 年，国务院将货物税、商品流通税、营业税和印花税合并简化为工商统一税，不再单独征收印花税。1978 年后随着改革开放政策的贯彻实施，我国国民经济得到迅速发展，经济活动中依法书立各种凭证已成为普遍现象，为了在税收上适应变化的客观经济情况，广泛筹集财政资金，维护经济凭证书立人的合法权益，我国于 1988 年颁布了《中华人民共和国印花税暂行条例》，之后在 2011 年对该条例进行了修改。2021 年颁布《中华人民共和国印花税法》，于 2022 年 7 月 1 日正式实施，《中华人民共和国印花税暂行条例》同时废止。

📖【任务导入】

甲企业注册资本为 800 万元，主要从事白酒的生产和销售。2024 年第三季度该企业涉及印花税的有关资料如下。

（1）7 月 3 日，到市场监督管理部门进行注册资本变更，变更后的注册资本为 1 500 万元，取得了更换后的营业执照正副本各一本。增资部分已收到，并计入本期资金账簿。

（2）8 月 8 日，向银行借款，签订了一份借款合同，借款金额总计 100 万元，年利率为 6.8%。

（3）9 月从市内另一处购得价值 600 万元的房产，于 9 月 30 日办理完产权转移手续，签订产权转移书据。

（4）9月10日，到北京参加酒业博览会，会上签订了350万元的买卖合同。

任务要求：完成甲企业2024年第三季度的印花税的计算、申报工作。

📖【知识准备】

✳ 一、印花税认知及应纳税额的计算

（一）印花税的概念及特点

印花税是对各种经济活动和经济交往中书立、领受、使用的应税经济凭证所征收的一种税。它具有维护社会经济交易秩序的重要作用。

印花税具有以下四个特点：①兼有凭证税和行为税性质；②征税范围广泛；③税率低、税负轻；④由纳税人自行完成纳税义务。

（二）印花税的征税范围

现行印花税只对《中华人民共和国印花税法》中列举的凭证征收，没有列举的凭证不征税。列举的凭证分为合同、产权转移书据、营业账簿和证券交易四类。

不同种类的借款合同应如何贴花

1．合同

（1）借款合同，指银行业金融机构、经批准设立的其他金融机构与借款人（不包括同业拆借）的借款合同。

（2）融资租赁合同。

（3）租赁合同，包括租赁房屋、船舶、飞机、机动车辆、机械、器具、设备等合同。

（4）买卖合同，主要指动产买卖合同（不包括个人书立的动产买卖合同）。

（5）承揽合同，包括加工、定做、修缮、修理、印刷、广告、测绘、测试等合同。

（6）建设工程合同，包括建设工程勘察、设计、施工合同。

（7）运输合同，包括货运合同和多式联运合同，不包括管道运输合同。

（8）技术合同，包括技术开发、技术转让、技术咨询、技术服务等合同。

（9）保管合同，包括保管合同以及作为合同使用的仓单、入库单。

（10）仓储合同。

（11）财产保险合同，包括财产、责任、保证、信用等保险合同。

> 🌱 **小贴士**
>
> 在确定应税合同的范围时，应注意以下三个问题。
>
> （1）具有合同性质的凭证应视同合同征税。如具有合同效力的协议、契约、合约、单据、确认书及其他各种名称的凭证。
>
> （2）未按期兑现合同亦应缴纳印花税。
>
> （3）在办理一项业务（如货物运输、仓储保管等）时，同时书立合同和开立单据的，只就合同缴纳印花税。

2. 产权转移书据

产权转移书据包括土地使用权出让书据，土地使用权、房屋等建筑物和构筑物所有权转让书据（不包括土地承包经营权和土地经营权转移），股权转让书据（不包括应缴纳证券交易印花税的书据），商标专用权、著作权、专利权、专有技术使用权转让书据。

3. 营业账簿

营业账簿是指反映生产经营活动的账册，分为记载资金的账簿和其他营业账簿。印花税仅对资金账簿征税，即对反映生产经营单位"实收资本（股本）"和"资本公积"科目金额增减变化的账簿征税，对其他营业账簿不征税。

4. 证券交易

证券交易一般分为两种形式：一种形式是上市交易，即证券在证券交易所集中交易挂牌买卖；另一种形式是上柜交易，即公开发行但未达上市标准的证券在证券柜台交易。

（三）印花税的纳税人和扣缴义务人

1. 纳税人

在中国境内书立应税凭证、进行证券交易的单位和个人，为印花税的纳税人。在中华人民共和国境外书立在境内使用的应税凭证的单位和个人，也应当按规定缴纳印花税。

（1）立合同人。立合同人是合同的当事人，是指对凭证有直接权利义务关系的单位和个人，但不包括合同的担保人、证人、鉴定人。

（2）立据人。产权转移书据的纳税人是立据人，即书立产权转移书据的单位和个人。

（3）立账簿人。营业账簿的纳税人是立账簿人，即开立并使用营业账簿的单位和个人。

（4）使用人。使用人是指在国外书立、领受应税凭证，在国内使用该凭证的单位和个人。

（5）证券交易人。证券交易人是指在境内进行证券交易的单位和个人。印花税只对出让方征收，不对受让方征收。

2. 扣缴义务人

证券交易印花税的扣缴义务人为证券登记结算机构。

（四）印花税的计税依据

1. 一般规定

（1）应税合同的计税依据为合同所列的金额，不包括列明的增值税税款。

（2）应税产权转移书据的计税依据为产权转移书据所列的金额，不包括列明的增值税税款。

（3）应税营业账簿的计税依据为账簿记载的**实收资本（股本）、资本公积**合计金额。

（4）证券交易的计税依据为**成交金额**。

> 小贴士
>
> （1）如果合同价款或产权转移书据未以不含增值税价格或价税分离形式列明，仅列示了含增值税金额，则需按照含增值税金额计算缴纳印花税。
>
> （2）已缴纳印花税的营业账簿，以后年度实收资本（股本）、资本公积合计金额增加的，仅就增加部分纳税。

2. 特殊规定

（1）同一应税凭证载有两个以上税目事项并分别列明金额的，按照各自适用的税目税率分别计算应纳税额；未分别列明金额的，从高适用税率。

（2）同一应税凭证由两方以上当事人书立的，按照各自涉及的金额分别计算应纳税额。

（3）应税合同、产权转移书据未列明金额的，按照实际结算的金额确定。

（4）按照上述规定仍不能确定的，以书立合同、产权转移书据时的市场价格确定；依法应当执行政府定价或者政府指导价的，按照国家有关规定确定。

（5）证券交易无转让价格的，按照办理过户登记手续时该证券前一个交易日收盘价计算确定计税依据；无收盘价的，按照证券面值计算确定计税依据。

（6）应税凭证金额为人民币以外的货币的，应当按照凭证书立当日的人民币汇率中间价折合人民币确定计税依据。

（7）应税合同、应税产权转移书据所列的金额与实际结算金额不一致，不变更应税凭证所列金额的，以所列金额为计税依据；变更应税凭证所列金额的，以变更后的所列金额为计税依据。

（五）印花税的税率

印花税实行比例税率（从价计征），分为5档，即1‰、0.5‰、0.3‰、0.25‰和0.05‰，如表6-8所示。

微课视频

巧记印花税税率

表6-8　印花税税目税率表

税目		计税依据	税率	备注
合同（指书面合同）	借款合同	借款金额	0.05‰	指银行业金融机构、经批准设立的其他金融机构与借款人（不包括同业拆借）的借款合同
	融资租赁合同	租金	0.05‰	
	买卖合同	价款	0.3‰	主要指动产买卖合同（不包括个人书立的动产买卖合同）
	承揽合同	报酬	0.3‰	
	建设工程合同	价款	0.3‰	
	运输合同	运输费用	0.3‰	指货运合同和多式联运合同（不包括管道运输合同）
	技术合同	价款、报酬或使用费	0.3‰	不包括专利权、专有技术使用权转让书据
	租赁合同	租金	1‰	
	保管合同	保管费	1‰	

续表

税目		计税依据	税率	备注
合同（指书面合同）	仓储合同	仓储费	1‰	
	财产保险合同	保险费	1‰	不包括再保险合同
产权转移书据	土地使用权出让书据	价款	0.5‰	
	土地使用权、房屋等建筑物和构筑物所有权转让书据（不包括土地承包经营权和土地经营权转移）	价款	0.5‰	转让包括买卖（出售）、继承、赠与、互换、分割
	股权转让书据（不包括应缴纳证券交易印花税的书据）	价款	0.5‰	
	商标专用权、著作权、专利权、专有技术使用权转让书据	价款	0.3‰	
营业账簿		实收资本（股本）、资本公积合计金额	0.25‰	
证券交易		成交金额	1‰	

（六）印花税应纳税额的计算公式

印花税应纳税额的计算公式如表6-9所示。

表6-9 印花税应纳税额计算公式

应税项目	应纳税额
合同	合同所列金额×适用税率
产权转移书据	产权转移书据所列金额×适用税率
营业账簿	实收资本（股本）、资本公积合计金额×适用税率
证券交易	成交金额×适用税率

【例6-2】某公司本年度新启用非资金账簿15本，除此之外，还签订了如下合同：与购货方签订了购销合同，规定用40万元的产品换取40万元的原材料合同已履行；与某运输公司签订了一项货物运输合同，注明运输费和装卸费金额为10万元（其中装卸费1万元）；以本公司价值50万元房产作为抵押，取得某银行抵押贷款100万元，借款合同规定年底归还，但年底因资金周转困难，无力偿还，按照合同规定将抵押财产产权转移给该银行，并依法签订了产权转移书据。计算该公司应纳印花税税额。

（七）税收优惠

（1）应税凭证的副本或抄本免征印花税。

（2）农民、家庭农场、农民专业合作社、农村集体经济组织、村民委员会购买农业生产资料或者销售自产农产品书立的买卖合同和农业保险合同，免征印花税。

（3）无息和贴息借款合同、国际金融组织向我国提供优惠贷款书立的借款合同，免征印花税。

（4）财产所有人将财产赠与政府、学校、社会福利机构、慈善组织书立的产权转移书据，免征印花税。

（5）中国人民解放军、中国人民武装警察部队书立的应税凭证，免征印花税。

（6）依照法律规定应当予以免税的外国驻华使馆、领事馆和国际组织驻华代表机构为获得馆舍书立的应税凭证，免征印花税。

（7）非营利性医疗卫生机构采购药品或者卫生材料书立的买卖合同，免征印花税。

（8）个人与电子商务经营者订立的电子订单，免征印花税。

（9）对个人销售或购买住房暂免征收印花税。

（10）"六税两费"。同城镇土地使用税。

（11）自 2023 年 8 月 28 日起，证券交易印花税实施减半征收。

❋ 二、印花税的纳税申报

（一）纳税义务发生时间

印花税的纳税义务发生时间为纳税人书立应税凭证或者完成证券交易的当日。

证券交易印花税扣缴义务发生时间为证券交易完成的当日。

（二）纳税期限

印花税按季、按年或者按次计征。实行按季、按年计征的，纳税人应当自季度、年度终了之日起 15 日内申报缴纳税款；实行按次计征的，纳税人应当自纳税义务发生之日起 15 日内申报缴纳税款。

证券交易印花税按周解缴。证券交易印花税扣缴义务人应当自每周终了之日起 5 日内申报解缴税款以及银行结算的利息。

（三）纳税地点

纳税人为单位的，应当向其机构所在地的主管税务机关申报缴纳印花税；纳税人为个人的，应当向应税凭证书立地或者纳税人居住地的主管税务机关申报缴纳印花税。不动产产权发生转移的，纳税人应当向不动产所在地的主管税务机关申报缴纳印花税。

（四）纳税申报流程

第一步：税源信息采集。若首次申报印花税，或税源信息有变化，应填写《印花税税源明细表》，如表 6-10 所示。

第二步：纳税申报。征管系统根据税源明细表自动生成《财产和行为税纳税申报表》，纳税人确认后即可完成申报。申报成功后，单击"立即缴款"按钮进行税款缴纳，完成本次申报涉及的税款缴纳。

印花税税源明细填写说明

纳税人识别号（统一社会信用代码）：□□□□□□□□□□□□□□□□□□

纳税人（缴费人）名称：

表 6-10 印花税税源明细表

金额单位：人民币元（列至角分）

序号	应税凭证税务编号	应税凭证编号	*应税凭证名称	*申报期限类型	应税凭证数量	*税目	子目	*税款所属期起	*税款所属期止	*应税凭证书立日期	*计税金额	实际结算日期	实际结算金额	*税率	减免性质代码和项目名称	对方书立人信息		
																对方书立人名称	对方书立人纳税人识别号（统一社会信用代码）	对方书立人涉及金额
1																		
2																		
3																		

【任务实施】

完成甲企业 2024 年第三季度的印花税的计算、申报工作。

一、具体分析和计算

（1）实收资本增加应缴纳印花税=（15 000 000-8 000 000）×0.025%=1 750（元）

（2）借款合同应缴纳印花税=1 000 000×0.05‰=50（元）

（3）产权转移书据应缴纳印花税=6 000 000×0.05%=3 000（元）

（4）买卖合同应缴纳印花税=3 500 000×0.03%=1 050（元）

甲企业 2024 年第三季度应缴纳印花税=1 750+50+3 000+1 050=5 850（元）

二、申报操作

甲企业当期印花税税源信息有变化，新增印花税税源信息后，系统自动生成《财产和行为税纳税申报表》，审核确认后即可完成申报。

采用确认式申报模式，具体操作如下。

登录新电子税务局，在首页选择"我要办税"—"税费申报及缴纳"—"财产和行为税税源采集及合并申报"，如图 6-1 所示，进入办税界面。

在"印花税"界面单击"税源采集"按钮，如图 6-12 所示。在"印花税税源信息采集"界面依次录入营业账簿、借款合同、产权转移书产、买卖合同的税源信息，其中录入营业账簿的税源信息如图 6-13 所示。录完所有税源信息后，单击"提交"按钮，如图 6-14 所示。

系统根据税源信息自动生成《财产和行为税纳税申报表》数据，与企业实际数据核对无误后单击"提交申报"按钮，如图 6-15 所示，完成申报。

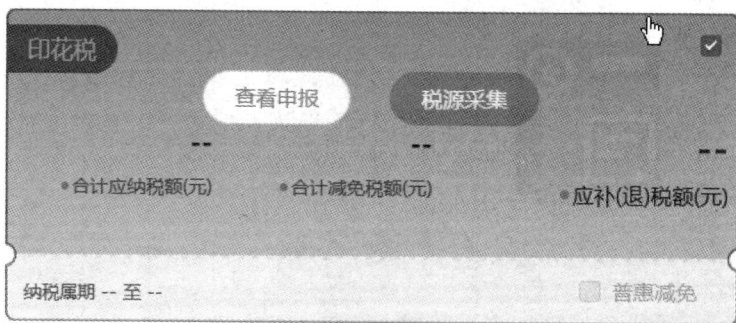

图 6-12

图 6-13

图 6-14

图 6-15

任务评价 13

📝**风险案例**

未订立书面买卖合同未缴纳印花税

××公司主营产品的生产和销售，2024年，税务机关在日常巡查过程中发现该公司在2023—2024年印花税缴税很少，于是进一步比对了计税依据，发现该公司外销产品大部分是通过订单和发货单进行交易的，并未签订合同，对应的印花税也未申报缴纳。该公司因此被处罚，补缴印花税及滞纳金。

政策解析：根据《财政部 税务总局关于印花税若干事项政策执行口径的公告》（财政部 税务总局公告2022年第22号），"企业之间书立的确定买卖关系、明确买卖双方权利义务的订单、要货单等单据，且未另外书立买卖合同的，应当按规定缴纳印花税"。

📖 **AI 小课堂 17**

利用文心一言、DeepSeek、豆包、讯飞星火等AI工具，探索"印花税采用正列举法确定应税凭证，随着经济发展出现了许多新的合同和凭证类型，难以与现有列举项目准确对应，导致征纳双方易产生争议和税款流失。如何解决这一问题"的答案。

扫二维码查看使用豆包进行搜索的结果。

AI 小课堂 17

任务五　耕地占用税智慧化申报与管理

历史课堂

　　耕地占用税自20世纪80年代开征至今已有30多年历史，1987年4月国务院发布《中华人民共和国耕地占用税暂行条例》，对占用耕地建房或者从事非农业建设的单位和个人征收耕地占用税，设立目的在于促进合理利用土地资源，加强土地管理，保护耕地。为了进一步加大耕地保护力度，2007年12月，国务院修订了《中华人民共和国耕地占用税暂行条例》，调整了税额标准，统一了内外资企业税收负担，规范了征收管理。2018年12月29日，全国人民代表大会常务委员会通过《中华人民共和国耕地占用税法》，自2019年9月1日起实施。

【任务导入】

　　青青科技有限公司（简称"青青公司"）地处广西，是一家集产品研发、技术服务于一体的高新技术企业。青青公司为扩大生产，于2024年5月占用了3 800平方米的耕地修建厂房，当地土地适用的耕地占用税税额为30元/平方米。

　　任务要求：根据相关信息，计算青青公司占用耕地修建厂房应缴纳的耕地占用税，并完成网上申报。

【知识准备】

❋ 一、耕地占用税认知及应纳税额的计算

（一）耕地占用税的概念及特点

　　耕地占用税是为了合理利用土地资源，加强土地管理，保护耕地，对占用耕地建房或从事其他非农业建设的单位和个人，就其实际占用的耕地面积征收的一种税。

　　耕地占用税的特点有三个。

　　（1）一次征收。该税只征一次，只在占用耕地时一次性征收。一般在纳税人占用耕地的许可阶段进行征收，如果超过两年未使用，可能会加征。此后，除非有新的占用，否则不再重复征税。

　　（2）差别税率。我国国土面积大，地区发展、耕地质量、人均耕地面积均不一，客观因素要求耕地占用税应采取差别税率，平衡地区经济发展与资源分配等。

　　（3）资源税兼行为税双重属性。耕地占用税针对的是占用农地进行非农业建设的行为，旨在通过征税来限制这种行为并促进土地资源的合理利用。该税种既体现了对土地资源的占用税特征，又带有明确的特定行为税的指向性。

（二）耕地占用税的征税范围

　　在中国境内占用耕地、园地、林地、草地、农田水利用地、养殖水面、渔业水域滩涂以及其他农用地建设建筑物、构筑物或者从事非农业建设的，依法缴纳耕地占用税。

　　因挖损、采矿塌陷、压占、污染等损毁耕地属于税法所称的非农业建设，应依照税法规

定缴纳耕地占用税。

纳税人因建设项目施工或者地质勘查临时占用耕地，应当依照规定缴纳耕地占用税。

纳税人临时占用应税土地，应当依法缴纳耕地占用税。临时占用应税土地，是指纳税人因建设项目施工、地质勘查等需要，一般在不超过 2 年的时间内临时使用应税土地并且没有修建永久性建筑物的行为。

以下占用土地行为**不征收**耕地占用税：

（1）建设农田水利占用耕地的；

（2）建设直接为农业生产服务的生产设施占用园地、林地、草地、农田水利用地、养殖水面，以及渔业水域滩涂等其他农用地的。

知识拓展

耕地占用税的应税土地

1. 耕地，是指用于种植农作物的土地。

2. 园地，包括果园、茶园、橡胶园、其他园地。上述其他园地包括种植桑树、可可、咖啡、油棕、胡椒、药材等其他多年生作物的园地。

3. 林地，包括乔木林地、竹林地、红树林地、森林沼泽、灌木林地、灌丛沼泽、其他林地，不包括城镇村庄范围内的绿化林木用地，铁路、公路征地范围内的林木用地，以及河流、沟渠的护堤林用地。上述其他林地包括疏林地、未成林地、迹地、苗圃等林地。

4. 草地，包括天然牧草地、沼泽草地、人工牧草地，以及用于农业生产并已由相关行政主管部门发放使用权证的草地。

5. 农田水利用地，包括农田排灌沟渠及相应附属设施用地。

6. 养殖水面，包括人工开挖或者天然形成的用于水产养殖的河流水面、湖泊水面、水库水面、坑塘水面及相应附属设施用地。

7. 渔业水域滩涂，包括专门用于种植或者养殖水生动植物的海水潮浸地带和滩地，以及用于种植芦苇并定期进行人工养护管理的苇田。

（三）耕地占用税的纳税人

耕地占用税的纳税人为在中国境内占用耕地建设建筑物、构筑物或者从事非农业建设的单位和个人。经批准占用耕地的，纳税人为农用地专用审批文件中标明的建设用地人；农用地专用审批文件中未标明建设用地人的，纳税人为用地申请人。

未经批准占用耕地的，纳税人为实际用地人。

（四）耕地占用税计税依据

耕地占用税以纳税人实际占用的应税耕地面积为计税依据，按照规定的适用税额标准计算应纳税额，一次性缴纳。

实际占用的耕地面积，包括经批准占用的耕地面积和未经批准占用的耕地面积。

纳税人实际占用耕地面积的核定以农用地转用审批文件为主要依据，必要的时候应当实地勘测。

（五）耕地占用税的税率

耕地占用税实行地区差别定额税率。根据不同地区的人均耕地面积和经济发展情况实行有地区差别的定额税率标准，税率具体标准如下。

（1）人均耕地不超过1亩（1亩约为666.67平方米）的地区（以县、自治县、不设区的市、市辖区为单位，下同），每平方米为10～50元。

（2）人均耕地超过1亩但不超过2亩的地区，每平方米为8～40元。

（3）人均耕地超过2亩但不超过3亩的地区，每平方米为6～30元。

（4）人均耕地超过3亩的地区，每平方米为5～25元。

各地区耕地占用税的适用税额，由省、自治区、直辖市人民政府根据人均耕地面积和经济发展等情况，在规定的税额幅度内提出，报同级人民代表大会常务委员会决定，并报全国人民代表大会常务委员会和国务院备案。各省、自治区、直辖市耕地占用税适用税额的平均水平，不得低于《各省、自治区、直辖市耕地占用税平均税额表》规定的平均税额，如表6-11所示。

表6-11　各省、自治区、直辖市耕地占用税平均税额表

省、自治区、直辖市	每平方米平均税额/元
上海	45
北京	40
天津	35
江苏、浙江、福建、广东	30
辽宁、湖北、湖南	25
河北、安徽、江西、山东、河南、重庆、四川	22.5
广西、海南、贵州、云南、陕西	20
山西、吉林、黑龙江	17.5
内蒙古、西藏、甘肃、青海、宁夏、新疆	12.5

在人均耕地低于0.5亩的地区，省、自治区、直辖市可以根据当地经济发展情况，适当提高耕地占用税的适用税额，但提高的部分不得超过确定的适用税额的50%。

占用基本农田的，应当按照当地适用税额，加按150%征收耕地占用税。

（六）耕地占用税应纳税额的计算公式

耕地占用税以每平方米土地为计税单位，按适用的定额税率计税。应纳税额的计算公式为：

$$应纳税额=实际占用耕地面积（平方米）×适用税率$$

（七）耕地占用税的税收优惠

（1）军事设施、学校、幼儿园、社会福利机构、医疗机构占用耕地，免征耕地占用税。

（2）农村居民在规定用地标准以内占用耕地新建自用住宅，按照当地适用税额减半征收耕地占用税；其中农村居民经批准搬迁，新建自用住宅占用耕地不超过原宅基地面积的部分，免征耕地占用税。

（3）农村烈士遗属、因公牺牲军人遗属、残疾军人以及符合农村最低生活保障条件的农村居民，在规定用地标准以内新建自用住宅，免征耕地占用税。

（4）铁路线路、公路线路、飞机场跑道、停机坪、港口、航道、水利工程占用耕地，减按每平方米2元的税额征收耕地占用税。

（5）"六税两费"。同城镇土地使用税。

✼ 二、耕地占用税的纳税申报

（一）纳税义务发生时间

耕地占用税的纳税义务发生时间为纳税人收到自然资源主管部门办理占用耕地手续的书面通知的当日。自然资源主管部门凭耕地占用税完税凭证或者免税凭证和其他有关文件发放建设用地批准书。

未经批准占用耕地的，耕地占用税纳税义务发生时间为自然资源主管部门认定的纳税人实际占用耕地的当日。

已享受减免税的应税土地改变用途，不再属于减免税范围的，耕地占用税纳税义务发生时间为纳税人改变土地用途的当天。

减税的铁路线路、公路线路、飞机场跑道、停机坪、港口、航道、水利工程的具体范围

（二）纳税期限

纳税人应当自纳税义务发生之日起 30 日内申报缴纳耕地占用税。

纳税人改变原占地用途，不再属于免征或减征情形的，应自改变用途之起 30 日内申报补缴税款，补缴税款按改变用途的实际占用耕地面积和改变用途时当地适用税额计算。

（三）纳税地点

纳税人占用耕地或其他农用地，应当在耕地或其他农用地所在地申报纳税。

（四）纳税申报流程

第一步：税源信息采集。

若首次申报耕地占用税，或耕地占用税税源信息有变化，应填写《耕地占用税税源明细表》，如表 6-12 所示。

耕地占用税税源明细填写说明

表 6-12　耕地占用税税源明细表

纳税人识别号（统一社会信用代码）：□□□□□□□□□□□□□□□□□□

纳税人名称：　　　　　　　　　　　　　　　面积单位：平方米；金额单位：人民币元（列至角分）

占地方式	1. 经批准按批次转用□	项目（批次）名称		批准占地文号		
		批准占地部门		经批准占地面积		
	2. 经批准单独选址转用□ 3. 经批准临时占用□	收到书面通知日期（或收到经批准改变原占地用途日期）	年　月　日	批准时间		年　月　日
	4. 未批先占□	认定的实际占地日期（或认定的未经批准改变原占地用途日期）	年　月　日		认定的实际占地面积	
损毁耕地	挖损□　采矿塌陷□　压占□　污染□	认定的损毁耕地日期	年　月　日		认定的损毁耕地面积	
税源编号	占地位置	占地用途	征收品目	适用税额	计税面积	减免性质代码和项目名称	减免税面积

第二步：纳税申报。

征管系统根据税源明细表自动生成《财产和行为税纳税申报表》，纳税人审核确认后即可完成申报。申报成功后，单击"立即缴款"按钮进行税款缴纳，完成本次申报涉及的税费款缴纳。

【任务实施】

根据【任务导入】，计算青青公司占用耕地修建厂房应缴纳的耕地占用税，并完成网上申报。

一、具体分析和计算

青青公司 2024 年 5 月的应纳耕地占用税税额=3 800×30=114 000（元）。

二、申报操作

青青公司当期耕地占用税税源信息有变化，新增耕地占用税税源信息后，系统自动生成《财产和行为税纳税申报表》，审核确认后即可完成申报。

采用确认式申报模式，具体操作如下。

登录新电子税务局，在首页选择"我要办税"—"税费申报及缴纳"—"财产和行为税税源采集及合并申报"，如图 6-1 所示，进入办税界面。

在"耕地占用税"界面单击"税源采集"按钮，如图 6-16 所示。然后录入税源信息，如图 6-17 所示。

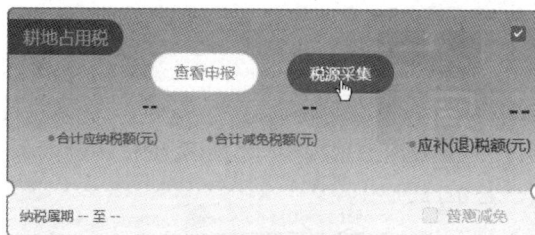

图 6-16

图 6-17

系统根据税源信息自动生成《财产和行为税纳税申报表》数据，与企业实际数据核对无误后单击"提交申报"按钮，如图 6-18 所示，完成申报。

耕地占用税　☑

114,000.00　　0.00　　114,000.00
＊合计应纳税额(元)　＊合计减免税额(元)　＊应补(退)税额(元)

纳税属期 2024-05-01至2024-05-31　⊙ 普惠减免

应补(退)税费额合计 114,000.00 元　　预览表单　提交申报

图6-18

任务评价14

✍风险案例

临时占用耕地也要缴纳耕地占用税

　　C公司(新能源公司)建设营运林光互补光伏电站项目,于当地林业局申请且取得《临时使用林地审核同意书》,林业局准予C公司临时占用林地用于光伏板安装等施工项目,占用面积为28.16公顷,期限为2020年1月27日至2022年1月26日,需保证林地性质不改变,保持土地原貌。同时,临时占用期结束后C公司未取得林地恢复验收确认证明。2024年3月接到税务部门通知,要求C公司对临时占用林地补缴耕地占用税。

　　政策解析:《中华人民共和国耕地占用税法》第十一条规定,纳税人因建设项目施工或者地质勘查临时占用耕地,应当按规定缴纳耕地占用税。纳税人在批准临时耕地期满之日起一年内依法复垦,恢复种植条件的,全额退还已经缴纳的耕地占用税。

　　按照上述规定可以申请退税的纳税人,需凭复垦验收合格确认书、税收完税证明等资料,到耕地所在地税务机关办税服务厅办理退税。

📖AI小课堂18

　　利用文心一言、DeepSeek、豆包、讯飞星火等AI工具,探索"如何通过耕地占用税政策引导土地资源的合理配置,鼓励节约集约用地,提高土地利用效率,避免土地资源的闲置和浪费"的答案。

　　扫二维码查看使用文心一言进行搜索的结果。

AI小课堂18

任务六　资源税智慧化申报与管理

💡历史课堂

　　早在我国周朝时期就有"山泽之赋"的说法,在山上伐木、采矿、狩猎,在水里捕鱼等都要征税,到了现代社会,各类资源得以开发和利用,而这些资源大多是有限的,于是国家对从事资源开发利用的单位和个人征收资源税。1984年,财政部颁布《资源税若干问题的规定》,其中规定:①资源税暂只对原油、天然气、煤炭征收;对金属矿产品和其他非金属矿产品暂缓征收;②开采企业缴纳资源税除另有规定者外,一律以实际销售收入为计税依据。这是我国正式实施的首部有关资源税征收的法规。1986年,将资源税的计算征收办法由按

应税产品销售利润率超率累进计算征收，改为按实际销量定额征收。1993 年 12 月，国务院发布《中华人民共和国资源税暂行条例》，对原矿全面征收资源税。同年，财政部根据暂行条例颁布《中华人民共和国资源税暂行条例实施细则》，对暂行条例确定的规则进行了解读和细化。1995 年到 2010 年，财政部、国家税务总局单独或共同先后颁布与资源税相关的部门规章、规范性文件 80 余部。2011 年 9 月，国务院对《中华人民共和国资源税暂行条例》做了部分修改，明确资源税按照从价定率或者从量定额的办法计征。2016 年 7 月 1 日起，资源税从价计征改革全面推开。2019 年 8 月 26 日，第十三届全国人民代表大会常务委员会第十二次会议通过《中华人民共和国资源税法》，自 2020 年 9 月 1 日起施行。

【任务导入】

位于县城的甲企业为增值税一般纳税人（非小型微利企业），主要从事石油及天然气的开发和成品油加工生产。2024 年 5 月发生如下业务。

（1）从 A 深水油气田开采原油 8 000 吨，当月对外销售 3 000 吨，取得不含税销售额 900 万元。

（2）开采原油过程中用于加热消耗原油 50 吨。

（3）进口原油 1 000 吨，支付买价折合人民币 200 万元，运抵我国境内输入地点起卸前的运输费用和保险费共计 15 万元。

（4）从 A 深水油气田开采原油过程中同时开采天然气 320 万立方米，对外销售 200 万立方米，取得含税销售额 400 万元。

其他相关资料：原油、天然气资源税税率均为 6%，进口原油关税税率为 20%。

任务要求：根据上述资料，计算甲企业 2024 年 5 月应缴纳的资源税税额，并进行网上纳税申报。

【知识准备】

一、资源税认知及应纳税额的计算

（一）资源税的概念及作用

资源税是对在中华人民共和国领域和中华人民共和国管辖的其他海域开发应税资源取得收入征收的一种税。

资源税的主要作用如下。

（1）调节不同地区、不同企业之间由于其开采的资源条件差异而形成的级差收入，将自然资源条件优越的地区（或企业）的级差收入收归国家，从而排除因资源本身的优劣不同而造成地区（或企业）利润分配上的过大差异，进而促进各地区资源企业之间的公平竞争。

（2）通过与我国其他税种的配合，发挥税收的杠杆作用，调控宏观经济。

（3）促进资源的合理开发与利用，保护资源，加强环境保护，避免资源浪费。

（二）资源税的征税范围

资源税的征税范围有 5 个税目，这 5 个税目下面设有若干个子税目，具体税目有 164 个，如表 6-13 所示。

第一类：**能源矿产**，包括原油、天然气、页岩气、天然气水合物、煤、煤成（层）气、铀、钍、油页岩、油砂、天然沥青、石煤、地热。

原油指天然原油，不包括人造石油。天然气指专门开采或与原油同时开采的天然气，能源矿产中的煤成（层）气不属于天然气税目。煤炭开采企业因安全生产需要抽采的煤成（层）气免征资源税。煤指煤原矿和煤选矿，不包括其他煤炭制品。

第二类：**金属矿产**，包括黑色金属矿产和有色金属矿产。

第三类：**非金属矿产**，包括矿物类矿产、岩石类矿产和宝玉石类矿产。

第四类：**水气矿产**，包括二氧化碳气、硫化氢气、氦气、氡气、矿泉水。

第五类：**盐**，包括钠盐、钾盐、镁盐、锂盐、天然卤水、海盐。

表6-13　资源税税目税率表

税目			征税对象	税率
能源矿产	原油		原矿	6%
	天然气、页岩气、天然气水合物		原矿	6%
	煤		原矿或者选矿	2%～10%
	煤成（层）气		原矿	1%～2%
	铀、钍		原矿	4%
	油页岩、油砂、天然沥青、石煤		原矿或者选矿	1%～4%
	地热		原矿	1%～20%或者每立方米1～30元
金属矿产	黑色金属	铁、锰、铬、钒、钛	原矿或者选矿	1%～9%
	有色金属	铜、铅、锌、锡、镍、锑、镁、钴、铋、汞	原矿或者选矿	2%～10%
		铝土矿	原矿或者选矿	2%～9%
		钨	选矿	6.5%
		钼	选矿	8%
		金、银	原矿或者选矿	2%～6%
		铂、钯、钌、锇、铱、铑	原矿或者选矿	5%～10%
		轻稀土	选矿	7%～12%
		中重稀土	选矿	20%
		铍、锂、锆、锶、铷、铯、铌、钽、锗、镓、铟、铊、铪、铼、镉、硒、碲	原矿或者选矿	2%～10%
非金属矿产	矿物类	高岭土	原矿或者选矿	1%～6%
		石灰岩	原矿或者选矿	1%～6%或者每吨（或者每立方米）1～10元
		磷	原矿或者选矿	3%～8%
		石墨	原矿或者选矿	3%～12%
		萤石、硫铁矿、自然硫	原矿或者选矿	1%～8%
		天然石英砂、脉石英、粉石英、水晶、工业用金刚石、冰洲石、蓝晶石、硅线石（矽线石）、长石、滑石、刚玉、菱镁矿、颜料矿物、天然碱、芒硝、钠硝石、明矾石、砷、硼、碘、溴、膨润土、硅藻土、陶瓷土、耐火粘土、铁矾土、凹凸棒石粘土、海泡石粘土、伊利石粘土、累托石粘土	原矿或者选矿	1%～12%

续表

税目		征税对象	税率
非金属矿产	矿物类：叶蜡石、硅灰石、透辉石、珍珠岩、云母、沸石、重晶石、毒重石、方解石、蛭石、透闪石、工业用电气石、白垩、石棉、蓝石棉、红柱石、石榴子石、石膏	原矿或者选矿	2%～12%
	其他粘土（铸型用粘土、砖瓦用粘土、陶粒用粘土、水泥配料用粘土、水泥配料用红土、水泥配料用黄土、水泥配料用泥岩、保温材料用粘土）	原矿或者选矿	1%～5%或者每吨（或者每立方米）0.1～5元
	岩石类：大理岩、花岗岩、白云岩、石英岩、砂岩、辉绿岩、安山岩、闪长岩、板岩、玄武岩、片麻岩、角闪岩、页岩、浮石、凝灰岩、黑曜岩、霞石正长岩、蛇纹岩、麦饭石、泥灰岩、含钾岩石、含钾砂页岩、天然油石、橄榄岩、松脂岩、粗面岩、辉长岩、辉石岩、正长岩、火山灰、火山渣、泥炭	原矿或者选矿	1%～10%
	砂石	原矿或者选矿	1%～5%或者每吨（或者每立方米）0.1～5元
	宝玉石类：宝石、玉石、宝石级金刚石、玛瑙、黄玉、碧玺	原矿或者选矿	4%～20%
水气矿产	二氧化碳气、硫化氢气、氦气、氡气	原矿	2%～5%
	矿泉水	原矿	1%～20%或者每立方米1～30元
盐	钠盐、钾盐、镁盐、锂盐	选矿	3%～15%
	天然卤水	原矿	3%～15%或者每吨（或者每立方米）1～10元
	海盐		2%～5%

科目税率表中规定可以选择实行从价计征或者从量计征的，具体计征方式由省、自治区、直辖市人民政府提出，报同级人民代表大会常务委员会决定，并报全国人民代表大会常务委员会和国务院备案。

水资源税

（三）资源税的纳税人和扣缴义务人

1．纳税人

资源税的纳税人为在中华人民共和国领域和中华人民共和国管辖的其他海域开发应税资源的单位和个人。

（1）纳税人开采或者生产应税产品自用，应按规定缴纳资源税。但纳税人开采或者生产应税产品自用于连续生产应税产品的，不缴纳资源税。

（2）水资源税的纳税人为水资源税改革试点地区利用取水工程或者设施直接从江河、湖泊（含水库）和地下取用地表水、地下水的单位和个人。

（3）开采海洋、陆上油气资源的中外合作油气田、自营油气田，自2011年11月1日起新签订的合同缴纳资源税，不再缴纳矿区使用费。

🌱 **小贴士**

进口原油的石油进口企业、外购原油出口的外贸企业不是资源税的纳税人。

2. 扣缴义务人

独立矿山、联合企业及其他收购未税矿产品的单位为资源税的扣缴义务人。

（四）资源税的计税依据

资源税采用从价计征为主、从量计征为辅的征收方式。

1. 实行从价计征的，计税依据为销售额

资源税应税产品的销售额，按照纳税人销售应税产品向购买方收取的全部价款确定，不包括增值税税款。运杂费用与销售额合并收取，凡取得增值税发票或其他合法有效凭证的，准予从销售额中扣除；反之，则应当一并计征资源税。运杂费用是指应税产品从坑口或洗选（加工）地到车站、码头或购买方指定地点的运输费用、建设基金以及随运销产生的装卸、仓储、港杂费用。

2. 实行从量计征的，计税依据为销售数量

（1）纳税人开采或者生产应税产品销售的，以实际销售数量为课税数量。

（2）纳税人开采或者生产应税产品自用的，以移送时的自用数量为课税数量。

3. 外购应税产品销售额、销售数量扣减规定

纳税人外购应税产品与自采应税产品混合销售或者混合加工为应税产品销售的，在计算应税产品销售额或者销售数量时，准予扣减外购应税产品的购进金额或者购进数量。具体扣减方法为：

准予扣减的外购应税产品购进金额（数量）=外购原矿购进金额（数量）×（本地区原矿适用税率÷本地区选矿产品适用税率）

（五）资源税税率

资源税税率形式有固定比例税率和幅度税率，具体参照表6-13。

对实行幅度税率的应税产品，其具体适用税率由省、自治区、直辖市人民政府统筹考虑该应税资源的品位、开采条件以及对生态环境的影响等情况，在规定的税率幅度内提出，报同级人民代表大会常务委员会决定，并报全国人民代表大会常务委员会和国务院备案。

纳税人开采或者生产不同税目的应税产品，应当分别核算不同税目应税产品的销售额或数量，未分别核算或者不能准确提供不同税目应税产品的销售额或销售数量的，从高确定税率。

开采或者生产同一税目下适用不同税率应税产品，应当分别核算不同税率应税产品的销售额或者销售数量，未分别核算或者不能准确提供不同税率应税产品的销售额或者销售数量，从高确定税率。

（六）资源税应纳税额的计算公式

（1）从价计征，计算公式为：

应纳税额=应税产品的销售额×具体适用税率

（2）从量计征，计算公式为：

$$应纳税额=应税产品的销售数量×具体适用税率$$

（七）税收优惠

1．免征资源税

（1）开采原油以及在油田范围内运输原油过程中用于加热的原油、天然气，免征资源税。

（2）煤炭开采企业因安全生产需要抽采的煤成（层）气，免征资源税。

2．减征资源税

（1）从低丰度油气田开采的原油、天然气，减征 20%资源税。

（2）高含硫天然气、三次采油和从深水油气田开采的原油、天然气，减征 30%资源税。

（3）对页岩气（按 6%的规定税率），减征 30%资源税。

（4）从衰竭期矿山开采的矿产品，减征 30%资源税。

（5）稠油、高凝油，减征 40%资源税。

（6）对充填开采置换出来的煤炭，减征 50%资源税。

（7）"六税两费"。同城镇土地使用税。

3．省、自治区、直辖市可以决定免征或者减征资源税

（1）纳税人开采或者生产应税产品过程中，因意外事故或者自然灾害等原因遭受重大损失。

（2）纳税人开采伴生矿、低品位矿、尾矿。

4．减免税的其他规定

纳税人的免税、减税项目，应当单独核算销售额或者销售数量；未单独核算或者不能准确提供销售额或者销售数量的，不予免税或者减税。

纳税人开采或者生产同一应税产品，其中既有享受减免税政策的，又有不享受减免税政策的，按照免税、减税项目的产量占比等方法分别核算确定免税、减税项目的销售额或者销售数量。

纳税人开采或者生产同一应税产品同时符合两项或者两项以上减征资源税优惠政策的，除另有规定外，只能选择其中一项执行。

✳ 二、资源税的纳税申报

（一）纳税义务发生时间

纳税人销售应税产品，纳税义务发生时间为收讫销售款或者取得索取销售款凭据的当日。

纳税人自用应税产品，纳税义务发生时间为移送应税产品的当日。

（二）纳税期限

资源税按月或者按季申报缴纳。不能按固定期限计算缴纳的，可以按次申报缴纳。

纳税人按月或者按季申报缴纳的，应当自月度或者季度终了之日起 15 日内，向税务机关办理纳税申报并缴纳税款；按次申报缴纳的，应当自纳税义务发生之日起 15 日内，向税

微课视频

资源税认知及应纳税额的计算

省、自治区、直辖市可以决定免征或者减征资源税的情形

务机关办理纳税申报并缴纳税款。

对超过规定限额的农业生产取用水，可以按年申报缴纳。

（三）纳税地点

纳税人应当向应税产品开采地或者生产地的税务机关申报缴纳资源税。

海上开采的原油和天然气资源税由海洋石油税务管理机构征收管理。

（四）纳税申报流程

第一步：税源信息采集。

若首次申报资源税，或资源税税源信息有变化，应填写《资源税税源明细表》，如表 6-14 所示。

第二步：纳税申报。

征管系统根据税源明细表自动生成《财产和行为税纳税申报表》，纳税人确认后即可完成申报。申报成功后，单击"立即缴款"按钮进行税款缴纳，完成本次申报涉及的税款缴纳。

资源税税源明细
填写说明

表 6-14　资源税税源明细表

税款所属期限：自　　年　　月　　日至　　年　　月　　日

纳税人识别号（统一社会信用代码）：□□□□□□□□□□□□□□□□□□

纳税人名称：　　　　　　　　　　　　　　　　　　　　金额单位：人民币元（列至角分）

序号	税目	子目	计量单位	销售数量	准予扣减的外购应税产品购进数量	计税销售数量	销售额	准予扣除的运杂费	准予扣减的外购应税产品购进金额	计税销售额
	1	2	3	4	5	6=4-5	7	8	9	10=7-8-9
1										
2										
合计										

序号	税目	子目	减免性质代码和项目名称	计量单位	减免税销售数量	减免税销售额	适用税率	减征比例	本期减免税额
	1	2	3	4	5	6	7	8	9①=5×7×8
									9②=6×7×8
1									
2									
合计									

【任务实施】

针对【任务导入】中关于甲企业的工作任务，完成情况如下。

一、具体分析和计算

（1）深水油气田开采的原油、天然气，减征 30% 资源税。应缴纳资源税=9 000 000×6%×（1-30%）=378 000（元）。

（2）开采原油以及在油田范围内运输原油过程中用于加热的原油、天然气免征资源税。应缴纳资源税=0。

（3）进口资源不征收资源税。应缴纳资源税=0。

（4）应缴纳资源税=4 000 000÷（1+9%）×6%×（1-30%）=154 128.44（元）。

二、申报操作

甲企业非首次申报资源税，且资源税税源信息没有变化，不需要进行财产和行为税税源信息报告。系统自动生成《财产和行为税纳税申报表》，审核确认后即可完成申报。

采用确认式申报模式，具体操作如下。

登录新电子税务局，在首页选择"我要办税"—"税费申报及缴纳"—"财产和行为税税源采集及合并申报"，如图6-1所示，进入办税界面。

在"资源税"界面单击"填表式申报"按钮，所图6-19所示。在"资源税税源明细表"界面的"申报计算明细"和"减免税计算明细"分别单击"增行"按钮录入税源信息，完成后单击"提交"按钮，如图6-20所示。

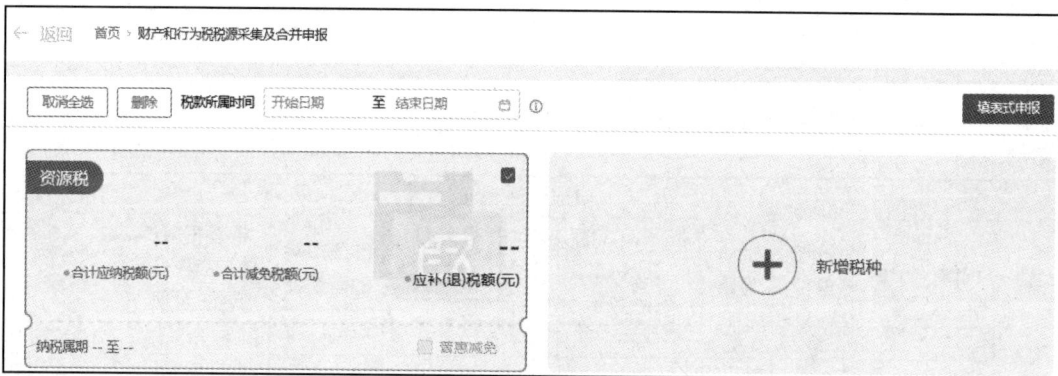

图 6-19

图 6-20

系统根据税源信息自动生成《财产和行为税纳税申报表》数据，与企业实际数据核对无误后单击"提交申报"按钮，如图6-21所示，完成申报。

图 6-21

📋 **风险案例**

通过向关联企业销售价格明显偏低的产品改变计税依据

（1）格尔木市 A 公司与全资子公司 B 公司为关联企业，2021—2023 年，A 公司向 B 子公司销售卤水，与地区其他纳税人卤水销售价格相比，A 公司卤水销售价格明显偏低。格尔木市税务机关下发《税务事项通知书》，要求 A 公司 2021—2023 年补缴增值税、资源税、企业所得税等相关各项税费共计 398 052 264.46 元，缴纳滞纳金共计 81 719 609.52 元，合计缴纳 479 771 873.98 元。

（2）湖北省黄冈市 Y 水泥有限公司（以下简称"Y 公司"）主要从事水泥、水泥制品生产销售、石灰石开采和销售等业务。Y 公司是湖北 a 公司、武汉 b 公司、江西 c 公司、南昌 d 公司等公司的关联企业。Y 公司所在地区石灰石矿产资源丰富，2018—2020 年当地石灰石市场销售行情较好，石灰石市场销售的平均单价为 45 元/吨左右。但 Y 公司的石灰石销售数据却显示，该公司向其关联企业所销售的石灰石价格均未超过 31 元/吨，价格明显低于市场平均价格。对 Y 公司销售客户——湖北 a 公司的采购情况进行拓展调查，发现湖北 a 公司在 2018—2020 年，还从 X 矿业公司采购了约 150 万吨与 Y 公司同等质量的石灰石，但这些石灰石的采购均价为 40 元/吨，采购价格明显高于 Y 公司的销售价格。

税务机关依法对 Y 公司做出补缴增值税 1 523 万元、资源税 1 024 万元并加收滞纳金的处理决定。

政策解析：《财政部 税务总局关于资源税有关问题执行口径的公告》（财政部 税务总局公告 2020 年第 34 号）表明，纳税人申报的应税产品销售额明显偏低且无正当理由的，或者有自用应税产品行为而无销售额的，主管税务机关可以按下列方法和顺序确定其应税产品销售额。

（1）按纳税人最近时期同类产品的平均销售价格确定。

（2）按其他纳税人最近时期同类产品的平均销售价格确定。

（3）按后续加工非应税产品销售价格，减去后续加工环节的成本利润后确定。

（4）按应税产品组成计税价格确定。

$$组成计税价格=成本×（1+成本利润率）÷（1-资源税税率）$$

（5）按其他合理方法确定。

📋 **风险案例**

以处理大量矸石废料为名掩盖煤炭销售行为，隐匿收入，逃避纳税

六盘水市 M 煤业有限公司（以下简称"M 公司"）是增值税一般纳税人，主要从事煤

炭洗选产品的销售业务。税务机关通过大数据发现 M 公司 2018—2021 年填报的煤炭调运信息中，煤产品只有 1.8 万吨，但却有 3 万吨是矸石，存在不合惯例的销售配比现象。后调查发现，M 公司以处理矸石废料为名，掩盖真实煤炭销售活动，通过虚假申报，共隐匿收入 1 441.24 万元，少缴纳相关税费 379.9 万元。税务机关依法将 M 公司行为定性为偷税，对其做出补缴税费、加收滞纳金，并处罚款 189.94 万元的处理决定。

政策解析：根据我国税收征管法规定，纳税人必须依照法律、行政法规规定或者税务机关依照法律、行政法规规定确定的申报期限、申报内容如实办理纳税申报，报送纳税申报表、财务会计报表以及税务机关根据实际需要要求纳税人报送的其他纳税资料。M 煤业有限公司在销售煤炭产品后，应根据实际销售收入、销售成本等情况，如实填写纳税申报表，并按时向税务机关申报纳税。该企业通过不开票的方式隐匿销售收入，不用真实的销售数据进行纳税申报，属于严重违反纳税申报义务的行为，导致国家税款的流失。

📖 **AI 小课堂 19**

利用文心一言、DeepSeek、豆包、讯飞星火等 AI 工具，探索"现行资源税的征税范围涵盖矿产品和盐等，但随着经济发展和对资源保护重视程度的提高，是否应将更多的自然资源纳入征税范围，如水资源、森林资源、草原资源等"的答案。

扫二维码查看使用文心一言进行搜索的结果。

AI 小课堂 19

任务七　土地增值税智慧化申报与管理

⚙ 历史课堂

1993 年 12 月，国务院颁布《中华人民共和国土地增值税暂行条例》，土地增值税作为新税制中的一个税种在我国出现。1995 年 1 月，财政部发布《中华人民共和国土地增值税暂行条例实施细则》，土地增值税开始正式在全国范围内开征。土地增值税设立的主要目的有两个：一是满足国家对房地产开发和房地产交易市场调控的需要，抑制炒买炒卖房地产，遏制投机者牟取暴利；二是增加国家财政收入，随着房地产成为国民经济的支柱产业，土地增值税在调节房地产企业合理收益、促进房地产行业健康发展方面发挥了税收杠杆作用。

📖【任务导入】

丁公司为增值税一般纳税人，2016 年该公司（兼营房地产开发）买进土地及地上建筑物，价值 420 万元。2024 年 5 月，该公司将土地使用权连同地上建筑物一并转让给 A 公司，取得含税转让收入 550 万元。转让过程中企业按 5% 的征收率简易计算增值税，按 7% 的税率计算城市维护建设税、按 3% 的税率计算教育费附加、按 0.5‰ 的税率计算印花税。转让时该建筑物已提折旧 40 万元。

任务要求：完成丁公司 2024 年第二季度的土地增值税的计算、申报工作（假设当季没有发生其他土地增值税应税行为）。

📖【知识准备】

✳ 一、土地增值税认知及应纳税额的计算

（一）土地增值税的概念及特点

土地增值税是对转让国有土地使用权、地上建筑物及其附着物并取得收入的单位和个人，就其转让房地产所取得的增值额征收的一种税。

土地增值税具有五个特点。

（1）征税面较广，凡在中国境内转让房地产并取得增值收入的单位和个人，除税法规定免税的外，均应按照税法规定缴纳土地增值税。

（2）以转让房地产取得的增值额为征税对象。

（3）采用扣除法和评估法计算增值额。

（4）实行超率累进税率。

（5）实行按次征收，每转让一次就征收一次土地增值税。

（二）土地增值税的征税范围

1. 征税范围的一般规定

（1）转让国有土地使用权。

土地增值税只对转让国有土地使用权的行为征税，对转让非国有土地使用权和出让国有土地使用权的行为均不征税。

转让国有土地使用权，是指土地使用者通过向国家支付土地出让金等形式取得国有土地使用权后，将国有土地使用权再转让的行为，是国有土地使用权的二级市场上的转让行为。

> 🏫 小贴士
>
> 国有土地使用权出让，是指国家以土地所有者的身份将土地使用权在一定年限内让与土地使用者，并由土地使用者向国家支付土地出让金的行为。因为土地使用权的出让方是国家，出让收入在性质上相当于政府凭借其拥有的国有土地所有权而在土地一级市场上收取的租金，所以，政府出让土地的行为及取得的收入不属于土地增值税的征税范围。

> 🏫 小贴士
>
> 转让集体所有制土地，应先在有关部门办理（或补办）土地征用或出让手续，使之变为国家所有才可转让，并纳入土地增值税的征税范围。集体土地的自行转让是一种违法行为。

（2）地上的建筑物及其附着物连同国有土地使用权一并转让。

地上建筑物，是指建于土地上的一切建筑物，包括地上地下的各种附属设施，如厂房、仓库、商店、医院、住宅、地下室、围墙、烟囱、电梯、中央空调、管道等。所谓附着物，是指附着于土地上的不能移动或一经移动即遭损坏的物品。

（3）存量房地产（二手房）的买卖。

存量房地产是指已经建成并投入使用的房屋，与增量房（新开发的房屋）相对。

> **小贴士**
>
> 以下3个标准同时具备时，才属于土地增值税的征税范围：
> （1）转让的土地使用权必须是国家所有；
> （2）土地使用权、地上的建筑物及其附着物的产权必须发生转让；
> （3）必须有偿转让。

2．征税范围的特殊规定

（1）房地产继承。房地产继承虽发生了房地产的权属变更，但房产所有人、土地使用权的所有人并没有因为权属变更而取得任何收入。因此，房地产的继承不属于土地增值税的征税范围。

（2）房地产赠与。房地产的赠与虽发生了房地产的权属变更，但房产所有人、土地使用权的所有人并没有因为权属的转让而取得任何收入。因此，房地产赠与不属于土地增值税的征税范围。但仅包括以下两种情况：①房产所有人、土地使用权所有人将房屋产权、土地使用权赠与直系亲属或承担直接赡养义务人的行为；②房产所有人、土地使用权所有人通过中国境内非营利的社会团体、国家机关将房屋产权、土地使用权赠与教育、民政和其他社会福利、公益事业的行为。

（3）房地产出租。出租人取得收入，但没有发生房地产产权的转让，不属于土地增值税的征税范围。

（4）房地产抵押。房地产在抵押期间不征收土地增值税。待抵押期满后，视该房地产是否转移产权来确定是否征收土地增值税。

（5）房地产抵债。以房地产抵债而发生房地产产权转让的，属于土地增值税的征税范围。

（6）房地产交换。交换房地产行为即发生了房产产权、土地使用权的转移，交换双方又取得了实物形态的收入，属于土地增值税的征税范围。对个人之间互换自有居住用房地产的，经当地税务机关核实，可以免征土地增值税。

（7）合作建房。对于一方出地，一方出资金，双方合作建房，建成后分房自用的，暂免征收土地增值税。建成后转让的，属于土地增值税的征税范围。

（8）房地产的代建行为。房地产开发公司代客户建造建筑物，并向客户收取劳务费的行为，由于并没有发生土地使用权的转让，不属于土地增值税的征税范围。

（9）房地产评估增值。房地产评估增值没有发生房地产权属的转让，不属于土地增值税的征税范围。

【例6-3】下列各项中，应当征收土地增值税的是（　　　　）。

A．企业与企业之间互换房产

B．房地产开发企业为客户代建房产

C．企业将房产出租

D．双方企业合作建房后按比例分配自用房产

（三）土地增值税的纳税人

转让国有土地使用权、地上的建筑物及其附着物（以下简称"转让房地产"）并取得收

入的单位和个人，为土地增值税的纳税人。

土地增值税的纳税人具体包括各类企业单位、事业单位、国家机关和社会团体及其他组织，也包括自然人和个体经营者，以及外商投资企业、外国企业及外国驻华机构，以及外国公民、华侨、港澳台同胞等。

（四）土地增值税的计税依据

土地增值税的计税依据是纳税人转让房地产所取得的增值额。转让房地产的增值额，是指纳税人转让房地产的收入金额减除税法规定的扣除项目金额后的余额。土地增值额的大小，取决于转让房地产的收入金额和扣除项目金额两个因素。

1．应税收入

纳税人转让房地产取得的应税收入，应包括转让房地产的全部价款及有关的经济收益。从收入的形式来看，包括货币收入、实物收入和其他收入。转让房地产取得的收入为不含增值税收入。

2．扣除项目

（1）取得土地使用权所支付的金额。

① 纳税人为取得土地使用权所支付的地价款。

纳税人以协议、招标、拍卖等出让方式取得土地使用权的，其价款为纳税人所支付的土地出让金；以行政划拨方式取得土地使用权的，其价款为按国家有关规定补交的出让金；以转让方式取得土地使用权的，其价款为向原土地使用人实际交付的地价款。

② 纳税人在取得土地使用权时按国家统一规定缴纳的有关费用。

有关费用是指纳税人在取得土地使用权过程中为办理有关手续，按国家统一规定缴纳的有关登记、过户手续费。

（2）房地产开发成本。

房地产开发成本包括土地征用及拆迁补偿、前期工程费用、建筑安装工程费、基础设施费、公共配套设施费、开发间接费。

（3）房地产开发费用。

房地产开发费用是指与开发项目有关的销售费用、管理费用和财务费用。该项目的扣除根据财务费用中利息支出的不同情况而采用不同的扣除

具体的房地产开发成本

方法：①财务费用中的利息支出，凡能够按转让房地产项目计算分摊并提供金融机构证明的，允许据实扣除，但最高不能超过商业银行同类同期贷款利率计算的金额；②其他房地产开发费用，按取得土地使用权所支付的金额和房地产开发成本两项金额之和的5%以内计算扣除；③凡不能按转让房地产项目计算分摊利息支出或不能提供金融机构证明的，房地产开发费用按取得土地使用权所支付的金额和房地产开发成本两项金额的10%以内计算扣除。

（4）与转让房地产有关的税金。

与转让房地产有关的税金是指纳税人在转让房地产时缴纳的城市维护建设税、印花税。因转让房地产缴纳的教育费附加，也可视同税金予以扣除。

（5）旧房及建筑物的评估价格（适用存量房地产转让）。

税法规定，转让旧房的，应按房屋及建筑物的评估价格、取得土地使用权所支付的地价款和按国家统一规定缴纳的有关费用以及在转让环节缴纳的税金作为扣除项目金额计征土地增值税。

旧房及建筑物的评估价格是指转让已使用过的房屋及建筑物时，由政府批准设立的房地产评估机构评定的重置成本价乘以成新度折扣率后的价格。评估价格须经当地税务机关确认。评估价格计算公式为：

$$评估价格=重置成本价×成新度折扣率$$

纳税人转让旧房及建筑物，凡不能取得评估价格，但能提供购房发票的，经当地税务部门确认，可按发票所载金额并从购买年度起至转让年度止每年加计5%计算扣除。计算扣除项目时"每年"按购房发票所载日期起至售房发票开具之日止，每满12个月计1年；超过1年，未满12个月但超过6个月的，可以视同1年。

对于转让旧房及建筑物，既没有评估价格，又不能提供购房发票的，税务机关可以根据《中华人民共和国税收征收管理法》第三十五条的规定，实行核定征收。

对纳税人购房时缴纳的契税，凡能提供契税完税凭证的，准予作为"与转让房地产有关的税金"予以扣除，但不作为加计5%的基数。

（6）财政部规定的其他扣除项目。

对从事房地产开发的纳税人，可按取得土地使用权所支付的金额和房地产开发成本两项金额之和，加计20%扣除。

（五）土地增值税的税率

我国的土地增值税实行四级超率累进税率，如表6-15所示。

表6-15　土地增值税四级超率累进税率表

级数	增值额与扣除项目金额的比率	税率	速算扣除系数
1	不超过50%的部分	30%	0%
2	超过50%至100%的部分	40%	5%
3	超过100%至200%的部分	50%	15%
4	超过200%的部分	60%	35%

🈯 知识拓展

关于土地增值税预征率

纳税人在项目全部竣工结算前转让房地产取得的收入，由于涉及成本确定或其他原因，而无法据以计算土地增值税的，可以预征土地增值税，待该项目全部竣工、办理结算后再进行清算，多退少补。具体办法由各省、自治区、直辖市税务机关根据当地情况制定。

土地增值税预征率由地方政府根据实际情况确定，根据房产类型、地区不同，一般为1%～3%。自2024年12月1日起，将土地增值税预征率下限降低0.5个百分点。调整后，除保障性住房外，东部地区省份预征率下限为1.5%，中部和东北地区省份预征率下限为1%，西部地区省份预征率下限为0.5%（地区的划分按照国务院有关文件的规定执行）。

（六）土地增值税应纳税额的计算公式

计算土地增值税的步骤和公式如下。

第一步，计算不含增值税的收入总额。

第二步，计算扣除项目金额。

第三步，用不含增值税的收入总额减除扣除项目金额计算增值额。

$$增值额=转让房地产收入（不含增值税）-扣除项目金额$$

第四步，计算增值额与扣除项目金额之间的比例（增值率），以确定适用税率的档次和对应的速算扣除系数。

第五步，套用公式计算税额。

$$应纳税额=增值额×税率-扣除项目金额×速算扣除系数$$

【例6-4】某房地产公司 2024 年 12 月签订一份新建写字楼销售合同，不含税价款为 18 000 万元。取得土地使用权时支付转让费 2 000 万元；房地产开发成本 6 000 万元；利息支出 160 万元（能提供金融机构证明）；销售过程中支付相关税金 980 万元，当地规定房地产开发费用的扣除比率为 5%。计算该房地产公司销售该写字楼应缴纳的土地增值税税额。

微课视频

土地增值税计算
五步骤

（七）税收优惠

（1）纳税人建造普通标准住宅出售，增值额未超过各项规定扣除项目金额 20%的，免征土地增值税。增值额超过扣除项目金额之和 20%的，应就其全部增值额按规定计税。

（2）因城市实施规划、国家建设需要依法征用、收回的房地产，免征土地增值税。

（3）因城市实施规划、国家建设需要而搬迁由纳税人自行转让原房地产的，免征土地增值税。

（4）个人销售住房、个人之间互换自有居住用房地产的，免征土地增值税。

（5）个人因工作调动或者改善居住条件而转让原自用住房，经向主管税务机关申报核准，在原住房居住满 5 年或 5 年以上的，免征土地增值税；居住满 3 年不满 5 年的，减半征收土地增值税；居住不满 3 年的，按规定计征土地增值税。

（6）企事业单位、社会团体以及其他组织转让旧房作为改造安置住房、公租房或保障性住房房源，且增值额未超过扣除项目金额 20%的，免征土地增值税。

（7）企业改制重组，合规享受土地增值税优惠。

有关企业改制重组
的土地增值税政策

❋ 二、土地增值税的纳税申报

（一）纳税义务发生时间

（1）合同签订。纳税人应当自转让房地产合同签订之日起 7 日内向房地产所在地主管税务机关办理纳税申报，并在税务机关核定的期限内缴纳土地增值税。

（2）赊销或分期收款方式。以赊销或分期收款方式转让房地产的，其纳税义务发生时间是本期收到价款的当天或合同约定本期应收价款日期的当天。

（3）预收价款方式。采用预收价款方式转让房地产的，其纳税义务发生时间为收到预收价款的当天。

（4）法院判决或仲裁。如果是通过法院或仲裁机构裁决房地产权属转移的情况，土地增值税纳税义务发生时间以判决书、裁定书或仲裁书确定的权属转移时间为准。

（二）纳税期限

土地增值税的纳税期限由主管税务机关根据房地产的不同情况具体确定。

（1）以一次交割、付清价款方式转让房地产的，由主管税务机关在纳税人办理纳税申报后，根据其应纳税额的大小及向有关部门办理过户、登记手续的期限等，规定其在办理过户、登记手续前数日内一次性缴纳全部土地增值税。

（2）以分期付款方式转让房地产的，主管税务机关可根据合同规定的收款日期，分期缴纳土地增值税。

（3）项目全部竣工决算前转让房地产的，纳税人在项目竣工结算前转让房地产取得的收入，由于涉及成本核算或其他原因，无法据实计算土地增值税的，可以预征土地增值税，在项目竣工办理结算后再进行清算，根据应征税额和已征税额进行结算清缴，多退少补。

（4）房地产开发企业开发建造的房地产、因分次转让而频繁发生纳税义务、难以在每次转让后申报纳税的情况，土地增值税可按月或按各省、自治区、直辖市和计划单列市税务局规定的期限申报缴纳。

（三）纳税地点

土地增值税的纳税人应向房地产所在地主管税务机关办理纳税申报，并在税务机关核定的期限内缴纳土地增值税。

房地产所在地是指房地产的坐落地。纳税人转让的房地产坐落在两个或两个以上地区的，应按房地产所在地分别申报纳税。

纳税人是自然人的，当其转让的房地产坐落地与其居住所在地一致时，在住所所在地税务机关申报纳税；当转让的房地产坐落地与其居住所在地不一致时，在办理过户手续所在地的税务机关申报纳税。

（四）纳税申报流程

第一步：税源信息采集。

首次申报土地增值税，或税源信息有变化的，应填写《土地增值税税源明细表》，如表6-16所示。

土地增值税税源明细填写说明

表6-16　土地增值税税源明细表

税款所属期限：自　　年　月　日至　　年　月　日

纳税人识别号（统一社会信用代码）：□□□□□□□□□□□□□□□□□□

纳税人名称：　　　　　　　　　　金额单位：人民币元（列至角分）；面积单位：平方米

土地增值税项目登记表（从事房地产开发的纳税人适用）			
项目名称		项目地址	
土地使用权受让（行政划拨）合同号		受让（行政划拨）时间	
建设项目起讫时间	总预算成本		单位预算成本
项目详细坐落地点			

土地增值税项目登记表（从事房地产开发的纳税人适用）

开发土地总面积		开发建筑总面积		房地产转让合同名称	
转让次序	转让土地面积（按次填写）		转让建筑面积（按次填写）	转让合同签订日期（按次填写）	
第1次					
第2次					
……					
备注					

土地增值税申报计算及减免信息

申报类型：

1. 从事房地产开发的纳税人预缴适用　□

2. 从事房地产开发的纳税人清算适用　□

3. 从事房地产开发的纳税人按核定征收方式清算适用　□

4. 纳税人整体转让在建工程适用□

5. 从事房地产开发的纳税人清算后尾盘销售适用　□

6. 转让旧房及建筑物的纳税人适用　□

7. 转让旧房及建筑物的纳税人核定征收适用　□

项目名称		项目编码		
项目地址				
项目总可售面积		自用和出租面积		
已售面积	其中：普通住宅已售面积	其中：非普通住宅已售面积		其中：其他类型房地产已售面积
清算时已售面积		清算后剩余可售面积		

申报类型	项目	序号	金额			
			普通住宅	非普通住宅	其他类型房地产	总额
1. 从事房地产开发的纳税人预缴适用	一、房产类型子目	1				—
	二、应税收入	2=3+4+5				
	1. 货币收入	3				
	2. 实物收入及其他收入	4				
	3. 视同销售收入	5				
	三、预征率（%）	6				—
2. 从事房地产开发的纳税人清算适用 3. 从事房地产开发的纳税人按核定征收方式清算适用 4. 纳税人整体转让在建工程适用	一、转让房地产收入总额	1=2+3+4				
	1. 货币收入	2				
	2. 实物收入及其他收入	3				
	3. 视同销售收入	4				
	二、扣除项目金额合计	5 = 6+7+14+17+21+22				
	1. 取得土地使用权所支付的金额	6				
	2. 房地产开发成本	7 = 8+9+10+11+12+13				
	其中：土地征用及拆迁补偿费	8				

申报 类型	项目		序号	金额			
				普通 住宅	非普通 住宅	其他类型 房地产	总额
	前期工程费		9				
	建筑安装工程费		10				
	基础设施费		11				
	公共配套设施费		12				
	开发间接费用		13				
	3. 房地产开发费用		14 = 15+16				
	其中：利息支出		15				
	其他房地产开发费用		16				
	4. 与转让房地产有关的税金等		17 = 18+19+20				
	其中：营业税		18				
	城市维护建设税		19				
2. 从事房地产 开发的纳税人 清算适用	教育费附加		20				
	5. 财政部规定的其他扣除项目		21				
3. 从事房地产 开发的纳税人 按核定征收方 式清算适用	6. 代收费用 （纳税人整体转让在建工程不 填此项）		22				
	三、增值额		23=1-5				
4. 纳税人整体 转让在建工程 适用	四、增值额与扣除项目金额 之比（%）		24 = 23÷5				
	五、适用税率（核定征收率） （%）		25				
	六、速算扣除系数（%）		26				
	七、减免税额		27=29+31+33				
	其中： 减免税 （1）	减免性质代码和 项目名称（1）	28				
		减免税额（1）	29				
	减免税 （2）	减免性质代码和 项目名称（2）	30				
		减免税额（2）	31				
	减免税 （3）	减免性质代码和 项目名称（3）	32				
		减免税额（3）	33				
5. 从事房地产 开发的纳税人 清算后尾盘销 售适用	一、转让房地产收入总额		1=2+3+4				
	1. 货币收入		2				
	2. 实物收入及其他收入		3				
	3. 视同销售收入		4				
	二、扣除项目金额合计		5=6×7+8				
	1. 本次清算后尾盘销售的销 售面积		6				

申报类型	项目	序号	金额			
			普通住宅	非普通住宅	其他类型房地产	总额
5. 从事房地产开发的纳税人清算后尾盘销售适用	2. 单位成本费用	7				
	3. 本次与转让房地产有关的税金	8=9+10+11				
	其中：营业税	9				
	城市维护建设税	10				
	教育费附加	11				
	三、增值额	12=1-5				
	四、增值额与扣除项目金额之比（％）	13=12÷5				
	五、适用税率（核定征收率）（％）	14				
	六、速算扣除系数（％）	15				
	七、减免税额	16=18+20+22				
	其中：减免税（1）	减免性质代码和项目名称（1）	17				
		减免税额（1）	18				
	减免税（2）	减免性质代码和项目名称（2）	19				
		减免税额（2）	20				
	减免税（3）	减免性质代码和项目名称（3）	21				
		减免税额（3）	22				
6. 转让旧房及建筑物的纳税人适用 7. 转让旧房及建筑物的纳税人核定征收适用	一、转让房地产收入总额	1=2+3+4				
	1. 货币收入	2				
	2. 实物收入	3				
	3. 其他收入	4				
	二、扣除项目金额合计	（1）5=6+7+10+15 （2）5=11+12+14+15				
	（1）提供评估价格					
	1. 取得土地使用权所支付的金额	6				
	2. 旧房及建筑物的评估价格	7=8×9				
	其中：旧房及建筑物的重置成本价	8				
	成新度折扣率	9				
	3. 评估费用	10				
	（2）提供购房发票					
	1. 购房发票金额	11				
	2. 发票加计扣除金额	12=11×5%×13				
	其中：房产实际持有年数	13				

续表

申报类型	项目		序号	金额			
				普通住宅	非普通住宅	其他类型房地产	总额
	3. 购房契税		14				
	4. 与转让房地产有关的税金等		15=16+17+18+19				
	其中：营业税		16				
	城市维护建设税		17				
	印花税		18				
	教育费附加		19				
	三、增值额		20=1-5				
6.转让旧房及建筑物的纳税人适用	四、增值额与扣除项目金额之比（%）		21=20÷5				
7.转让旧房及建筑物的纳税人核定征收适用	五、适用税率（核定征收率）（%）		22				
	六、速算扣除系数（%）		23				
	七、减免税额		24=26+28+30				
	其中：减免税（1）	减免性质代码和项目名称（1）	25				
		减免税额（2）	26				
	减免税（2）	减免性质代码和项目名称（2）	27				
		减免税额（2）	28				
	减免税（3）	减免性质代码和项目名称（3）	29				
		减免税额（3）	30				

第二步：纳税申报。

征管系统根据税源明细表自动生成《财产和行为税纳税申报表》，纳税人确认后即可完成申报。申报成功后，单击"立即缴款"按钮进行税款缴纳，完成本次申报涉及的税款缴纳。

【任务实施】

完成丁公司 2024 年第二季度的土地增值税的计算、申报工作。

一、具体分析和计算

企业应交增值税=5 500 000÷（1+5%）×5%=261 904.76（元）

不含税定价=5 500 000-261 904.76=5 238 095.24（元）

企业应交城市维护建设税=261 904.76×7%=18 333.33（元）

企业应交教育费附加=261 904.76×3%=7 857.14（元）

企业应交印花税=5 500 000×0.5‰=2 750（元）

允许扣除项目金额=4 200 000+18 333.33+7 857.14+2 750=4 228 940.47（元）

增值额=5 238 095.24 – 4 228 940.47=1 009 154.77（元）

增值额与允许扣除项目的比率=1 009 154.77÷4 228 940.47×100%=23.86%，适用 30%的税率。

应纳土地增值税税额=4 228 940.47×30%=302 746.43（元）

二、申报操作

具体操作如下。

登录新电子税务局，在首页选择"我要办税"—"税费申报及缴纳"—"财产和行为税税源采集及合并申报"，如图 6-1 所示，进入办税界面。

在"土地增值税"界面单击"税源采集"按钮，如图 6-22 所示。

在"土地增值税税源信息"界面的"税源明细报告类型"处选择"6.转让旧房及建筑物的纳税人适用"，在"税源明细筛选列表"中选择"房源"，然后单击"下一步"按钮，如图 6-23 所示。

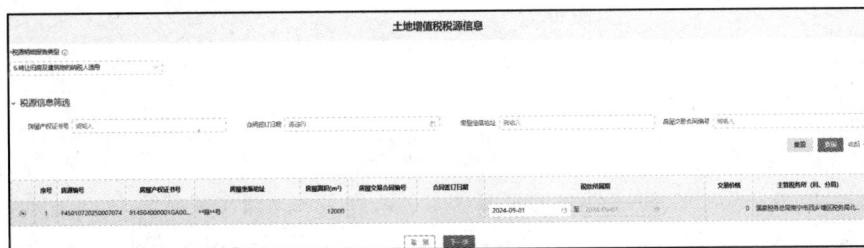

图 6-22

图 6-23

录入"土地增值税税源信息（转让旧房及建筑物的纳税人适用）"中的"一、转让房地产收入总额 1=2+3+4"和"二、扣除项目金额合计"中的有关信息，系统自动计算其他项目金额，然后单击"保存"按钮，如图 6-24 所示。

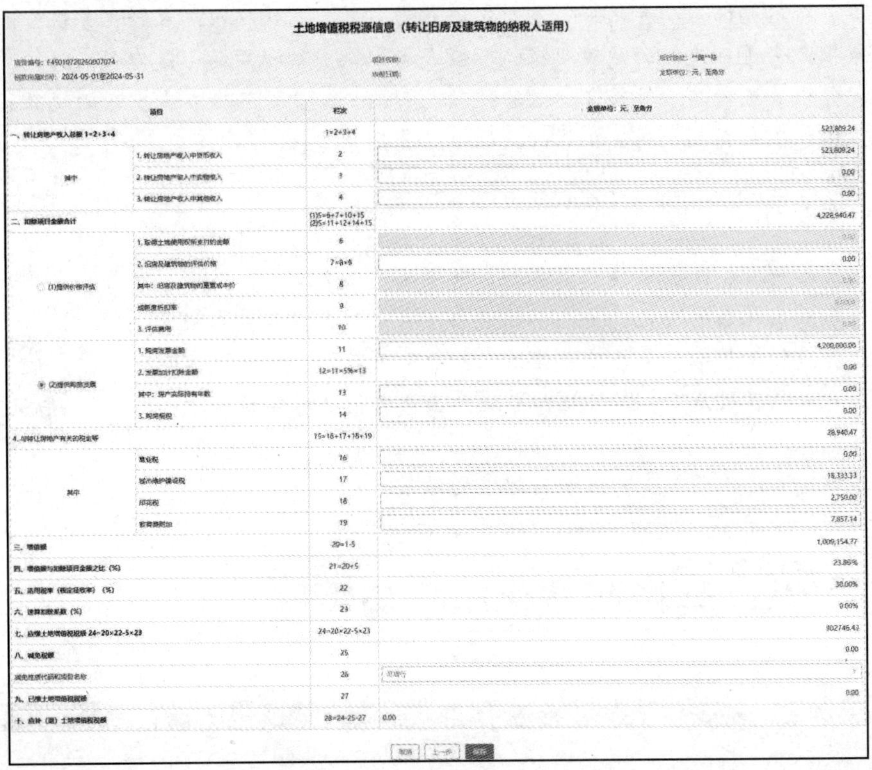

图 6-24

系统根据税源信息自动生成《财产和行为税纳税申报表申报表》数据，与企业实际数据核对无误后单击"提交申报"按钮，如图 6-25 所示，完成申报。

图 6-25

任务评价 16

📋 **风险案例**

多扣成本 虚假申报

北京某地产公司，在 SOHO 尚都项目（二、三期）土地增值税清算和企业所得税汇算清缴中，违规多扣成本，进行虚假申报，少缴土地增值税和企业所得税共计 1.98 亿元。根据《中华人民共和国税收征收管理法》《中华人民共和国行政处罚法》等法律法规规定，税务部门依法对其追缴税款、加收滞纳金并处 2.5 倍罚款共计 7.09 亿元。

政策解析：税务部门给出的处罚事由是账簿上多列支出、进行虚假纳税申报。该公司违反了《中华人民共和国税收征收管理法》第六十三条，纳税人伪造、变造、隐匿、擅自销毁账簿、记账凭证，或者在账上多列支出或者不列、少列收入或者经税务机关通知申报而拒不申报或者进行虚假的纳税申报，不缴或者少缴应纳税款的，是偷税。对纳税人偷税的，由税务机关追缴其不缴或者少缴的税款、滞纳金，并处不缴或者少缴的税款百分之五十以上五倍以下的罚款；构成犯罪的，依法追究刑事责任。

📖 **AI 小课堂 20**

利用文心一言、DeepSeek、豆包、讯飞星火等 AI 工具，探索"随着房地产开发模式的多样化和成本构成的变化，一些新的成本项目如绿色建筑成本投入、智能化设施建设费用等，是否应合理纳入扣除项目范围，以更准确地反映房地产开发的实际成本，同时鼓励房地产企业进行技术创新和绿色发展"的答案。

扫二维码查看使用文心一言进行搜索的结果。

AI 小课堂 20

👥 **任务八** 契税智慧化申报与管理

💡 **历史课堂**

我国契税起源于东晋时期的"估税"，至今已有 1 600 多年的历史。当时规定，凡买卖田宅、奴婢、牛马，立有契据者，每一万钱交易额官府征收四百钱，即税率为4%，其中卖方缴纳3%，买方缴纳1%。由于契税是以保障产权的名义征收的，所以长期以来它都是由纳税人自觉向政府申报投税，请求验印或发给契证。契税在群众中影响较深，素有"地凭文契官凭印""买地不税契，诉讼没凭据"的谚语。中华人民共和国成立后，政务院于1950年发布的《契税暂行条例》规定，对土地、房屋的买卖、典当、赠与和交换征收契税。1954年财政部经政务院批准，对《契税暂行条例》的个别条款进行了修改，规定对公有制单位承受土地、房屋权属转移免征契税。为了适应社会主义市场经济形势，充分发挥契税筹集财政收入和调控房地产市场的功能，1997年7月7日，国务院发布了《中华人民共和国契税暂行条例》，并于同年10月1日起实施。新的契税暂行条例对土地使用权转移征税，不再具有保障土地、房屋权属的作用；统一了各种经济成分的税收政策，对典当行为取消了契税，缩小了减免税范围，下调了税率，修订了计税依据。2020年8月11日，《中华人民共和国契税法》（以下简称《契税法》）由第十三届全国人民代表大会常务委员会第二十一次会议通过，自2021年9月1日起施行。

【任务导入】

丁公司为增值税一般纳税人，2024年度契税资料如下。

2024年9月7日丁公司通过转让方式在南宁市青秀区取得一栋房产（不动产权证号为45000000000；不动产单元代码为650001002003000400；土地坐落地为广西壮族自治区南宁市青秀区文化路×××号），占地面积共计5 000平方米。丁公司与转让方庚公司（统一社会信用代码为914500000000000000；电话为0771-3500000）签订了房屋权属转移合同，成交价格为3 500万元。税务机关核定的适用税率为3%。上述业务价格均为不含增值税的价格。

任务要求：完成下列工作任务。

（1）判断丁、庚公司是否属于契税的纳税人。

（2）计算契税应纳税额。

（3）进行契税纳税申报工作。

【知识准备】

一、契税认知及应纳税额的计算

（一）契税的概念和作用

契税是以权属发生转移的不动产为征税对象，向产权承受人征收的一种财产税。

契税主要用于保障不动产所有人的合法权益。在房地产交易过程中，契税的征收不仅证明了交易的合法性，还确保了政府颁发的契证能作为合法的产权凭证，保障不动产所有人的利益。

（二）契税的征税对象和征税范围

契税的征税对象为发生土地使用权和房屋所有权权属转移的土地和房屋。具体的征税范围如下。

1．土地使用权出让

土地使用权出让是指国家或集体以土地所有者的身份将土地使用权在一定年限内让渡给土地使用者，并由土地使用者向国家或集体支付土地使用权出让金的行为。土地使用权出让可以使用拍卖、招标、双方协议的方式。

2．土地使用权转让

土地使用权转让，是指土地使用者将土地使用权转移给其他单位和个人的行为，包括出售、赠与、互换。以作价投资（入股）、偿还债务、划转、奖励等方式转移土地、房屋权属的，应当依照规定征收契税。土地使用权转让不包括土地承包经营权和土地经营权的转移。

3．房屋买卖、赠与、互换

（1）房屋买卖。

房屋买卖是指房屋所有者将其房屋出售，由承受者交付货币、实物、无形资产或者其他经济利益的行为。以房屋抵债，以实物交换房屋，用房产进行投资、入股，买房拆料或翻建新房等情形视同房屋买卖，缴纳契税。

（2）房屋赠与。

房屋赠与是指房屋产权所有人将房屋无偿转让给他人所有的行为。以获奖方式取得房屋产权视同赠与。房屋赠与不包括房屋的继承、分拆（分割）、典当。

（3）房屋互换。

房屋互换是指房屋所有者之间相互交换房屋的行为。房屋互换的主体不仅可以是公民，还可以是房地产管理机关、企事业单位、机关团体。

4．权属转移

（1）因共有不动产份额变化的。

（2）因共有人增加或减少的。

（3）因人民法院、仲裁委员会的生效法律文书或者监察机关出具的监察文书等因素，发生土地、房屋权属转移的。

（三）契税的纳税人

在中国境内转移土地、房屋权属，承受的单位和个人为契税的纳税人。

一般税种都确定销售者为纳税人，即卖方纳税。契税则属于土地、房屋产权发生交易过程中的财产税，由权属的承受人纳税，即买方纳税。承受是指以受让、购买、受赠、互换等方式取得土地、房屋权属的行为。

（四）契税的计税依据

契税的计税依据是指土地使用权、房屋所有权发生转移，权属承受人应支付的价格。依不动产的转移方式、定价方法不同，契税计税依据具体如下。

（1）土地使用权出让、出售，房屋买卖的契税计税依据为土地、房屋权属转移合同确定的**成交价格**，包括应交付的货币以及实物、其他经济利益对应的价款。

（2）土地使用权互换、房屋互换的契税计税依据为所互换的土地使用权、房屋价格的**差额**。互换价格相等的，免征契税；互换价格不等的，由支付差价的一方缴纳契税。

> **小贴士**
>
> 土地使用权与房屋之间进行互换（包括以地换房、以房换地）的情形，不属于税法规定的以互换价格的差额作为计税依据征收契税的范围。

【例6-5】某公司将一处价值500万元的厂房与A公司交换，并支付给A公司差价款200万元，契税税率为3%。计算该公司应缴纳的契税。

（3）土地使用权赠与、房屋赠与以及其他没有价格的转移土地、房屋权属行为，其契税计税依据为税务机关参照土地使用权出售、房屋买卖的市场价格依法核定的价格。

纳税人申报的成交价格、互换价格差额明显偏低且无正当理由的，由税务机关依照《中华人民共和国税收征收管理法》的规定核定。

（4）以划拨方式取得土地使用权，经批准转让时划拨地的转让方补缴契税，计税依据为应补交的土地出让金和其他出让费用。

（五）契税的税率

契税实行3%～5%的幅度比例税率。

契税的具体适用税率由省、自治区、直辖市人民政府在规定的税率幅度内提出，报同级人民代表大会常务委员会决定，并报全国人民代表大会常务委员会和国务院备案。各省、自治区、直辖市人民政府可以对不同主体、不同地区、不同类型的住房的权属转移，确定差别税率。

（六）契税应纳税额的计算公式

应纳税额的计算公式为：

$$应纳税额=计税依据\times适用税率$$

【例6-6】居民甲有两套住房，将一套出售给居民乙，成交价格为100 000元；将另一套两室住房与居民丙交换成两处一室住房，并支付换房差价款40 000元。请计算甲、乙、丙相关行为应缴纳的契税。（假定税率为3%，所有金额均不含增值税）

> 微课视频
>
> 契税认知及应纳税额的计算

（七）税收优惠

1. 法定减免

（1）国家机关、事业单位、社会团体、军事单位承受土地、房屋权属用于办公、教学、医疗、科研和军事设施的，免征契税。

（2）非营利性的学校、医疗机构、社会福利机构承受土地、房屋权属用于办公、教学、医疗、科研、养老、救助的，免征契税。

（3）承受荒山、荒沟、荒丘、荒滩土地使用权用于农、林、牧、渔业生产的，免征契税。

（4）婚姻关系存续期间夫妻之间变更土地、房屋权属的，免征契税。

（5）法定继承人通过继承承受土地、房屋权属的，免征契税。

（6）依照规定应予以免税的外国驻华使馆、领事馆和国际组织驻华代表机构承受土地、房屋权属的，免征契税。

（7）省、自治区、直辖市可以决定免征或减征契税的情形：①土地、房屋被县级以上人民政府征收、征用，重新承受土地、房屋权属的；②因不可抗力灭失住房，重新承受住房权属的。

2．其他减免的情形

（1）城镇职工按规定第一次购买公有住房的，免征契税。

（2）公租房经营管理单位购买住房作为公租房的，免征契税。该优惠政策执行至2025年12月31日。

（3）夫妻因离婚分割共同财产发生土地、房屋权属变更的，免征契税。

（4）自2019年6月1日至2025年12月31日，为社区提供养老、托育、家政等服务的机构，承受房屋、土地用于提供社区养老、托育、家政服务的，免征契税。

（5）自2018年1月1日至2025年12月31日，对易地扶贫搬迁贫困人口按规定取得的安置住房，免征契税。

（6）以自有房屋作股权投入本人独资经营企业（个人独资企业）的，免征契税。

（7）合伙企业的合伙人将其名下的房屋、土地权属转移至合伙企业名下，或合伙企业将其名下的房屋、土地权属转回原合伙人名下的，免征契税。

3．减征的情形

（1）个人购买经济适用住房，按法定税率减半征收契税。

（2）自2024年12月1日起，对个人购买家庭唯一住房（家庭成员范围包括购房人、配偶以及未成年子女），面积为140平方米及以下的，减按1%的税率征收契税；面积为140平方米以上的，减按1.5%的税率征收契税。对个人购买家庭第二套住房，面积为140平方米及以下的，减按1%的税率征收契税；面积为140平方米以上的，减按2%的税率征收契税。个人购买家庭住房契税减征情形如表6-17所示。

表6-17　个人购买家庭住房契税减征情形

地区	面积	家庭第一套	家庭第二套
全国	≤140平方米	1%	
	>140平方米	1.5%	2%

知识拓展

纳税人缴纳契税后发生下列情形，可依照有关法律法规申请退税

1．因人民法院判决或者仲裁委员会裁决导致土地、房屋权属转移行为无效、被撤销或者被解除，且土地、房屋权属变更至原权利人的。

2．在出让土地使用权交付时，因容积率调整或实际交付面积小于合同约定面积需退还土地出让价款的。

3．在新建商品房交付时，因实际交付面积小于合同约定面积需返还房价款的。

✴ 二、契税的纳税申报

（一）纳税义务发生时间

契税的纳税义务发生时间为纳税人签订土地、房屋权属转移合同的当日，或者纳税人取得其他具有土地、房屋权属转移合同性质凭证的当日。

> **知识拓展**
>
> ### 关于纳税义务发生时间的具体情形
>
> 1. 因人民法院、仲裁委员会的生效法律文书或者监察机关出具的监察文书等发生土地、房屋权属转移的，纳税义务发生时间为法律文书等生效当日。
> 2. 因改变土地、房屋用途等情形应当缴纳已经减征、免征契税的，纳税义务发生时间为改变有关土地、房屋用途等情形的当日。
> 3. 因改变土地性质、容积率等土地使用条件需补缴土地出让价款，应当缴纳契税的，纳税义务发生时间为改变土地使用条件当日。
>
> 发生上述情形，按规定不再需要办理土地、房屋权属登记的，纳税人应自纳税义务发生之日起 90 日内申报缴纳契税。

（二）纳税期限

纳税人应当在依法办理土地、房屋权属登记手续前申报缴纳契税。

（三）纳税地点

契税在土地、房屋所在地的税务机关申报缴纳。

（四）纳税申报流程

第一步：税源信息采集。

新增契税税源信息，填写《契税税源明细表》，如表 6-18 所示。

第二步：纳税申报。

征管系统根据税源明细表自动生成《财产和行为税纳税申报表》，纳税人审核确认后即可完成申报。申报成功后，单击"立即缴款"按钮进行税款缴纳，完成本次申报涉及的税费款缴纳。

契税税源明细填写说明

表 6-18 契税税源明细表

纳税人识别号（统一社会信用代码）：□□□□□□□□□□□□□□□□□□

纳税人名称： 金额单位：人民币元（列至角分）；面积单位：平方米

*税源编号		*土地房屋坐落地址		不动产单元代码	
合同编号		*合同签订日期		*共有方式	□单独所有 □按份共有 （转移份额：＿＿） □共同共有 （共有人：＿＿）
*权属转移对象		*权属转移方式		*用途	
*成交价格 （不含增值税）		*权属转移面积		*成交单价	
*评估价格			*计税价格		
*适用税率			权属登记日期		
居民购房减免性质代码和项目名称			其他减免性质代码和项目名称 （抵减金额：＿＿）		

【任务实施】

根据【任务导入】，完成任务要求。

一、具体分析和计算

（1）庚公司属于转让方，丁公司是受让方，因此丁公司属于契税的纳税人，庚公司不属于。
（2）契税应纳税额=3 500×3%=105（万元）。

二、申报操作

丁公司非首次申报契税，本期新增契税，需进行财产和行为税税源信息报告。填写《契税税源明细表》，系统自动生成《财产和行为税纳税申报表》，审核确认后即可完成申报。

采用确认式申报模式，具体操作如下。

登录新电子税务局，在首页选择"我要办税"—"税费申报及缴纳"—"财产和行为税税源采集及合并申报"，如图 6-1 所示，进入办税界面。

在"契税"界面单击"税源采集"按钮，如图 6-26 所示。税源方式选择"增量房交易申报"，如图 6-27 所示。

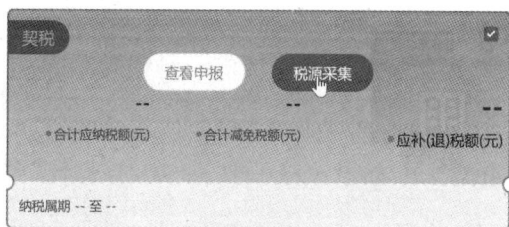

图 6-26

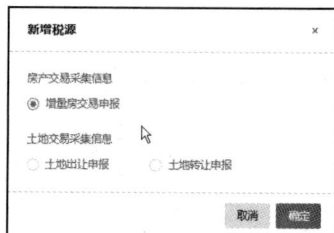

图 6-27

然后依次录入交易信息、发票信息和税款测算，其中录入交易信息如图 6-28 所示。

图 6-28

完成税源信息录入后，系统根据税源信息自动生成《财产和行为税纳税申报表》数据，与企业实际数据核对无误后单击"提交申报"按钮，如图 6-29 所示，完成申报。

图 6-29

任务评价 17

风险案例

关于城市基础设施配套费未缴契税被罚的税务稽查案例

陕西××房地产开发有限公司于 2023 年 7 月 3 日向渭南高新区自然资源和水务局缴纳了城市基础设施配套费（中心区）3 548 670.80 元，但是企业认为该笔城市基础设施配套费不属于契税计税价格，因此没有申报缴纳契税。根据相关规定，城市基础设施配套费（中心区）应列入契税计税价格并补缴契税。因此，2023 年企业应补缴契税合计 106 460.12 元，计算过程为 3 548 670.80×3%=106 460.12 元。

政策解析：《财政部 税务总局关于贯彻实施契税法若干事项执行口径的公告》（财政部 税务总局公告 2021 年第 23 号）第二条第（五）项规定：土地使用权出让的，计税依据包括土地出让金、土地补偿费、安置补助费、地上附着物和青苗补偿费、征收补偿费、城市基础设施配套费、实物配建房屋等应交付的货币以及实物、其他经济利益对应的价款。

AI 小课堂 21

利用文心一言、DeepSeek、豆包、讯飞星火等 AI 工具，探索"随着房地产市场中精装修房、配套设施等交易的增多，如何准确将这些因素纳入契税计税依据""对于附带车库、车位等附属设施的房屋交易，应如何合理确定其与房屋主体的计税关系，以确保契税计税依据的完整性和准确性"的答案。

扫二维码查看使用文心一言进行搜索的结果。

AI 小课堂 21

（任务九） 环境保护税智慧化申报与管理

历史课堂

1972 年联合国在瑞典斯德哥尔摩召开第一次人类环境会议，通过了《人类环境宣言》，并提议设立世界环境日。自 1973 年以来，每年 6 月 5 日被定为世界环境日，旨在提高全球公众对环境问题的认识，并鼓励政府采取行动。

1982 年，我国首次发布《征收排污费暂行办法》，正式开始对排污进行收费。2015 年 6 月，我国国务院法制办首次公布了《中华人民共和国环境保护税法》（征求意见稿），对将要启动的环境保护税的基本内容进行阐释。经过一年半的酝酿，该法于 2016 年 12 月在第十二届全国人民代表大会常务委员会第二十五次会议上通过，并于 2017 年 4 月 17 日正式颁布，于 2018 年 1 月 1 日正式生效。《中华人民共和国环境保护税法》的公布，表明我国环保事业迎来了新的里程碑。

【任务导入】

A 企业 2024 年 10 月排放一般性粉尘 100 千克、二氧化硫 190 千克、炭黑尘 59 千克、烟尘 65.4 千克。已知上述污染物的污染当量值分别为 4 千克、0.95 千克、0.59 千克、2.18 千克。已知当地大气污染物单位税额为 10 元。A 企业当期为首次申报环境保护税。

任务要求：计算 A 企业 2024 年 10 月应缴纳的环境保护税，并完成网上申报工作。

【知识准备】

✳ 一、环境保护税认知及应纳税额的计算

（一）环境保护税的概念及作用

环境保护税是对在我国领域和我国管辖的其他海域，直接向环境排放应税污染物的企业、事业单位和其他生产经营者征收的一种税。

征收环境保护税的目的是保护和改善环境，减少污染物排放，推进生态文明建设。

（二）环境保护税的纳税人

环境保护税的纳税人是指在我国领域和我国管辖的其他海域，直接向环境排放应税污染物的企业、事业单位和其他生产经营者。不从事生产经营的其他个人不征收环境保护税。

（三）环境保护税的征税范围

环境保护税的征税对象为纳税人直接向环境排放的应税污染物，包括大气污染物、水污染物、固体废物和噪声。

1．具体的征税范围

（1）大气污染物包括二氧化硫、氮氧化物、一氧化碳、一般性粉尘等，不包括温室气体二氧化碳。

（2）水污染物包括总汞、总镉、总铅、石油类、动植物油、甲醛等。

（3）固体废物包括煤矸石、尾矿、危险废物、冶炼渣、粉煤灰、炉渣、其他固体废物。其中，其他固体废物含半固态、液态废物。置于容器中的气态的物品、物质也属于固体废物税目。

（4）噪声，应税噪声污染目前只包括工业噪声。

2．属于向环境排放应税污染物的行为

（1）依法设立的城乡污水集中处理、生活垃圾集中处理场所**超过**国家和地方规定的排放标准向环境排放应税污染物的，应当缴纳环境保护税。

（2）企业事业单位和其他生产经营者贮存或者处置固体废物**不符合**国家和地方环境保护标准的，应当缴纳环境保护税。

（3）达到省级人民政府确定的规模标准并且有污染物排放口的畜禽养殖场，应当依法缴纳环境保护税。依法对畜禽养殖废弃物进行综合利用和无害化处理的，不属于直接向环境排放污染物，不缴纳环境保护税。

（四）环境保护税的计税依据

1. 应税污染物的计税依据

（1）应税大气污染物按照污染物排放量折合的污染当量数确定。

（2）应税水污染物按照污染物排放量折合的污染当量数确定。

（3）应税固体废物按照固体废物的排放量确定。

（4）应税噪声按照超过国家规定标准的分贝数确定。

污染物排放量，指纳税人排放废气中所含应税大气污染物、排放污水中所含应税水污染物的数量。

污染当量数，指纳税人排放应税大气污染物、水污染物等对环境造成的污染程度的具体量化指标或数值。用公式表示为：

$$污染当量数=该污染物的排放量÷该污染物的污染当量值$$

固体废物的排放量，为当期应税固体废物的产生量减去当期应税固体废物贮存量、处置量、综合利用量的余额。

固体废物的贮存量、处置量，是指在符合国家和地方环境保护标准的设施、场所贮存或者处置的固体废物数量。

固体废物的综合利用量，是指按照国务院发展改革、工业和信息化主管部门关于资源综合利用要求以及国家和地方环境保护标准进行综合利用的固体废物数量。

2. 应税大气污染物、水污染物、固体废物的排放量和噪声的分贝数的确定

（1）纳税人安装使用符合国家规定和监测规范的污染物自动监测设备的，按照污染物自动监测数据计算。

（2）纳税人未安装使用污染物自动监测设备的，按照监测机构出具的符合国家有关规定和监测规范的监测数据计算。

（3）因排放污染物种类多等原因不具备监测条件的，按照国务院环境保护主管部门规定的排污系数、物料衡算方法计算。

（4）不能按照第（1）项至第（3）项规定的方法计算的，按照省、自治区、直辖市人民政府环境保护主管部门规定的抽样测算的方法核定计算。

📖知识拓展

对噪声的特别规定

1. 一个单位边界上有多处噪声超标，根据最高一处超标声级计算应纳税额；当沿边界长度超过 100 米有两处以上噪声超标，按照两个单位计算应纳税额。

2. 一个单位有不同地点作业场所的，应当分别计算应纳税额，合并计征。

3. 昼、夜均超标的环境噪声，昼、夜分别计算应纳税额，累计计征。

4. 夜间频繁突发和夜间偶然突发厂界超标噪声，按等效声级和峰值噪声两种指标中超标分贝值高的一项计算应纳税额。

5. 工业噪声声源一个月内超标不足 15 天的，减半计算应纳税额。

（五）环境保护税的税率

环境保护税实行定额税率，环境保护税的税目、税额，依照《中华人民共和国环境保护税法》所附《环境保护税税目税额表》（见表6-19）执行。

表6-19　环境保护税税目税额表

税目		计税单位	税额	备注
大气污染物		每污染当量	1.2元至12元	
水污染物		每污染当量	1.4元至14元	
固体废物	煤矸石	每吨	5元	
	尾矿	每吨	15元	
	危险废物	每吨	1 000元	
	冶炼渣、粉煤灰、炉渣、其他固体废物（含半固态、液态废物）	每吨	25元	
噪声	工业噪声	超标1～3分贝	每月350元	1. 一个单位边界上有多处噪声超标，根据最高一处超标声级计算应纳税额；当沿边界长度超过100米有两处以上噪声超标，按照两个单位计算应纳税额
		超标4～6分贝	每月700元	
		超标7～9分贝	每月1 400元	2. 一个单位有不同地点作业场所的，应当分别计算应纳税额，合并计征
		超标10～12分贝	每月2 800元	
		超标13～15分贝	每月5 600元	3. 昼、夜均超标的环境噪声，昼、夜分别计算应纳税额，累计计征
		超标16分贝以上	每月11 200元	4. 声源一个月内超标不足15天的，减半计算应纳税额 5. 夜间频繁突发和夜间偶然突发厂界超标噪声，按等效声级和峰值噪声两种指标中超标分贝值高的一项计算应纳税额

各省、自治区、直辖市人民政府根据本地区污染物减排的特殊需要，可以增加同一排放口征收环境保护税的应税污染物项目数，报同级人民代表大会常务委员会决定，并报全国人民代表大会常务委员会和国务院备案。

（六）环境保护税应纳税额的计算公式

1．大气污染物、水污染物

计算公式为：

$$应纳税额=污染当量数×适用税额$$
$$污染当量数=排放量÷污染当量值$$

2．固体废物

计算公式为：

$$应纳税额=固体废物排放量×适用税额$$

固体废物的排放量=当期应税固体废物的产生量-当期应税固体废物贮存量、处置量、综合利用量

3．噪声

计算公式为：

$$应纳税额=超过国家规定标准的分贝数×对应的适用税额$$

（七）税收优惠

1．免征项目

（1）农业生产（不包括规模化养殖）排放应税污染物的，免征环境保护税。

（2）机动车、铁路机车、非道路移动机械、船舶和航空器等流动污染源排放应税污染物的，免征环境保护税。

（3）依法设立的城乡污水集中处理、生活垃圾集中处理场所（如生活垃圾焚烧发电厂、生活垃圾填埋场、生活垃圾堆肥厂）排放相应应税污染物，不超过国家和地方规定的排放标准的，免征环境保护税。

（4）纳税人综合利用的固体废物，符合国家和地方环境保护标准的，免征环境保护税。

（5）国务院批准免税的其他情形。

2．减征项目

（1）纳税人排放应税大气污染物或者水污染物的浓度值低于国家和地方规定的污染物排放标准30%的，减按75%征收环境保护税。

（2）纳税人排放应税大气污染物或者水污染物的浓度值低于国家和地方规定的污染物排放标准50%的，减按50%征收环境保护税。

❋ 二、环境保护税的纳税申报

环境保护税采用"企业申报、税务征收、环保协同、信息共享"的征管方式。

纳税人应当依法如实办理纳税申报，对申报的真实性和完整性承担责任。

生态环境主管部门依照《中华人民共和国环境保护税法》和有关环境保护法律法规的规定负责对污染物进行监测管理。同时，应当将排污单位的排污许可、污染物排放数据、环境违法和受行政处罚情况等环境保护相关信息，定期交送税务机关。

税务机关应当将纳税人的纳税申报数据资料与生态环境主管部门交送的相关数据资料进行比对。发现纳税人的纳税申报数据资料异常或者纳税人未按照规定期限办理纳税申报的，可以提请生态环境主管部门进行复核；生态环境主管部门应当自收到税务机关的数据资料之日起15日内向税务机关出具复核意见。税务机关按照生态环境主管部门复核的数据资料调整纳税人的应纳税额。

（一）纳税义务发生时间

环境保护税纳税义务发生时间为排放应税污染物的当日。

（二）纳税期限

环境保护税按月计算，按季申报缴纳。不能按固定期限计算缴纳的，可以按次申报缴纳。

纳税人按季申报缴纳的，应当自季度终了之日起15日内，向税务机关办理纳税申报并缴纳税款。纳税人按次申报缴纳的，应当自纳税义务发生之日起15日内，向税务机关办理纳税申报并缴纳税款。

微课视频

环境保护税认知及应纳税额的计算

（三）纳税地点

纳税人应当向应税污染物排放地的税务机关申报缴纳环境保护税。

应税污染物排放地：①应税大气污染物、水污染物排放口所在地；②应税固定废物产生地；③应税噪声产生地。

纳税人跨区域排放应税污染物，税务机关对税收征收管辖有争议的，由争议各方按照有利于征收管理的原则协商解决；不能协商一致的，报请共同的上级税务机关决定。

（四）纳税申报流程

第一步：税源信息采集。首次申报环境保护税，或税源信息有变化，应填写《环境保护税税源明细表》，如表6-20所示。

环境保护税税源明细填写说明

表6-20　环境保护税税源明细表

纳税人识别号（统一社会信用代码）：□□□□□□□□□□□□□□□□□□

纳税人名称：　　　　　　　　　　　　　　　　　　　金额单位：人民币元（列至角分）

1. 按次申报□	2. 从事海洋工程□
3. 城乡污水集中处理场所□	4. 生活垃圾集中处理场所□
*5. 污染物类别	大气污染物□ 水污染物□ 固体废物□ 噪声□
6. 排污许可证编号	
*7. 生产经营所在区划	
*8. 生态环境主管部门	

税源基础采集信息				
		新增□ 变更□ 删除□		
*税源编号		（1）		
排放口编号		（2）		
*排放口名称或噪声源名称		（3）		
*生产经营所在街乡		（4）		
排放口地理坐	*经度	（5）		
	*纬度	（6）		
*有效期起止		（7）		
*污染物类别		（8）		
水污染物种类		（9）		
*污染物名称		（10）		
危险废物污染物子类		（11）		
*污染物排放量计算方法		（12）		
大气、水污染物	*执行标准	（13）		
标准排放限值	*标准浓度值（毫克/升或毫克/标立方米）	（14）		
产（排）污系数	*计税基数单位	（15）		
	*污染物单位	（16）		
	*产污系数	（17）		
	*排污系数	（18）		

续表

税源基础采集信息						
固体废物信息	贮存情况	（19）				
	处置情况	（20）				
	综合利用情况	（21）				
噪声信息	*是否昼夜产生	（22）				
	*标准值——昼间（6时至22时）	（23）				
	*标准值——夜间（22时至次日6时）	（24）				
申报计算及减免信息						
*税源编号		（1）				
*税款所属月份		（2）				
*排放口名称或噪声源名称		（3）				
*污染物类别		（4）				
*水污染物种类		（5）				
*污染物名称		（6）				
危险废物污染物子类		（7）				
*污染物排放量计算方法		（8）				
大气、水污染物监测计算	*废气（废水）排放量（万标立方米、吨）	（9）				
	*实测浓度值（毫克/标立方米、毫克/升）	（10）				
	*月均浓度（毫克/标立方米、毫克/升）	（11）				
	*最高浓度（毫克/标立方米、毫克/升）	（12）				
产（排）污系数计算	*计算基数	（13）				
	*产污系数	（14）				
	*排污系数	（15）				
固体废物计算	*本月固体废物的产生量（吨）	（16）				
	*本月固体废物的贮存量（吨）	（17）				
	*本月固体废物的处置量（吨）	（18）				
	*本月固体废物的综合利用量（吨）	（19）				
噪声计算	*噪声时段	（20）				
	*监测分贝数	（21）				
	*超标不足15天	（22）				
	*两处以上噪声超标	（23）				
抽样测算计算	特征指标	（24）				
	特征单位	（25）				
	特征指标数量	（26）				
	特征系数	（27）				

申报计算及减免信息				
污染物排放量（千克或吨）	大气、水污染物监测计算： （28）=（9）×（10）÷100（1 000） 大气、水污染物产（排）污系数计算： （28）=（13）×（14）×M（28）=（13）×（15）×M pH 值、大肠菌群数、余氯量等水污染物计算：（28）=（9） 色度污染物计算：（28）=（9）×色度超标倍数 固体废物排放量（含综合利用量）： （28）=（16）-（17）-（18）			
*污染当量值（特征值）（千克或吨）	（29）			
*污染当量数	大气、水污染物污染当量数计算： （30）=（28）÷（29）			
减免性质代码和项目名称	（31）			
*单位税额	（32）			
*本期应纳税额	大气、水污染物应纳税额计算： （33）=（30）×（32） 固体废物应纳税额计算：（33）=（28）×（32） 噪声应纳税额计算： （33）=0.5 或 1[（22）为是的用 0.5；为否的用 1]×2 或 1[（23）为是的用 2，为否的用 1]×（32） 按照税法所附表二中畜禽养殖业等水污染物当量值表计算： （33）=（26）÷（29）×（32） 采用特征系数计算： （33）=（26）×（27）÷（29）×（32） 采用特征值计算： （33）=（26）×（29）×（32）			
本期减免税额	大气、水污染物减免税额计算： （34）=（30）×（32）×N 固体废物减免税额计算：（34）=（19）×（32）			
本期已缴税额	（35）			
*本期应补（退）税额	（36）=（33）-（34）-（35）			

第二步： 纳税申报。征管系统根据税源明细表自动生成《财产和行为税纳税申报表》，纳税人确认后即可完成申报。申报成功后，单击"立即缴款"按钮进行税款缴纳，完成本次申报涉及的税款缴纳。

【任务实施】

完成 A 企业 2024 年 10 月应缴纳的环境保护税的计算并完成网上申报工作。

一、具体分析和计算

一般性粉尘污染当量数=100÷4=25
二氧化硫污染当量数=190÷0.95=200
炭黑尘污染当量数=59÷0.59=100
烟尘污染当量数=65.4÷2.18=30
对排名前三项污染物计算应纳税额，因此一般性粉尘不计税，其他污染物应计税。
应纳税额=（200+100+30）×10=3 300（元）

二、申报操作

A 企业首次申报环境保护税，需进行财产和行为税税源信息报告，填写《环境保护税税源明细表》，系统自动生成《财产和行为税纳税申报表》，审核确认后即可完成申报。

具体操作如下。

登录新电子税务局，在首页选择"我要办税"—"税费申报及缴纳"—"财产和行为税税源采集及合并申报"，如图 6-1 所示，进入办税界面。

单击"新增税种"按钮，如图 6-6 所示，在弹出的界面选择"环境保护税"，然后单击"确定"按钮，如图 6-30 所示。在"环境保护税"界面单击"税源采集"按钮，如图 6-31 所示，进入环境保护税税源采集界面。

图 6-30

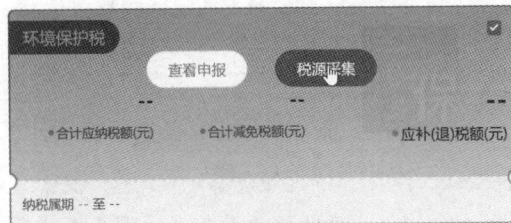

图 6-31

在"环境保护税税源明细表"界面单击"新增税源"按钮，录入详细的税源信息后单击"申报计算"按钮，如图 6-32 所示。系统根据税源信息自动计算应纳税额，与企业实际情况进行核对，核对无误后单击"提交申报"按钮，如图 6-33 所示，完成申报。

图 6-32

图 6-33

任务评价 18

风险案例

企业私自闲置污染防治设施，违规排放大气污染物

2021 年 7 月 27 日凌晨，晋州市环境保护局、市公安局联合对吉象新能源企业进行突击检验，发现该企业正常生产，私自关闭水解车间集气量引风机，车间废气经过四台排风扇直接排入环境。该企业的行为违反了大气污染防治法相关要求，市环境保护局依据《中华人民共和国大气污染防治法》第九十九条相关要求对该企业处罚款 30 万元，并将案件依法移交市公安局，公安部门对相关责任人进行了行政拘留。

政策解析：《中华人民共和国环境保护法》和《中华人民共和国大气污染防治法》均明确禁止通过不正常运行防治污染设施等逃避监管的方式违法排放污染物。若企业因特殊原因需要拆除或者闲置大气污染防治设施，应当事先报县级以上地方人民政府环境保护主管部门批准。

AI 小课堂 22

利用文心一言、DeepSeek、豆包、讯飞星火等 AI 工具，探索"对大气污染物和水污染物，目前主要按照污染物排放量折合的污染当量数来计税。然而，在实际监测中，存在监测技术不完善、数据准确性难以保证等问题。如何进一步提高监测技术水平，确保计税依据的精准性""如何解决一些企业通过稀释排放等手段减少污染当量数的问题"的答案。

扫二维码查看使用文心一言进行搜索的结果。

AI 小课堂 22

任务十 烟叶税智慧化申报与管理

历史课堂

我国烟草税收始于明末。崇祯皇帝一直主张禁烟，后来，因为辽东战事，士兵以吸烟御寒祛病，崇祯皇帝在洪承畴等大臣的建议下同意施禁，采取"寓禁于征"的政策对烟草进行收税。后来，清朝政府也延续了这种政策。

1950年1月，政务院颁发《货物税暂行条例》，对土烟叶和薰烟叶均征收货物税，其中薰烟叶税率为30%、土烟叶税率为20%。1983年，对烟叶征收产品税和工商统一税。1994年我国税制改革改征烟叶特产农业税。2006年4月28日，国务院颁布《中华人民共和国烟叶税暂行条例》，开征烟叶税，取代原烟叶特产农业税。2017年12月27日，第十二届全国人民代表大会常务委员会第三十一次会议审议通过《中华人民共和国烟叶税法》，自2018年7月1日起施行。

【任务导入】

2024年7月，A烟草公司向烟农收购一批烟叶，收购价款为100万元，另外再支付给烟农收购价款10%的价外补贴，已开具烟叶收购发票，烟叶税税率为20%。

任务要求：计算A烟草公司2024年7月应缴纳的烟叶税，并完成网上申报工作。

【知识准备】

一、烟叶税认知及应纳税额的计算

（一）烟叶税的概念

烟叶税是以纳税人收购烟叶的收购金额为计税依据征收的一种税。

烟叶税有其独特的作用。①有利于促进偏远地区精准扶贫。虽然烟叶税在全国的收入规模不大，但对烟叶产地的影响却举足轻重。烟叶种植主要分布在贫困边远山区，尤其是在我国武陵山区、大凉山区、云贵等集中连片特困地区，烟叶种植解决了很多烟农的就业问题，地方政府也多将烟叶税收入用于烟叶种植技术培训、烟田基础设施建设和维护等事项，带动了农民脱贫致富。②有利于增加地方财政收入。烟叶产区一般工业基础薄弱，经济结构和财源结构单一，烟叶种植是当地支柱产业，烟叶税也随之成为地方财政重要来源。烟叶税属于县级地方收入，是县级财政的直接来源。③有利于保持烟草税制完整。烟叶兼具初级农产品和卷烟工业原料的双重特性，对烟草公司征收烟叶税，税负由烟草公司负担，不增加农民税负。④有利于烟草行业持续健康发展。烟叶是烟草行业健康发展的源头，对下游卷烟生产、销售发挥着天然调控作用。烟叶税增加了烟草工业企业生产卷烟的原料成本，提高了卷烟在消费市场的价格，促进了控烟履约和公众健康。

（二）烟叶税的纳税人

在中国境内，依照《中华人民共和国烟草专卖法》的规定收购烟叶的单位为烟叶税的纳税人，不包括个体工商户和其他个人，包括接受委托收购烟叶的单位。

对依法查处没收的违法收购的烟叶，由收购罚没烟叶的单位缴纳烟叶税。

【例6-7】根据烟叶税法律制度的规定，下列各项中，属于烟叶税纳税人的是（　　）。

A. 销售香烟的单位

B. 生产烟叶的个人

C. 收购烟叶的单位

D. 消费香烟的个人

（三）烟叶税的征税对象

根据《中华人民共和国烟叶税法》，烟叶税的征税对象为烟叶，具体是指晾晒烟叶和烤烟叶。

（四）烟叶税的计税依据

烟叶税的计税依据为纳税人收购烟叶实际支付的价款总额。实际支付的价款总额包括纳税人支付给烟叶销售者的烟叶收购价款和价外补贴。按照简化手续、方便征收的原则，对价外补贴统一暂按烟叶收购价款的10%计入实际支付的价款总额征收烟叶税。

实际支付的价款总额计算公式为：

$$实际支付的价款总额 = 收购价款 + 价外补贴 = 收购价款 \times （1+10\%）$$

（五）烟叶税的税率

烟叶税实行比例税率，税率为20%。

（六）烟叶税应纳税额的计算

烟叶税应纳税额的计算公式为：

$$应纳烟叶税税额 = 收购烟叶实际支付的价款总额 \times 税率$$

> **知识拓展**
>
> #### 价外补贴
>
> 烟叶收购价外补贴是指在烟叶收购过程中，除了烟叶本身的收购价款之外，还会有一个额外的补贴，这个补贴通常是烟叶收购价款的10%。
>
> 实行价外补贴是为了调动烟农的积极性，由烟草集团根据各区县当年烟叶收购后调拨销售金额，一次性拨付给各区县烟草公司，然后再由烟草公司以"扶持费"名义支付给烟农。价外补贴属于农产品买价，是《中华人民共和国增值税法》第十七条中"价款"的一部分。按照相关规定，对价外补贴统一暂按烟叶收购价款的10%计入收购金额征税。

❋ 二、烟叶税的纳税申报

（一）纳税义务发生时间

烟叶税纳税义务发生时间为纳税人收购烟叶的当日。收购烟叶的当日是指纳税人向烟叶销售者付讫收购烟叶款项或者开具收购烟叶凭据的当日。

微课视频

烟叶税认知及应纳税额的计算

（二）纳税地点

纳税人收购烟叶，应当向烟叶收购地的主管税务机关申报纳税。

（三）纳税期限

烟叶税按月计征，纳税人应当于纳税义务发生月终了之日起 15 日内申报并缴纳税款。

（四）纳税申报流程

第一步：税源信息采集。

若首次申报烟叶税，或税源信息有变化，应填写《烟叶税税源明细表》，如表 6-21 所示。

第二步：纳税申报。

征管系统根据税源明细表自动生成《财产和行为税纳税申报表》，纳税人确认后即可完成申报。申报成功后，单击"立即缴款"按钮进行税款缴纳，完成本次申报涉及的税款缴纳。

烟叶税税源明细填写说明

表 6-21 烟叶税税源明细表

税款所属期限： 自 年 月 日至 年 月 日

纳税人识别号（统一社会信用代码）：□□□□□□□□□□□□□□□□□□

纳税人名称： 金额单位：人民币元（列至角分）

序号	烟叶收购价款总额	税率
1		
2		
3		
4		

> **风险案例**
>
> ### 非法收购烟叶
>
> 2020 年 5 月 26 日，永安市烟草专卖局联合永安市公安局安砂派出所在安砂镇查获一起非法收购烟叶案件，非法收购的烟叶约 1 000 公斤（1 公斤=1 千克）。接举报，一伙外地人开一辆白色轻型封闭货车到安砂镇石碧村收购烟叶，准备运往外地，在永安市公安局安砂派出所干警的配合下，永安市局专卖执法人员在永安市安砂镇石碧村往永安方向查获当事人林某某驾驶的货车一辆，车内装载烤烟烟叶，重量约 1 000 公斤，当事人现场无法提供该批烟叶的相关证明，经批准，执法人员依法将上述烟叶予以先行登记保存，并做了检查笔录。
>
> 政策解析：烟草是国家严格控制的专卖商品，其生产、运输、销售等各个环节都有专门机构负责，相关人员未取得经营资格非法经营烟草将受到法律惩处。根据《中华人民共和国刑法》第二百二十五条，未经许可经营法律、行政法规规定的专营、专卖物品或者其他限制买卖的物品的，扰乱市场秩序，情节严重的，处五年以下有期徒刑或者拘役，并处或者单处违法所得一倍以上五倍以下罚金；情节特别严重的，处五年以上有期徒刑，并处违法所得一倍以上五倍以下罚金或者没收财产。

【任务实施】

完成 A 烟草公司 2024 年 11 月应缴纳的烟叶税的计算和网上申报工作。

一、具体分析和计算

实际支付价款总额=100×（1+10%）=110（万元）

应纳烟叶税税额=110×20%=22（万元）

二、申报操作

采用确认式申报模式，具体操作如下。

登录新电子税务局，在首页选择"我要办税"—"税费申报及缴纳"—"财产和行为税税源采集及合并申报"，如图 6-1 所示，进入办税界面。

单击"新增税种"按钮，如图 6-6 所示，在弹出的界面选择"烟叶税"，然后单击"确定"按钮，如图 6-34 所示。在"烟叶税"界面单击"税源采集"按钮，如图 6-35 所示，进入烟叶税税源明细界面。

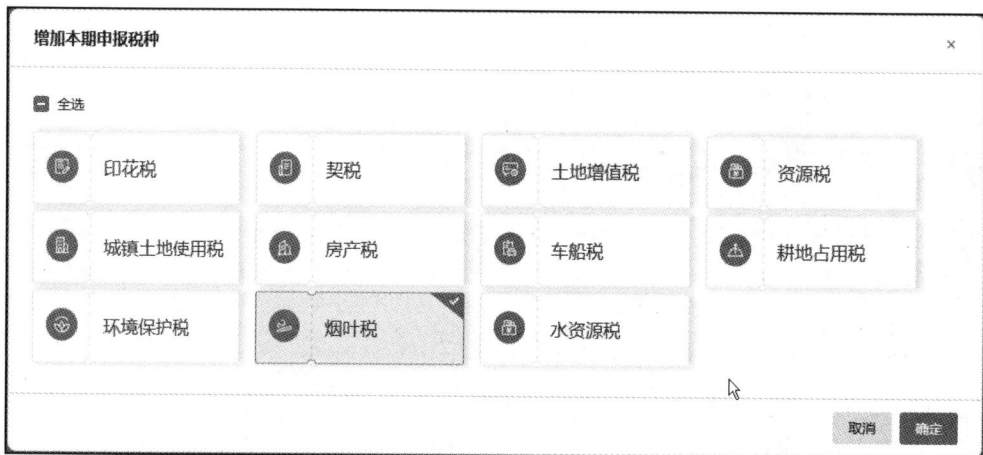

图 6-34

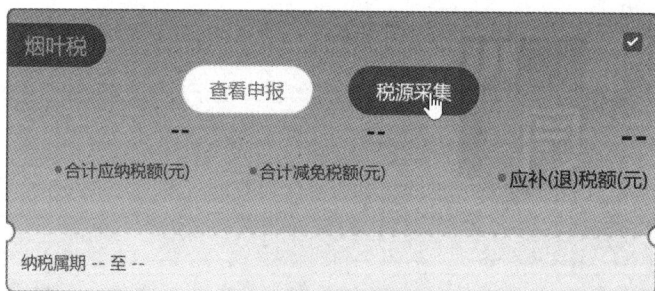

图 6-35

在"烟叶税税源明细表"界面单击"新增行"按钮，然后选择"税目"，输入"烟叶收购价款总额"，单击"提交"按钮，如图 6-36 所示。

系统根据税源信息自动生成《财产和行为税纳税申报表》数据，与企业实际数据核对无误后单击"提交申报"按钮，如图 6-37 所示，完成申报。

图 6-36

图 6-37

📖 AI 小课堂 23

利用文心一言、DeepSeek、豆包、讯飞星火等 AI 工具，探索"考虑到不同地区烟叶种植的特点和经济差异，是否有必要实行差别税率"的答案。

扫二维码查看使用豆包进行搜索的结果。

AI 小课堂 23

任务十一　车辆购置税智慧化申报与管理

💡 历史课堂

车辆购置税，其前身为车辆购置附加费。车辆购置附加费的征收是国家向购车单位和个人在购车时征收用于公路建设的专用资金。为了加快公路建设，扭转交通运输紧张状况，使公路建设有长期稳定的资金来源，国家规定对所有购置车辆的单位和个人包括国家机关和军队一律征收车辆购置附加费。

车辆购置附加费最初由交通管理部门进行征收。2000 年 10 月 22 日，国务院颁布《中华人民共和国车辆购置税暂行条例》，规定取消车辆购置附加费，从 2001 年 1 月 1 日起开始征收车辆购置税，确定车辆购置税的税率为10%。2001年1月1日至2004年12月31日，车辆购置税仍由交通部门所属车辆购置附加费稽征机构负责代征，从2005年1月1日起，车辆购置税的人员、业务、财产正式全面划转移交税务部门。2014年12月2日，《车辆购置税征收管理办法》公布。2018年12月29日，第十三届全国人民代表大会常务委员会第七次会议审议通过《中华人民共和国车辆购置税法》，并于2019年7月1日起施行。

【任务导入】

红星汽车制造企业2025年1月将自产的一辆汽车，用于企业的生产经营活动。该企业在办理车辆上牌落籍前，出具该车的机动车销售统一发票，注明金额125 000元，并按此金额向主管税务机关申报纳税。经审核，同类型车辆的销售价格为170 000元（不含增值税），该企业对作价问题无法提出正当理由。

任务要求：计算红星汽车制造企业应纳车辆购置税，并完成红星汽车制造企业2025年1月车辆购置税的网上申报工作。

【知识准备】

❋ 一、车辆购置税认知及应纳税额的计算

（一）车辆购置税的概念及特点

车辆购置税是以在中国境内购置规定的车辆为课税对象、在特定的环节向车辆购置者征收的一种税。

车辆购置税政策的实施，不仅能规范车辆购置行为、引导消费者绿色消费、促进汽车产业健康发展，同时能为国家财政提供稳定的收入来源。车辆购置税具有征税范围有限、征收环节单一、征税目的特定、采取价外征收的特点。

（二）车辆购置税的征税范围

车辆购置税以列举的车辆为征税对象，未列举的车辆不征税。其征税范围包括汽车、有轨电车、汽车挂车、排气量超过150毫升的摩托车。

地铁、轻轨等城市轨道交通车辆，装载机、平地机、挖掘机、推土机等轮式专用机械车，以及起重机（吊车）、叉车、电动摩托车，不属于应税车辆。

（三）车辆购置税的纳税人

车辆购置税的纳税人指在中国境内购置汽车、有轨电车、汽车挂车、排气量超过150毫升的摩托车的单位和个人。

购置指以购买、进口、自产、受赠、获奖或者其他方式（如拍卖、抵债、罚没等方式）取得并自用应税车辆的行为。

（四）车辆购置税的计税依据

1. 购买自用应税车辆

购买自用的车辆包括购买自用的国产应税车辆和购买自用的进口应税车辆。

纳税人购买自用应税车辆的计税价格，为纳税人实际支付给销售者的全部价款，不包括增值税税款。计税价格的计算公式为：

$$计税价格=全部价款÷（1+增值税税率或征收率）$$

2．进口自用应税车辆

进口自用的应税车辆，是指纳税人直接从境外进口或者委托代理进口自用的应税车辆，不包括在境内购买的进口车辆。

纳税人进口自用应税车辆的计税依据为组成计税价格。组成计税价格的计算公式为：

$$组成计税价格=关税完税价格+关税+消费税$$

$$组成计税价格=（关税完税价格+关税）÷（1-消费税税率）$$

3．自产自用应税车辆

纳税人自产自用应税车辆的计税价格，按照纳税人生产的同类应税车辆的销售价格确定，不包括增值税税款；没有同类应税车辆销售价格的，按照组成计税价格确定。组成计税价格计算公式为：

$$组成计税价格=成本×（1+成本利润率）$$

4．受赠、获奖或其他方式取得并自用应税车辆

纳税人以受赠、获奖或者其他方式取得自用应税车辆的计税价格，按照购置应税车辆时相关凭证载明的价格确定，不包括增值税税款。

购置应税车辆时相关凭证是指原车辆所有人购置或者以其他方式取得应税车辆时载明价格的凭证。无法提供相关凭证的，参照同类应税车辆市场平均交易价格确定其计税价格。

原车辆所有人为车辆生产或者销售企业，未开具机动车销售统一发票的，按照车辆生产或者销售同类应税车辆的销售价格确定计税价格。无同类应税车辆销售价格的，按照组成计税价格确定计税价格。

（五）车辆购置税的税率

车辆购置税实行统一比例税率，税率为10%。

（六）车辆购置税应纳税额的计算公式

1．一般情形

车辆购置税以购置的应税车辆为征税对象，实行从价定率的方法计算应纳税额。
计算公式为：

$$应纳税额=计税依据×税率$$

车辆购置税实行一次性征收，购置已征车辆购置税的车辆，不再征收车辆购置税。

2．特殊情形

（1）已征车辆购置税的车辆退回车辆生产或销售企业，纳税人可申请退还车辆购置税。退税额以已缴税款为基准，自缴纳税款之日至申请退税之日，每满一年扣减10%。计算公式为：

$$应退税额=已纳税额×（1-使用年限×10%）$$

（2）免税、减税车辆因转让、改变用途等原因不再属于免税、减税范围的，纳税人应当在办理车辆转移登记或者变更登记前缴纳车辆购置税。计税价格以免税、减税车辆初次办理纳税申报时确定的计税价格为基准，每满一年扣减10%。计算公式为：

应纳税额=初次办理纳税申报时确定的计税价格×（1-使用年限×10%）×10%-已纳税额

应纳税额不得为负数。使用年限的计算方法是，自纳税人缴纳税款或初次办理纳税申报之日起，至不再属于免税、减税范围的情形发生之日止。使用年限取整计算，不满一年的不计算在内。

【例6-8】小王购买了一辆不含税价格为20万元的汽车，购置时符合免税条件，当时未缴纳车辆购置税。购置5年10个月后，小王将该汽车转让给小张，免税条件消失，受让人小张此时需要补缴多少车辆购置税？

（七）税收优惠

（1）外国驻华使馆、领事馆和国际组织驻华机构及其有关人员自用车辆，免征车辆购置税。

（2）中国人民解放军和中国人民武装警察部队列入装备订货计划的车辆，免征车辆购置税。

（3）悬挂应急救援专用号牌的国家综合性消防救援车辆，免征车辆购置税。

（4）设有固定装置的非运输专用作业车辆，免征车辆购置税。

（5）城市公交企业购置的公共汽电车辆，免征车辆购置税。

（6）自2018年7月1日至2027年12月31日，对购置挂车减半征收车辆购置税。

（7）对购置日期在2024年1月1日至2025年12月31日期间的新能源汽车免征车辆购置税，其中，每辆新能源乘用车免税额不超过3万元；对购置日期在2026年1月1日至2027年12月31日期间的新能源汽车减半征收车辆购置税，其中，每辆新能源乘用车减税额不超过1.5万元。

（8）①免税车辆发生转让，但仍属于免税范围的，受让方应当自购买或取得车辆之日起60日内到主管税务机关重新申报免税。②纳税人应当在办理车辆转移登记或者变更登记前缴纳车辆购置税。

✽ 二、车辆购置税的纳税申报

（一）纳税义务发生时间

车辆购置税的纳税义务发生时间为纳税人购置应税车辆的当日，具体按照下列情形确定。

（1）购买自用应税车辆的为购买之日，即车辆相关价格凭证的开具日期。

（2）进口自用应税车辆的为进口之日，即《海关进口增值税专用缴款书》或者其他有效凭证的开具日期。

（3）自产、受赠、获奖或者以其他方式取得并自用应税车辆的为取得之日，即合同、法律文书或者其他有效凭证的生效或者开具日期。

（4）免税、减税车辆因转让、改变用途等原因不再属于免税、减税范围的，纳税义务发生时间为车辆转让或者用途改变等情形发生之日。

（二）纳税期限

纳税人应当自纳税义务发生之日起60日内申报缴纳车辆购置税，具体以取得的车辆相关凭证上注明的日期为准。

微课视频

车辆购置税认知及
应纳税额的计算

纳税人应当在向公安机关交通管理部门办理车辆注册登记前，缴纳车辆购置税。

（三）纳税地点

需办理车辆登记注册手续的纳税人，向车辆登记注册地的主管税务机关纳税申报。

不需要办理车辆登记注册手续的纳税人，单位纳税人向其机构所在地的主管税务机关办理纳税申报；个人纳税人向其户籍所在地或者经常居住地的主管税务机关办理纳税申报。

（四）纳税申报流程

车辆购置税纳税申报需填写并提交《车辆购置税纳税申报表》，如表 6-22 所示。

《车辆购置税纳税申报表》填表说明

表 6-22　车辆购置税纳税申报表

填表日期：　　年　月　日 　　　　　　　　　　　　　　　　　　　　　　　　　金额单位：元

纳税人名称		申报类型	□征税□免税□减税	
证件名称		证件号码		
联系电话		地址		
合格证编号（货物进口证明书号）		车辆识别代号/车架号		
厂牌型号				
排量（cc）		机动车销售统一发票代码		
机动车销售统一发票号码		不含税价		
海关进口关税专用缴款书（进出口货物征免税证明）号码				
关税完税价格		关税		消费税
其他有效凭证名称		其他有效凭证号码		其他有效凭证价格
购置日期		申报计税价格		申报免（减）税条件或者代码
是否办理车辆登记		车辆拟登记地点		

纳税人声明：

本纳税申报表是根据国家税收法律法规及相关规定填报的，我确定它是真实的、可靠的、完整的。

纳税人（签名或盖章）：

委托声明：

现委托（姓名）_____（证件号码）_____办理车辆购置税涉税事宜，提供的凭证、资料是真实、可靠、完整的。任何与本申报表有关的往来文件，都可交予此人。

委托人（签名或盖章）：　　　　　　被委托人（签名或盖章）：

以下由税务机关填写

免（减）税条件代码					
计税价格	税率	应纳税额	免（减）税额	实纳税额	滞纳金金额
受理人： 　　年　月　日		复核人（适用于免、减税申报）： 　　年　月　日		主管税务机关（章）	

车辆购置税线上申报有自行申报模式、代办申报模式两种。根据纳税人登录方式及纳税人车辆购置信息，系统自动为纳税人适配申报模式，为代办纳税人适配代办申报模式，为购置人适配自行申报模式。

在自行申报模式下，如果开票日期是在 60 天以内的车辆，纳税人购置车辆应申报信息；如果开票日期在 60 天以上的车辆，则需要手动录入发票信息及开票日期，对申报信息进行认真核对，核对无误后单击"提交申报"按钮即可完成申报。

在代办申报模式下，有"新增"和"批量导入"两种方式增加购置车辆信息：①如果申报的数量较少，可选择"新增"方式，需手动录入购置车辆信息；②如果申报的数量较多，可选择"批量导入"方式，需按模板填写并上传购置车辆清单附件。完成增加购置车辆信息的填写后单击"提交"按钮即可完成车辆购置税的申报。

【任务实施】

针对【任务导入】中的要求，完成情况如下。

一、具体分析和计算

虽然发票上注明的金额为 125 000 元（发票上注明的金额即为不含增值税价格），但是纳税人自产自用应税车辆的计税价格应按同类型应税车辆的销售价格确定。

应纳税额=170 000×10%=17 000（元）

二、申报操作

登录新电子税务局，在首页选择"我要办税"—"税费申报及缴纳"—"车辆购置税纳税申报"，如图 6-38 所示，进入办税界面。

图 6-38

系统自动为购置人适配自行申报模式，在车辆购置税纳税申报界面，手动录入发票信息及开票日期后，单击"查询"按钮，即可看到预填报的纳税申报表，对申报信息进行认真核对，如正确无误，则单击"提交申报"按钮（见图 6-39），完成申报。申报成功的提示信息如图 6-40 所示。

图 6-39

图 6-40

任务评价 20

📝 **风险案例**

开票价格少于实际支付价格

某汽车 4S 店 2024 年 5 月销售一台汽车，实际收取购买方现金支付的购车款 71 800 元，但为了达到少缴纳车辆购置税的目的，应客户要求，开具的机动车销售统一发票上金额为 53 500 元，以向客户开具收据的方式收取另外 18 300 元，造成开票价格少于实际价格，从而隐匿收入，少缴纳增值税，并导致购车者少缴纳车辆购置税。

政策解析：《中华人民共和国车辆购置税法》第六条第一款规定，纳税人购买自用应税车辆的计税价格，为纳税人实际支付给销售者的全部价款，不包括增值税税款。本案中购车者向某汽车 4S 店实际支付价款 71 800 元，应按照 71 800 元扣除相应的增值税销项税额后的金额作为车辆购置税的计税依据，而购车者为了逃避缴纳车辆购置税要求该汽车 4S 店减少机动车销售统一发票的开票金额，造成国家税款流失。税务机关查获后，依法要求其补缴车辆购置税，并按规定加收相应的滞纳金。

📝 **风险案例**

个人挂靠买车，运输公司被认定少缴纳车辆购置税

2008 年 12 月 16 日，马某峰、赵某军以云联公司名义与连云港东风公司订立工业品买卖合同，分别购买桂林大宇牌车型为 GDW6115K4-2 的客车一辆，每辆客车价格为 580 000 元。同月 26 日，赵某军将购车款 580 000 元交与云联公司，云联公司将该款汇给连云港东

风公司。2009年1月1日，连云港东风公司收到马某峰的银行转账款580 000元。两车购回后，挂靠云联公司，车牌分别为苏G×××××、苏G×××××。2009年1月7日和1月9日，连云港东风公司分别为赵某军、马某峰实际购买的客车开具机动车销售统一发票，票中均载明：购货单位为云联公司，价税合计460 000元。云联公司分别于取得机动车销售统一发票当日，按460 000元计税39 316元缴纳了车辆购置税，少缴税10 256元。车辆购置税申报表中和完税凭证上的纳税人为云联公司。

2015年5月7日，市国税局稽查局经调查取证后做出税务处理决定书，认定云联公司构成偷税，决定：①追缴2009年1月少缴纳的车辆购置税20 512元；②对追缴的税款按规定加收滞纳金；③由于上述偷税行为发生时间已超过五年，不予处罚。

政策解析：根据《中华人民共和国车辆购置税法》，纳税人购买自用应税车辆的计税价格为纳税人实际支付给销售者的全部价款，不包括增值税税款。在本案例里，每辆客车实际购买价格为580 000元，云联公司应以此金额作为计税依据申报缴纳车辆购置税。

📖 AI小课堂24

利用文心一言、DeepSeek、豆包、讯飞星火等AI工具，探索"现行车辆购置税的征税范围主要包括汽车、有轨电车、汽车挂车、排气量超过150毫升的摩托车。随着交通运输行业的发展和新型交通工具的出现，如电动摩托车、低速电动车、无人驾驶车辆等，是否应将这些车辆纳入征税范围。如果纳入，应如何确定其征税标准和税率"的答案。

扫二维码查看使用文心一言进行搜索的结果。

AI小课堂24

任务十二　关税智慧化申报与管理

💡 历史课堂

关税的起源最早可追溯至西周时期（约公元前11世纪至公元前771年），当时为了防卫地方领土之争，在边境设立关卡，进入关卡的货物需征收一定的税赋，于是《周礼·地官》中便有了"关市之征"的记载。春秋时期，群雄割据，诸侯分别在自己的领地边界设立关卡，小诸侯国之间的"关市之征"也越来越频繁。当时征税的目的主要是支付王室费用。《周礼·天官》记载，周朝征收的九种赋税中，关市税便是其中一种。边界关卡之处也可能是商品的交换集市，关税和市税都是对商品在流通环节中征收的税。而后《管子·问》提到"征于关者，勿征于市，征于市者，勿征于关"，主张边关之税跟集市之税不应重复，以减轻商人负担，因此关市税开始慢慢分离演变成关税和市税。

秦始皇统一六国后，汉唐各代国境不断扩大，在陆地的边境和沿海地区的港口征收关税，大大增加了国家的财政收入，同时在国家内部关卡征收的关税也是财政收入的来源之一。各个朝代在沿海港口征收的关税也开始有了各种各样的名称——唐朝的"下碇税"、宋朝的"抽解"、明朝的"引税""船钞"，由市舶司（使）负责征税。到了清朝，康熙在沿海设立粤、闽、浙、江四个海关，对进出口的货物征收船钞和货税。

鸦片战争时期，受到西方列强的入侵，海关赋税被西方列强利用各种不平等条约操控，尤其是英国，基本统治着我国海关，引进了近代关税概念和关税制度。而后取消了常关税、子口税、厘金税和转口税等国内税，我国的关税就只指进口税和出口税，对进出国境的货物只在进出境时征收关税。

1949年，我国虽已取得关税自主权，但由于发达国家对我国的经济实行封锁，我国的国际贸易并不频繁，关税工作也比较简单。20世纪80年代改革开放后，我国的国际贸易有了空前的发展，国际间的关税协定以及有关关税的事务日益繁多，关税制度不断改革和完善，逐步实现了现代化和国际化。1985年3月7日，国务院发布《中华人民共和国进出口关税条例》。1987年1月22日，第六届全国人民代表大会常务委员会第十九次会议通过《中华人民共和国海关法》，其中第五章为关税。2003年11月，国务院根据海关法重新修订并发布《中华人民共和国进出口关税条例》。《中华人民共和国海关进出口货物征税管理办法》于2004年12月15日审议通过，自2005年3月1日起施行。《2017年关税调整方案》经国务院关税税则委员会第七次全体会议审议通过，并报国务院批准，自2017年1月1日起实施。2024年4月26日，第十四届全国人民代表大会常务委员会第九次会议通过了《中华人民共和国关税法》（以下简称《关税法》），自2024年12月1日起施行，这是我国有史以来的第一部关税法。

【任务导入】

红星贸易有限公司为一家数码产品进出口企业。2024年5月30日，该公司从美国进口2台电视摄像机，成交价格为CIF（到岸价）13 000美元，征税日美元与人民币的外汇折算率为1∶7.02，适用优惠税率为每台完税价格高于5 000美元时，从量税为每台15 280元人民币，从价税税率为3%。

任务要求：计算红星贸易有限公司应征进口关税，并完成网上申报。

【知识准备】

一、关税认知及应纳税额的计算

（一）关税的概念及作用

关税是由海关根据《关税法》，对准许进出口的货物、进境物品征收的一种税。

首先，关税最显著的作用之一是为国内产业撑起一把保护伞，当一个国家对特定进口商品征收关税时，外来产品的价格会随之上升，竞争力相对削弱。其次，关税能够调节国际贸易，当一个国家出现贸易逆差，即进口额远超出口额时，提高特定进口商品的关税，能够有效抑制进口规模。再次，关税对消费者福利有双重效应，一方面，关税的提高可能导致进口商品价格上涨，消费者购买进口商品时不得不支付更高的费用；另一方面，适度的关税政策若能成功扶持国内产业发展壮大，国内企业生产的同类产品在品质与价格上可能更具竞争力，消费者将拥有更多样化的选择。

（二）关税的征税对象

关税的征税对象是准许进出境的货物、进境物品。

货物指贸易性商品。物品指非贸易性商品，包括入境旅客随身携带的行李物品、各种运输工具上服务人员携带进口的自用物品、个人邮递物品、馈赠物品及其他方式入境的个人物品。跨境电子商务零售商品按"货物"征税。

（三）关税的纳税人

（1）进口货物的收货人、出口货物的发货人、进境物品的携带人或者收件人，是关税的纳税人。

（2）从事跨境电子商务零售进口的电子商务平台经营者、物流企业和报关企业，以及法律、行政法规规定负有代扣代缴、代收代缴关税税款义务的单位和个人，是关税的扣缴义务人。

（四）关税的计税依据

我国关税采用的计税方法包括从价计征、从量计征、复合计征。从价计征是目前我国海关计征关税的主要方式。从价计征以货物的计税价格为计税依据，从量计征以货物的数量为计税依据。

微课视频

关税计税价格的确定

1．进口货物的计税价格

进口货物的计税价格以成交价格以及该货物运抵中国境内输入地点起卸前的运输及其相关费用、保险费为基础确定。

进口货物的成交价格，是指卖方向中国境内销售该货物时买方为进口该货物向卖方实付、应付的，并按照《关税法》规定调整后的价款总额，包括直接支付的价款和间接支付的价款。

进口货物的下列费用应当计入计税价格：

（1）由买方负担的购货佣金以外的佣金和经纪费；

（2）由买方负担的与该货物视为一体的容器的费用；

（3）由买方负担的包装材料费用和包装劳务费用；

（4）与该货物的生产和向中国境内销售有关的，由买方以免费或者以低于成本的方式提供并可以按适当比例分摊的料件、工具、模具、消耗材料及类似货物的价款，以及在中国境外开发、设计等相关服务的费用；

（5）作为该货物向中国境内销售的条件，买方必须支付的、与该货物有关的特许权使用费；

（6）卖方直接或者间接从买方获得的该货物进口后转售、处置或者使用的收益。

进口时在货物的价款中列明的下列费用、税收，不计入该货物的计税价格：

（1）厂房、机械、设备等货物进口后进行建设、安装、装配、维修和技术服务的费用，但保修费用除外；

（2）进口货物运抵中国境内输入地点起卸后的运输及其相关费用、保险费；

（3）进口关税及国内税收。

2．出口货物的计税价格

出口货物的计税价格以该货物的成交价格以及该货物运至中国境内输出地点装载前的运输及其相关费用、保险费为基础确定。

出口货物的成交价格，是指该货物出口时卖方为出口该货物应当向买方直接收取和间接收取的价款总额。

出口关税不计入计税价格。

（五）关税的税目及税率

进出口货物的关税税目、税率以及税目、税率的适用规则等，依照《关税法》所附《中华人民共和国进出口税则》执行。

1．税目

关税税目由税则号列和目录条文等组成。中国的税则税目总数调整为 8 960 个。

关税税目适用规则包括归类规则等。进出口货物的商品归类，应当按照《中华人民共和国进出口税则》规定的目录条文和归类总规则、类注、章注、子目注释、本国子目注释，以及其他归类注释确定，并归入相应的税则号列。

2．税率

关税税率的适用应符合相应的原产地规则，确保关税政策的公平性和准确性。

（1）进口关税。

进口关税以进口货物的原产地为标准设置最惠国税率、协定税率、特惠税率、普通税率。

① 最惠国税率。

原产于共同适用最惠国待遇条款的世界贸易组织成员的进口货物，原产于与中国缔结或者共同参加含有相互给予最惠国待遇条款的国际条约、协定的国家或者地区的进口货物，以及原产于中国境内的进口货物，适用最惠国税率。

自 2024 年 12 月 1 日起，我国给予包括 33 个非洲国家在内的所有同中国建交的最不发达国家 100%税目产品零关税待遇。

② 协定税率。

原产于与中国缔结或者共同参加含有关税优惠条款的国际条约、协定的国家或者地区且符合国际条约、协定有关规定的进口货物，适用协定税率。

③ 特惠税率。

原产于中国给予特殊关税优惠安排的国家或者地区且符合国家原产地管理规定的进口货物，适用特惠税率。

④ 普通税率。

原产于除适用最惠国税率、协定税率、特惠税率国家或者地区以外的国家或者地区的进口货物，以及原产地不明的进口货物，适用普通税率。

（2）出口税率。

出口关税设置出口税率。出口关税税率在中国是对出口货物征收的税种，目前实行的税率为单一税则制，即只使用一种税率。出口关税的适用范围主要集中在少数资源性产品及易于竞相传价、盲目进口、需要规范出口秩序的商品。

（3）关税配额税率。

对实行关税配额管理的进出口货物，设置关税配额税率。

实行关税配额管理的进出口货物，关税配额内的适用关税配额税率，有暂定税率的适用暂定税率；关税配额外的，其税率的适用按照《中华人民共和国关税法》第十二条、第十三条的规定执行。

（4）暂定税率

对进出口货物在一定期限内可以实行暂定税率。

🌱 **小贴士**

依法对进口货物征收反倾销税、反补贴税、保障措施关税的，其税率的适用按照有关反倾销、反补贴和保障措施的法律、行政法规的规定执行。

> **知识拓展**
>
> ### 认知加重关税、反补贴关税、反倾销关税和报复关税
>
> 1. 加重关税。加重关税是出于某种原因或为达到某种目的，而对某国货物或某种货物的输入加重征收的关税。
>
> 2. 反补贴关税。反补贴关税又称抵消关税，是对接受任何津贴或补贴的外国进口货物所附加征收的一种关税。
>
> 3. 反倾销关税。反倾销关税即对外国的倾销商品，在征收正常进口关税的同时附加征收的一种关税。
>
> 4. 报复关税。报复关税是指他国政府以不公正、不平等、不友好的态度对待本国输出的货物时，为维护本国利益，报复该国对本国输出货物的不公正、不平等、不友好待遇，对外国输入本国的货物加重征收的关税。

（六）关税的应纳税额的计算公式

1. 从价计征

计算公式为：

$$关税税额=计税价格×比例税率$$

2. 从量计征

计算公式为：

$$关税税额=货物数量×定额税率$$

3. 复合计征

计算公式为：

$$关税税额=计税价格×比例税率+货物数量×定额税率$$

> **知识拓展**
>
> ### 个人合理自用的进境物品按照简易计税方法征收关税
>
> 进境物品，是指中国准许进境的行李物品、寄递物品和其他物品。
>
> 个人合理自用的进境物品，按照简易计税方法征收关税，适用综合税率。超过个人合理自用数量的进境物品，按照进口货物征收关税。
>
> 个人合理自用的进境物品，在规定数额以内的免征关税。具体为：进境居民旅客携带行李物品免税额度为 5 000 元，进境非居民旅客携带行李物品免税额度为 2 000 元，个人寄递物品应纳税额在 50 元以下的予以免税放行；超过规定免税数额的行李物品，仅对超过部分征税，但对不可分割的单件物品应当全额征税。

（七）税收优惠

1. 免征关税

（1）国务院规定的免征额度内的一票货物。

（2）无商业价值的广告品和货样。

（3）进出境运输工具装载的途中必需的燃料、物料和饮食用品。

（4）在海关放行前损毁或者灭失的货物、进境物品。

（5）外国政府、国际组织无偿赠送的物资。

（6）中国缔结或者共同参加的国际条约、协定规定免征关税的货物、进境物品。

（7）依照有关法律规定免征关税的其他货物、进境物品。

2．减征关税

（1）在海关放行前遭受损坏的货物、进境物品（应当根据海关认定的受损程度办理）。

（2）中国缔结或者共同参加的国际条约、协定规定减征关税的货物、进境物品。

（3）依照有关法律规定减征关税的其他货物、进境物品。

3．不征收关税

暂时进境或者暂时出境的下列货物、物品，可以依法暂不缴纳关税，但该货物、物品应当自进境或者出境之日起六个月内复运出境或者复运进境；需要延长复运出境或者复运进境期限的，应当根据海关总署的规定向海关办理延期手续。

（1）在展览会、交易会、会议以及类似活动中展示或者使用的货物、物品。

（2）文化、体育交流活动中使用的表演、比赛用品。

（3）进行新闻报道或者摄制电影、电视节目使用的仪器、设备及用品。

（4）开展科研、教学、医疗卫生活动使用的仪器、设备及用品。

（5）在本款第一项至第四项所列活动中使用的交通工具及特种车辆。

（6）货样。

（7）供安装、调试、检测设备时使用的仪器、工具。

（8）盛装货物的包装材料。

（9）其他用于非商业目的的货物、物品。

4．其他税收优惠政策

（1）自2021年1月1日至2025年12月31日，对科学研究机构、技术开发机构、学校、党校（行政学院）、图书馆进口国内不能生产或性能不能满足需求的科学研究、科技开发和教学用品，免征进口关税和进口环节增值税、消费税。

（2）横琴粤澳深度合作区：区内符合条件的企业、行政机关、事业单位等免税进口主体，经横琴粤澳深度合作区与澳门特别行政区之间对外开放口岸进口的自用机器设备（不含飞机、汽车、船舶及游艇等交通设备）和基建物资（不含室内装饰、装修物资），免征进口关税、进口环节增值税和消费税。

（3）中外合资经营企业、中外合作经营企业、外商独资企业等特定企业，根据相关政策可能在一定条件下享受进出口货物的关税减免。

✳ 二、关税的纳税申报

（一）纳税期限

进出口货物的纳税人、扣缴义务人应当自完成申报之日起十五日内缴纳税款；符合海关规定条件并提供担保的，可以于次月第五个工作日结束前汇总缴纳税款。因不可抗力或者国家税收政策调整，不能按期缴纳的，经向海关申请并提供担保，可以延期缴纳，但最长不得超过六个月。

（二）纳税地点

进出口货物的纳税人、扣缴义务人可以按照规定选择海关办理申报纳税。

（三）追征与退还

自纳税人、扣缴义务人缴纳税款或者货物放行之日起三年内，海关有权对纳税人、扣缴义务人的应纳税额进行确认。

因纳税人、扣缴义务人违反规定造成少征或者漏征税款的，海关可以自缴纳税款或者货物放行之日起三年内追征税款，并自缴纳税款或者货物放行之日起，按日加收少征或者漏征税款万分之五的滞纳金。对走私行为，海关追征税款、滞纳金的，不受上述规定期限的限制，并有权核定应纳税额。

海关发现海关监管货物因纳税人、扣缴义务人违反规定造成少征或者漏征税款的，应当自纳税人、扣缴义务人应缴纳税款之日起三年内追征税款，并自应缴纳税款之日起按日加收少征或者漏征税款万分之五的滞纳金。

海关发现多征税款的，应当及时通知纳税人办理退还手续。

纳税人发现多缴税款的，可以自缴纳税款之日起三年内，向海关书面申请退还多缴的税款。海关应当自受理申请之日起三十日内查实并通知纳税人办理退还手续，纳税人应当自收到通知之日起三个月内办理退还手续。

（四）纳税申报流程

关税征收管理实施货物放行与税额确定相分离的模式。此模式下，纳税人可以分次向海关申报，海关将货物担保放行后，纳税人可以暂缓缴税，集中几次的申报一并缴纳税款。海关为了提高通关效率、促进贸易便利化，先后推出了"汇总征税""自主申报、自行缴税""两步申报"等一系列便捷通关措施。

（1）"汇总征税"模式。

企业应于每月第5个工作日结束前，完成上月应纳税款的汇总电子支付。该模式下，企业未按规定缴纳税款的，海关有权径行打印海关税款缴款书。

（2）"自主申报、自行缴税"模式。

企业在办理海关预录入时，应当如实、规范填报报关单各项目，利用预录入系统的海关计税（费）服务工具计算应缴纳的相关税费，并对系统显示的税费计算结果进行确认，连同报关单预录入内容一并提交海关。企业在收到海关通关系统发送的回执后，自行办理相关税费缴纳手续。

（3）"两步申报"模式。

第一步凭提单信息进行概要申报即可提货，第二步自运输工具申报进境之日起14日内完成完整申报，并办理缴纳税款等其他通关手续。

具体操作流程如下。

对于进口货物和征收出口关税的货物，企业通过"单一窗口"和"互联网+海关"平台填写报关单申报项。单击"申报"按钮，系统自动弹出"申报税额"界面。如该报关单不涉税，可直接单击"0税额申报"按钮完成纳税申报；如该报关单涉税，可先单击"计税"按钮，待申报界面出现计算的税款后，单击"确认申报"按钮完成纳税申报。如不认可系统的计税结果，企业可自行修改税额后单击"确认申报"按钮完成纳税申报。

企业申报税额与计税结果不一致的，将转入现场验估岗开展单证验核处置。

经海关确认的应纳税额与纳税人申报的税额不一致的，海关应当向纳税人出具税额确认书，纳税人应当按照税额确认书载明的应纳税额，在海关规定的期限内补缴税款或者办理退税手续。企业可以在"单一窗口—税款支付—货物贸易税费支付—通知与待办"栏目查看税额确认书。

海关制发税款缴纳通知并通过"单一窗口"和"互联网+海关"平台推送至纳税人，企业可登录"单一窗口""互联网+海关"平台，选择电子支付（协议扣税）方式或者银行端查询缴税方式缴纳税款。

【任务实施】

针对【任务导入】中关于红星贸易有限公司需缴纳的关税，完成情况如下。

一、具体分析和计算

红星贸易有限公司进口的美国生产的 2 台电视摄像机为复合计征的进口货物，应纳关税税额=2×15 280+13 000×7.02×3%=30 560+2 737.8=33 297.8（元）。

二、申报操作

第一步：进入关税办税界面。

登录中华人民共和国海关总署官网，单击"互联网+海关"按钮，选择"税费业务"—"关税和进口环节代征税的征收"，如图 6-41 所示，进入关税办税界面。

图 6-41

第二步：填写海关进口货物报关单。

单击"货物通关"按钮，在"进出口货物申报管理"模块下单击"货物申报"按钮，选择"进/出口整合申报"—"进/出口报关单整合申报"进行申报，根据业务要求填写海关进口货物报关单。

第三步：税费支付前需先签订企业、银行、海关三方协议。选择"三方协议信息"—"协议签署"，录入签约银行信息后，确认企业名称、账号、开户行及行号等信息，确认无误后勾选"我同意协议条款"，单击"完成"按钮。系统将自动将三方协议信息发送至国库信息处理系统及商业银行进行信息验证，验证完成后，协议签约状态显示为"签约成功"。

第四步：选择"货物贸易税费支付"—"支付管理"，可以看到"未支付""支付处理中""支付完成"的按钮，支付税款时，单击"支付申请"按钮，选择"税单抬头单位类型"—"选择支付协议号"，确认后即完成税款支付。支付完成后生成税费单详细信息。

第五步：支付完成后即可查询正式税单版式文件，如海关进口关税专用缴款书。

任务评价 21

📇 **风险案例**

多票申报不实（报错商品编号）

2021 年 9 月至 2023 年 1 月，当事人以一般贸易方式向北京海关申报进口 10 票自动处理器和 1 票 R900CPUD 单元，申报商品编号为 85381090.00（关税税率 0），经海关认定，上述商品应归入商品编号 85389000.00（关税税率 7%），经海关计核，上述进口商品漏缴税款 767 785.3 元（其中关税 679 456.12 元，增值税 88 329.18 元）。

政策解析：根据《中华人民共和国海关行政处罚实施条例》第十五条第四项，进出口货物的品名、税则号列、数量、规格、价格、贸易方式、原产地、启运地、运抵地、最终目的地或者其他应当申报的项目未申报或者申报不实的，影响国家税款征收的，处漏缴税款 30% 以上 2 倍以下罚款；有违法所得的，没收违法所得。根据《中华人民共和国海关行政处罚实施条例》第五十八条第一款，罚款、违法所得和依法追缴的货物、物品、走私运输工具的等值价款，应当在海关行政处罚决定规定的期限内缴清。

📇 **风险案例**

报错适用税率导致漏缴税款

经 P 海关调查，当事人某贸易有限公司有以下违法行为：当事人委托某国际货运代理有限公司于 2023 年 6 月 25 日以一般贸易方式向海关申报进口报关单号×××× 0231000209056，其中 G8 项货物申报品名为男式梭织长裤，申报数量 2 248 条，申报商品编号 6203439090，申报 FOB（离岸价）总价 69 777.92 美元，随附单证中原产地证的优惠贸易协定代码为 <01>CEPB（C）/ESCAP/BK-A XXXX（证书载明原产国为孟加拉国，可享受关税优惠税率为 7.8%）。经查，G8 项货物实际不适用协定税率，应按商品编号 6203439090 下最惠国关税税率 12% 征税，与申报不符。经核定，上述货物合计漏缴税款 23 191.63 元。以上行为有进口货物报关单、发票、合同、装箱单及查问笔录等证据。

政策解析：根据《中华人民共和国海关法》第二十四条第一款，进口货物的收货人、出口货物的发货人应当向海关如实申报，交验进出口许可证件和有关单证。国家限制进出口的货物，没有进出口许可证件的，不予放行，具体处理办法由国务院规定。根据该法第八十六条第三款，违反海关法规定，进出口货物、物品或者过境、转运、通运货物向海关申报不实的，可以处以罚款，有违法所得的，没收违法所得。

本案中，当事人某贸易有限公司申报的进口货物，经海关调查，实际不适用协定税率，应当按照商品编号 6203439090 下最惠国关税税率 12% 征税，当事人报成适用 7.8% 的协定税率与实际应当适用的 12% 税率存在税差，导致当事人漏缴税款合计 23 191.63 元。

📖 AI 小课堂 25

利用文心一言、DeepSeek、豆包、讯飞星火等 AI 工具，探索"降低原材料和零部件的进口关税，对以这些产品为投入的制造业企业成本和产品价格有何影响，是否能增强其在国际市场上的价格竞争力"的答案。

扫二维码查看使用文心一言进行搜索的结果。

AI 小课堂 25

📊 巩固练习

一、选择题

本部分包括即测即评和初级会计师考试拓展练习，请扫描下方二维码进行答题。

即测即评　　初级会计师考试拓展练习

二、计算题

1. 某企业 2024 年年初实际占地面积为 2 000 平方米，2024 年 4 月该企业为扩大生产，根据有关部门的批准，新征用非耕地 3 000 平方米。已知该企业所处地段适用年应纳税额 5 元/平方米。要求：计算该企业 2024 年应缴纳的城镇土地使用税。

2. 某市一家企业新占用 52 500 平方米耕地用于工业建设，另占用 20 000 平方米基本农田用于开发旅游度假村，所占耕地适用的定额税率均为 18 元/平方米。要求：计算该企业应纳的耕地占用税。

3. 2024 年某企业拥有房产原值共计 8 000 万元，其中生产经营用房产原值 6 500 万元、内部职工医院用房产原值 500 万元、托儿所用房产原值 300 万元、自营便利店用房产原值 700 万元。当地政府规定计征房产税的扣除比例为 20%。要求：计算 2024 年该企业应缴纳的房产税。

4. 甲铝矿 2024 年 7 月从乙铝矿购入一批铝土矿原矿，支付不含增值税的购买价款为 600 万元，当月将上述外购原矿与自采原矿混合为原矿对外销售，取得不含增值税的销售额 1 800

万元。已知甲铝矿铝土矿原矿适用的税率为 3%，乙铝矿铝土矿原矿适用的税率为 2%。要求：计算甲铝矿 7 月应纳资源税税额。

5. 陈某将其一套价值 60 万元的住房与李某的一套价值 90 万元的住房互换，陈某以现金方式补偿给李某差价；另将一套价值 100 万元的门面房与王某的门面房等价互换。已知当地契税适用税率为 3%。判断陈某和李某是否为契税纳税人，并计算该项业务中的契税应纳税额。

6. 某企业从国外进口一台机器设备，国外买价折合人民币 100 万元，运抵我国入关前支付的运费折合人民币 5.8 万元，保险费折合人民币 4.6 万元。入关后运抵企业所在地，取得的运输公司开具的增值税专用发票注明运费 1 万元、税额 0.09 万元。关税税率为 10%。要求：计算该企业应缴纳的进口关税。